Heye Heyen, Johannes Taschner (Eds.)

Theological Essays in a Postmodern Context

Analecta Bruxellensia

edited by

Heye Heyen and Johannes Taschner
Faculty of Protestant Theology in Brussels

Volume 16

LIT

Theological Essays in a Postmodern Context

edited by

Heye Heyen and Johannes Taschner

LIT

Bibliographic information published by the Deutsche Nationalbibliothek
The Deutsche Nationalbibliothek lists this publication in the Deutsche Nationalbibliografie; detailed bibliographic data are available on the Internet at http://dnb.d-nb.de.

ISBN 978-3-643-90721-9

A catalogue record for this book is available from the British Library

Zweigniederlassung Zürich 2016
Klosbachstr. 107
CH-8032 Zürich
Tel. +41 (0) 44-251 75 05 Fax +41 (0) 44-251 75 06
E-Mail: zuerich@lit-verlag.ch http://www.lit-verlag.ch

Distribution:

In the UK: Global Book Marketing, e-mail: mo@centralbooks.com
In North America: International Specialized Book Services, e-mail: orders@isbs.com
In Germany: LIT Verlag Fresnostr. 2, D-48159 Münster
Tel. +49 (0) 2 51-620 32 22, Fax +49 (0) 2 51-922 60 99, e-mail: vertrieb@lit-verlag.de

In Austria: Medienlogistik Pichler-ÖBZ, e-mail: mlo@medien-logistik.at
e-books are available at www.litwebshop.de

Table des matières / Inhoud / Table of Contents

Woord vooraf

Wij zijn blij dat we – na een pauze van bijna vier jaar – een nieuw nummer van 'Analecta Bruxellensia' kunnen presenteren. Ook mogen we aankondigen dat 'Analecta', het jaarboek van onze faculteit, van nu af aan weerom jaarlijks zal verschijnen.

In de afgelopen jaren (d.w.z. tijdens die 'pauze') is er veel gebeurd en veel veranderd. Vier hoogleraren verlieten de faculteit: Jaap de Lange, Rudy van Moere, Peter Tomson en Dorothea Erbele-Küster. Bovendien waren de leerstoelen Systematische Theologie (Nederlandstalig) en Kerkgeschiedenis (Nederlandstalig) vacant. Dit heeft uiteraard gevolgen gehad voor het onderwijs en ook voor het reilen en zeilen van de faculteit überhaupt. Maar gelukkig is de staf inmiddels weer compleet. De huidige leerstoelhouders zijn: Johannes Taschner (Oude Testament, Frans- en Nederlandstalig), Doris Lambers-Petry (Nieuwe Testament, Nederlandstalig), Jack McDonald (Kerkgeschiedenis, Nederlandstalig), Johan Temmerman (Systematische Theologie, Nederlandstalig) en Heye Heyen (Praktische Theologie, Nederlandstalig).

In de Franstalige faculteit heeft Guy Rainotte de post van een academische coördinator overgenomen. Michèle Browet-Duquène is na 38 jaar geëngageerd werken eind 2015 met welverdiend pensioen gegaan. Felix Mutombo (Nieuw Testament) en Bernard Hort (Systematische Theologie) zijn nog steeds op post. Johannes Taschner heeft begin 2014 de leerstoel voor het Oude Testament overgenomen. Hij wordt hierin bijgestaan door Janine Mukaminega. Anne Paye is docent voor didactiek en pedagogiek. We willen ook dankbaar melding maken van de wetenschappelijke medewerkers die onze faculteit rijk is: Jean-Claude Thienpont, Priscille Djomhoue, Eliezer Germain, Léonard Rwanyindo, Volker Brandt, Arjan Knop, Marcus Demgenski, Laurence Flachon, Jean-Lou Seban, Gaëlle Trouwers, Peter Pavlovic en oud-rectoren Hugh Boudin en Willy Willems. Drie van de nieuwe hoogleraren aan de Nederlandstalige faculteit hebben inmiddels hun benoeming aanvaard door het uitspreken van een inaugurele rede. Hun lezingen zijn opgenomen in dit nummer.

Voor de Nederlandstalige faculteit stond het jaar 2014 in het teken van de visitatie. Na een grondige evaluatie is er door een externe visitatiecommissie veel lof uitgesproken. De commissie legde ons ook enkele werkpunten voor waarmee we aan de slag kunnen. Al met al is er sprake van een doorstart met een nieuwe staf. Dit nieuwe nummer van Analecta geldt als proeve van deze doorstart.

De bijdragen in dit nummer laten zien op welke manier(en) de auteurs in een postmoderne context met theologie bezig zijn. Inhoudelijk zijn er drie verschillende clusters.

De eerste gaat over het Oude Testament in verschillende perspectieven. Johannes Taschner legt in zijn inaugurele rede verbanden tussen enerzijds de tekst uit Exodus 20 – over de zonden der vaderen die bezocht zullen worden aan het derde en vierde geslacht van de kinderen – en anderzijds de wonden die de eerste wereldoorlog honderd jaar geleden sloeg. Janine Mukaminega gaat in op de moeilijk te ontcijferen symbolen en beelden van het grote visioen in Jesaja 6. Zij analyseert de retorica van dit hoofdstuk en verkent zodoende de Jesajaanse manier om de menselijke wereld te verstaan en te duiden. In twee mastertheses wordt vanuit een feministisch-theologisch oogpunt naar oudtestamentische teksten gekeken. Françoise Nimal brengt pastorale aspecten van psalm 6 aan het licht. Eefje van der Linden laat zien wat een feministisch-theologische benadering voor het verstaan van een moeilijke tekst, zoals Ezechiel 16, kan opleveren. Deze cluster wordt afgerond door een 'in memoriam', gewijd aan de voormalige oudtestamenticus aan onze faculteit, prof. Chopineau.

De tweede cluster gaat over godsdienstfilosofie en ethiek. In zijn inaugurele rede over 'Het verschijnen van de Geist in het bewustzijn' en in een artikel over 'Verbeelding van archè en eschaton' schetst Johan Temmerman in dialoog met Hegel essentiële aspecten van moderne religie. Jack McDonald onderzoekt religieuze motieven en argumenten die tot de afschaffing van de doodsstraf hebben geleid. En Léonard Rwanyindo zoomt in op de rol van onze faculteit in Centraal Afrika in heden en verleden.

De derde cluster gaat over de postmoderne context en pastoraat. In zijn inaugurele rede 'Aanvaarden en getuigen' interpreteert Heye Heyen de postmoderne context als uitdaging en als kans voor pastoraal handelen. Het aspect 'postmodernisme' wordt verdiept in het artikel van Johan Temmerman over de aanspreking in de negatieve theologie. Het pastorale aspect komt aan de orde in twee bijdragen over de fenomenen 'zondebok' en 'pestgedrag': Johannes Taschner gaat hierop in vanuit het Oude Testament en Heye Heyen vanuit de praktische theologie (in casu: vanuit het pastoraat).

Allen die aan dit nummer hebben bijgedragen, willen we van harte bedanken: de auteurs voor wat zij schreven, Jean-Claude Thienpont voor het corrigeren van een aantal teksten en de Raad van Bestuur voor het toestaan van de financiering. Wij zijn blij dat 'Analecta' van nu af aan door LIT-Verlag wordt uitgegeven, vooral omdat het ons doet hopen dat het aanzienlijk meer lezers zal bereiken dan voorheen.

Heye Heyen
Johannes Taschner

Préface

Nous sommes contents de pouvoir vous présenter maintenant – après une pause de presque quatre ans – un nouveau numéro d' »Analecta Bruxellensia ». Nous pouvons aussi déjà annoncer qu'à partir de maintenant Analecta, la revue annuelle de notre faculté, va reparaître tous les ans.

Durant les années passées (c'est-à-dire pendant la « pause ») beaucoup de choses se sont passées et ont changé. Quatre professeurs sont partis : Jaap de Lange, Rudy van Moere, Peter Tomson et Dorothea Erbele-Küster. De plus, les chaires de Théologie Systématique (néerlandophone) et d'Histoire Ecclésiastique (néerlandophone) étaient vacantes. Évidemment, cela a eu des conséquences pour l'enseignement et pour le fonctionnement de la faculté. Mais entretemps, l'équipe est heureusement à nouveau complète. Les titulaires des chaires actuels sont : Johannes Taschner (Ancien Testament, franco- et néerlandophone), Doris Lambers-Petry (Nouveau Testament, néerlandophone), Jack McDonald (Histoire Ecclésiastique néerlandophone), Johan Temmerman (Théologie Systématique, néerlandophone) et Heye Heyen (Théologie Pratique, néerlandophone).

Dans la faculté francophone Guy Rainotte a repris le poste de coordinateur académique. Michèle Browet-Duquène a pris sa retraite après 38 ans de travail engagé fin 2015. Félix Mutombo (Nouveau Testament) et Bernard Hort (Théologie Systématique) sont toujours en poste. Johannes Taschner enseigne, avec Janine Mukaminega, l'Ancien Testament. Nous mentionnons aussi avec reconnaissance les collaborateurs scientifiques à notre faculté : Jean-Claude Thienpont, Priscille Djomhoué, Germain Eliezer, Léonard Rwanyindo, Volker Brandt, Arjan Knop, Marcus Demgenski, Laurence Flachon, Jean-Lou Seban, Gaëlle Trouwers, Peter Pavlovic et les anciens recteurs Hugh Boudin et Willy Willems. Trois des nouveaux professeurs de la faculté néerlandophone ont entretemps été promus à la nomitnation et ont donné une leçon inaugurale. Les textes ont été repris dans ce numéro.

Pour la Faculté néerlandophone, l'année 2014 a été marquée par l'audit. Après une évaluation profonde, les membres d'une commission externe ont prononcé beaucoup de louanges, mais aussi des points de critique que nous allons essayer de rendre meilleurs. Dans l'ensemble, il y a un nouveau départ avec une nouvelle équipe. Ce nouveau numéro d'« Analecta » peut être regardé comme une petite preuve de ce nouveau départ.

Les contributions dans ce numéro montrent de quelle(s) manière(s) les auteurs pratiquent la théologie dans un contexte postmoderne. En termes de contenu, il y a trois clusters différents.

Le premier cluster traite l'Ancien Testament dans des perspectives différentes. Dans sa leçon inaugurale, Johannes Taschner fait des liens entre d'un côté le texte d'Exode 20 sur les péchés des ancêtres qui sont reportés jusqu'à la troisième, voire la quatrième génération, et de l'autre côté , les traumatismes qui ont été déclenchés il y a cent ans dans la première guerre mondiale. Jeanine Mukaminega traite les symboles et les images de la grande vision d'Esaïe 6, qui sont difficilement décodables. En analysant la rhétorique de ce chapitre, elle parvient à la manière d'Esaïe de comprendre et d'interpréter le monde humain. Dans deux thèses de master, les auteures approchent des textes de l'Ancien Testament d'un point de vue théologien féministe. Françoise Nimal met en lumière des aspects pastoraux de psaume 6. Eefje van der Linden montre ce qu'une approche théologienne féministe peut apporter à la compréhension d'un texte difficile comme Ezekiel 16. Ce cluster est complété par une nécrologie de l'ancien professeur d'Ancien Testament à notre faculté, prof. Chopineau.

Le deuxième cluster traite de la philosophie de la religion, et de l'éthique. Dans sa leçon inaugurale 'Het verschijnen van de Geist in het bewustzijn' et dans un article sur l'imagination d'*archè* et *eschaton*, Johan Temmerman décrit – en dialogue avec Hegel – des aspects essentiels de la religion moderne. Jack McDonald étudie les motifs et les arguments religieux qui ont mené à l'abolition de la peine de mort. Et Léonard Rwanyindo zoome sur le rôle de notre faculté en Afrique Centrale dans le passé et le présent.

Le troisième cluster traite du contexte postmoderne et de la pastorale. Dans sa leçon inaugurale « Acceptation et témoignage », Heye Heyen interprète le contexte postmoderne comme défi et chance pour l'activité pastorale. L'aspect « postmodernisme » est approfondi dans l'article de Johan Temmerman sur la théologie négative. L'aspect pastoral est traité dans deux contributions sur les phénomènes « bouc émissaire » et « harcèlement » : Johannes Taschner l'aborde à partir d'une perspective de l'Ancien Testament et Heye Heyen d'une perspective de la théologie pratique (dans ce cas : de la pastorale).

Nous remercions tous ceux qui ont contribué à ce numéro : les auteurs, pour ce qu'ils ont écrit, Jean-Claude Thienpont, pour avoir corrigé un certain nombre de textes et le Conseil d'Administration, pour la prise en charge des coûts. Nous sommes contents que « Analecta » soit publié à partir de maintenant par l'éditeur LIT. Ainsi nous espérons qu'il va atteindre beaucoup plus de lecteurs qu'avant.

Heye Heyen
Johannes Taschner

Preface

We are pleased that – after an intermission of four years – we can present a new issue of "Analecta Bruxellensia". In addition, we can announce that "Analecta", the yearbook of our faculty, from now will be published annually again.

In recent years (i.e. during that intermission), a lot has happened and a lot has changed. Four professors have left our faculty: Jaap de Lange, Rudy van Moere, Peter Tomson, and Dorothea Erbele-Küster. Moreover, the chairs Systematic Theology (Dutch) and Church History (Dutch) were vacant. This obviously had an impact on the teaching and many other ins and outs of the faculty. Fortunately the staff is now complete again. The current chair holders are: Johannes Taschner (Old Testament, French and Dutch), Doris Lambers-Petry (New Testament, Dutch), Jack McDonald (Church History, Dutch), Johan Temmerman (Systematic Theology, Dutch, and Heye Heyen (Practical Theology, Dutch).

In the French-speaking faculty Guy Rainotte took on the job of the academic coordinator. Michèle Duquène retired after 38 years of engaged work end 2015. Félix Mutombo (New Testament) and Bernard Hort (Systematic Theology) are still in office. Since beginning 2014 Johannes Taschner teaches Old Testament together with Jeanine Mukaminega. We also gratefully mention the scientific collaborators of our faculty: Jean-Claude Thienpont, Priscille Djomhoue, Eliezer Germain, Léonard Rwanyindo, Volker Brandt, Arjan Knop, Marcus Demgenski, Laurence Flachon, Jean-Lou Seban, Gaëlle Trouwers, Peter Pavlovic and our former rectors Hugh Boudin and Willy Willems.

Three of the new professors at the Dutch-speaking department have accepted their appointment by giving an inaugural lecture. Their lectures are included in this issue of "Analecta".

For the Dutch-speaking faculty the year 2014 was marked by the visitation. After a thorough evaluation, the external visitation committee expressed much praise and also a few points on which we should continue working. All in all, there is a new start with a new staff. This new issue of "Analecta" may be regarded as a "piece of evidence" of this new start.

The contributions in this issue show in what way(s) the authors are engaged in theology in a postmodern context. In terms of content, there are three different clusters.

The first one is about Old Testament from different perspectives. In his inaugural lecture, Johannes Taschner makes connections between the text of Exodus 20 about the iniquity of the fathers which shall be visited on the children to the third and the fourth generation on the one hand and the traumatic experiences in the First World War a hundred years ago, on the other hand. Janine Mukaminega discusses the symbols and images of the great vision of Isaiah 6 which are difficult to be deciphered. By analyzing the rhetoric of this chapter, she traces the Isaian way of understanding and interpreting the world and the humans. In two master theses, Old Testament texts are viewed from a perspective of feminist theology. Françoise Nimal discloses some aspects of Psalm 6 relevant to pastoral care. Eefje van der Linden shows what a feminist theological approach can yield in order to understand a difficult text like Ezekiel 16. This cluster is rounded off by an obituary, dedicated to the former professor of Old Testament at our faculty, prof. Chopineau.

The second cluster is about Philosophy of Religion and Ethics. In his inaugural lecture 'Het verschijnen van de Geist in het bewustzijn' and in an article about 'Imagination of *archè* and *eschaton*', Johan Temmerman designs in dialogue with Hegel some essential aspects of modern religion. Jack McDonald traces religious motives and philosophical arguments which have led to the abolition of the death penalty. Finally, Léonard Rwayindo focuses on the role of our faculty in Central Africa in the past and present.

The third cluster is about the postmodern context and pastoral care. In his inaugural lecture, "Acceptation and Witness", Heye Heyen interprets the post-modern context as a challenge and a chance for the pastoral action. The aspect "postmodernism" is deepened in the article of Johan Temmerman about negative theology. The pastoral aspect is dealt with in two contributions about the phenomena "scapegoat" and "harassment": Johannes Taschner addresses this from the Old Testament and Heye Heyen from the Practical Theology (in this case: from Pastoral Care.)

We want to thank all those who have contributed to this issue: the authors for what they wrote, Jean-Claude Thienpont for his corrections of several texts, the Counsil of Administration for the reimbursement. We are pleased that "Analecta" from now will be published by LIT-Verlag. This gives us hope that it will reach significantly more readers than before.

Heye Heyen
Johannes Taschner

Johannes Taschner

« … qui reporte le péché des ancêtres jusqu'à la troisième, voire la quatrième génération » (Ex 20). Le péché et ses conséquences à travers les générations dans l'Ancien Testament[1]

0. Introduction

Au début des dix commandements, on lit que Dieu reporte le péché des ancêtres sur les générations suivantes: Qu'est-ce que cela veut dire ? Pour notre sensibilité moderne, ceci semble problématique à première vue, pour ne pas dire choquant, car les descendants ne se sont rendus coupables rien. Qu'ont-ils à voir avec le péché des ancêtres ? L'expérience le montre pourtant : beaucoup ! 2014 est une année de mémoire, où non seulement l'on se souvient de la cruauté des deux guerres qui ont été initiées par l'Allemagne, mais aussi où l'on montre à quel point elles ont forgé le temps après elles.

Qu'est-ce que cette phrase dans le préambule des dix commandements peut donc nous dire aujourd'hui ? Comment peut-elle nous aider à interpréter notre situation historique contemporaine d'un point de vue théologique ? Pour nous approcher d'une réponse à cette question, je voudrais bien d'abord faire quelques remarques sur la compréhension des textes bibliques. Après je voudrais décrire plus précisément notre contexte historique contemporain , et à partir de là je jetterai un œil sur notre discipline voisine, la psychologie, pour voir comment le thème du report de faute et des conséquences de la faute y est traité. J'espère ainsi trouver un point de départ pour entrer dans les textes bibliques où de nombreux passages se trouvent dans un rapport intertextuel avec le verset précité et éclairent cette thématique sous un autre jour. Après avoir fait le tour de ces textes, je reviendrai à la question initiale, celle du sens que peut avoir ce verset pour nous aujourd'hui.

Qu'est-ce que ce verset du préambule aux 10 commandements peut signifier aujourd'hui? En quoi peut-il nous aider à éclairer théologiquement notre situation historique contemporaine?

---

[1] Ce texte est le manuscrit de ma leçon inaugurale à l'ouverture de l'année académique 2014/15. Een Nederlandse samenvatting vindt u aan het eind van deze tekst.

1. L'importance du contexte de lecture pour l'interprétation de la bible

Il n'existe pas d'exégèse sans présuppositions. C'est pourquoi il est nécessaire pour des raisons de transparence scientifique, de vérifiabilité et d'honnêteté, de dévoiler ses propres présuppositions intellectuelles et expériences vécues. Pour nous, évidemment, il ne peut s'agir de chercher à trouver dans la Bible de quoi confirmer des approches modernes vis-à-vis de l'histoire. La Bible y perdrait son potentiel critique. Il faut plutôt voir la discussion présente sur la manière de traiter le passé comme une entrée consciente dans un cercle herméneutique, qui permet un 1er accès au texte. Nous nous familiarisons d'abord avec un texte en y retrouvant des choses « connues » ; c'est la première condition de chaque étape de « compréhension ».

Mais un texte ne fait pas que confirmer nos préjugés ; il nous oblige aussi à les remettre en question et à les remanier. C'est ainsi que le texte peut de nouveau être utilisé, pour aborder sous un autre angle la discussion actuelle sur la manière de traiter le passé. Sur la base de cette herméneutique c'est seulement à ce moment que je parlerai d'une « compréhension » du texte.

2. Le contexte présent

Nous vivons en 2014, 100 ans après l'entrée des troupes Allemandes en Belgique, alors que ce pays avait expressément proclamé sa neutralité. La cruauté et brutalité avec lesquelles les troupes Allemandes ont agi en Belgique nous laissent encore aujourd'hui sans voix. Les répressions extrêmes sur la population civile étaient totalement disproportionnées. Un symbole de cette époque est sûrement la ville d'Ypres, qui a été presque complétement détruite par les troupes Allemandes. En automne 2014, une délégation de l'EPUB sous la conduite du Président du Synode, Steven Fuite, le chef de l'Eglise anglicane en Belgique, Jack Mc Donald, et une délégation de l'Eglise protestante en Rhénanie sous la conduite du Präses Manfred Rekowski ont organisé ensemble une cérémonie commémorative ou j'étais présent et pendant laquelle trois cimetières de soldats (anglais, belges et allemands) ont été visités. Celui qui a été une fois sur un des cimetières de Flandre occidentale n'oubliera jamais cette vue impressionnante. Ils sont tellement grands ! La brutalité de cette guerre a été sans nom. Pour moi comme pour beaucoup d'autres qui ont participé aux cérémonies, il était aussi surprenant de voir à quel point les mémoires sont encore bien vivantes, les souvenirs si peu effacés. Et, pour le dire avec un mot de Christa Wolf, que le passé n'est pas mort, qu'il n'est même pas passé.

Et maintenant, me voici devant vous, un descendant de la génération des Allemands qui ont fait la guerre, ou qui ont au moins toléré tacitement cette guerre, et je vous parle de la parole biblique « … qui reporte le péché des ancêtres jusqu'à la troisième, voire la quatrième génération » qui se trouve dans le préambule des dix commandements. Compte tenu de notre contexte contemporain, différentes perspectives se présentent. Pour beaucoup d'entre vous, ceci est la perspective des descendants de ceux qui ont été agressées sans raison, pour d'autres dans cette salle et moi, c'est la perspective des descendants de ceux qui ont envahi la Belgique. Pour rester honnête je ne peux que parler de ma perspective allemande. C'est pourquoi mon exposé ne peut être qu'une phase dans un dialogue et je suis curieux de savoir sur ce que vous auriez à dire sur le sujet, vu de votre perspective.

3. La présence du péché des ancêtres dans la troisième et quatrième génération

Récemment la recherche scientifique sur les traumatismes a fait des progrès énormes et a fait ressortir la façon comment un traumatisme est transmis aux générations suivantes sans que celles-ci en aient conscience.

D'abord : Qu'est-ce qu'un traumatisme ? *Trauma* est le terme en Grec ancien pour « blessure ». Quelqu'un qui a enduré (subi) un traumatisme est donc blessé à l'âme (a une âme blessé). Un événement traumatique est une expérience menaçante, cruelle, violente dont l'intensité dépasse les capacités d'une personne à la surmonter. Le traumatisme est la réaction à cet événement, car celui-ci ne peut plus être pensé, ni même être mis en mots. La capacité de penser en symboles, les sentiments et émotions sont neutralisés. Les victimes endurent seulement une grande détresse et une perte de contrôle. Ce qui reste, c'est une méfiance fondamentale envers les autres. Ces personnes n'attendent plus grand chose de la vie.

On ne se souvient des événements traumatiques que d'une manière défaillante, ou même pas du tout, parce que le réseau de cohérence nécessaire est déchiré. Dans les récits, des vides, des espaces blancs, des incohérences, des pensées interrompues et des « trous noirs » font surface. Souvent les liens avec les sentiments sont coupés. Ce qui reste, ce sont des anecdotes, des fragments, et des histoires qui sont répétées dans les familles encore et encore, pour produire au moins la façade d'une cohérence. Un collègue désignait cette façon de se souvenir « la mémoire froide ». Elle est froide parce qu'elle ne change pas, élude les sentiments et ne soutient presque jamais une épreuve de la réalité. Le silence derrière cette façade est ce qui domine tout.

Mais ce ne sont pas seulement les traumatismes subis qui produisent ces « trous noirs ». Le refus de la plupart des membres des générations allemandes responsables de la Seconde Guerre mondiale d'assumer cette responsabilité est essentiel. A cause du mutisme collectif qui en a résulté, il était difficile pour les générations suivantes de relier l'abîme qui s'était ouvert pendant les deux guerres mondiales. Le mutisme a le même effet qu'un trauma.

La psychologie a fait ressortir comment ces traumatismes sont transmis à la génération suivante. L'enfant a besoin pendant son développement d'une interaction vivante avec ses parents. Mais quand l'enfant touche à un domaine où un parent est traumatisé, le parent se retire ou réagi d'une manière que l'enfant ne peut pas comprendre. L'enfant touche à un « trou noir » et sens que quelque chose n'est pas en ordre. Parce que les mots manquent l'enfant sens la blessure de l'âme directement. Dans le jargon psychanalytique, on parle d' « introjection transgénérationnelle ». Les enfants s'identifient trop avec les parents, copient leurs mécanismes de refoulement, ou bien ils se rebellent contre les parents avec une force inadéquate. En tout cas, le domaine où les parents sont traumatisés devient aussi problématique pour les enfants, car il leur manque une orientation dans ce domaine. Il y a par exemple des enfants qui développent des troubles du comportement alimentaire parce que les parents ont subi une famine et donnent à la nourriture trop d'importance. Beaucoup de soldats rentrés à la maison après la guerre étaient devenus méconnaissables pour leurs familles. Ils ont gardé le silence sur ce qu'ils avaient subi pendant la guerre et ne pouvaient pas admettre leur part de responsabilité. Beaucoup d'entre eux ont tyrannisé leurs familles avec des attaques de tempérament irascible, qui de nouveau ont traumatisé les enfants. Ainsi, les modèles de comportement ont été hérités tels quels à la génération suivante, jusqu'à la troisième et quatrième.

On estime aujourd'hui qu'environ 1/3 de la population allemande de l'époque a souffert de conséquences post-traumatiques, mais évidemment, et une toute petite partie a pu recevoir l'aide psychologique adaptée.

La psychologie sait aujourd'hui comment traiter ce problème. Tout d'abord, il est important de relier l'événement traumatique dans un réseau de cohérence. La reconstruction la plus exacte possible est un pas essentiel pour la guérison. La clarification de la question de responsabilité est elle aussi indispensable. Lentement, on est en train de comprendre en Allemagne comment un système aussi meurtrier a pu s'établir grâce à la participation et/ou au mutisme de la plus grande partie de la population.

Pour l'assimilation, il faut devenir le plus concret possible : Revenir sur le lieu où cela s'est passé, établir le souvenir le plus précis possible sont des éléments essentiels. Si le traumatisme a son lieu, ce lieu peut aussi devenir un lieu de deuil. C'est pourquoi les cimetières des soldats sont tellement importants pour l'assimilation des traumatismes collectifs. Essentiel aussi: les images, les symboles, pour mettre en mots, même après-coup, ce qu'on ne pouvait pas nommer avant. Les anciennes structures doivent devenir conscientes, pour qu'on puisse les laisser derrière soi. Pour ce dernier pas, des règles et des relations sur lesquelles on peut compter sont nécessaires pour surmonter le sentiment d'inquiétude, d'inconfort lié à une situation nouvelle.

4. La manière dont les textes de l'Ancien Testament réfèrent au péché des ancêtres

Pour le peuple d'Israël, l'exil babylonien était une des grandes expériences traumatiques. Comme la plupart des textes de l'Ancien Testament a été écrit pendant ou juste après cette période, on ne risque pas trop de se tromper en lisant de grandes parts de l'Ancien Testament comme littérature post-traumatique. Pour le livre Ezéchiel, Ruth Poser l'a montré de manière convaincante. La façon d'écrire fragmentaire, le ton agressif (en particulier envers les femmes) trouvent ainsi une explication plausible. D'un autre côté, les grands récits historiques qui ont été écrits à cette époque montrent aussi comment ce trauma a été assimilé. Il n'est pas étonnant que ceux qui ont écrit les textes de cette époque aient été confrontés à la transmission des traumatismes aux générations suivantes.

Les grands récits historiques interprètent l'exil babylonien comme punition pour le fait que le peuple d'Israël s'est tourné vers des dieux étrangers. Le deuxième livre des rois finit par l'exil, que chaque lecteur peut interpréter comme la conséquence de la désobéissance d'Israël. La Tora, donnée à Israël dans le désert après la libération, sert de référence. Mais cette Tora a été seulement suivie dans le pays promis sous Josué, après elle a été simplement oubliée. Pendant des générations, Israël n'a plus tenu compte des règles de la Tora. Les juges, puis les rois veillent à faire respecter un certain ordre, mais ce sont des êtres humains. Ils sont faillibles. Leurs fautes sont toutes manifestées dans le récit qui va du livre des juges jusqu'au deuxième livre des rois. À la fin Jérusalem tombe dans la main des Babyloniens et l'élite spirituelle et politique est déportée en 585 avant Chr. vers Babylone.

Comme l'exil est interprété, y compris par les prophètes, comme punition de Yhwh, une chance s'offre pour la réflexion sur soi, la pénitence et pour se décider à faire demi-tour. Ceci est une des plus grandes motivations pour l'historiographie en Israël. Elle ne sert pas à la glorification du passé comme on le connaît dans le contexte de l'Ancien Orient. Le contraire est plutôt le cas. Les rois sont regardés d'une manière très critique, et de la même manière la fidélité insuffisante du peuple d'Israël et la façon dont ils ont enfreint la loi sociale sont rapportées. L'histoire est écrite pour en apprendre quelque chose, avec pour but de ne pas devenir comme ses prédécesseurs!

C'est le temps des grands textes de pénitence comme on les trouve en Jer 14 ; 1Rois 8,46-50 et Dtm 30,16. Naturellement cette pénitence était liée à l'espoir du retour au pays d'origine. Une fois cet espoir déçu à la deuxième génération, un proverbe circule : « Les pères ont mangé des raisins verts, mais ce sont les dents des enfants qui en sont abîmées. » Ce proverbe est cité trois fois dans l'Ancien Testament : Ez 18,2 ; Jer 31,29 et conforme au sens en Lamentations 5,6. Dans ce proverbe, la – probablement deuxième – génération en exil se plaint que les générations suivantes doivent endurer les conséquences du péché de leurs ancêtres, bien qu'ils n'en soient pas responsables. Ce proverbe est une sorte d'adage commun, on de parle pas de Dieu ici.

Les livres de Jérémie et d'Ezéchiel qui citent ce proverbe et qui se penchent là-dessus théologiquement n'éludent pas l'injustice que ce proverbe comporte. Le présent est (encore) dominé par cette injustice. Dans ces deux livres prophétiques, un temps du salut est annoncé, dans lequel la relation entre les actions et le bien-être (*Tun-Ergehens-Zusammenhang*[2] d'après Klaus Koch) est reconstituée. Dans le livre de Jéremie on peut lire :

« Mais chacun périra pour son propre péché. C'est celui qui mangera des raisins verts qui aura des dents abîmées. » (Jer 31,30) Cette vision est liée avec sa grande vision de renouvellement de l'alliance. Dans ces textes prophétiques, le fait que les enfants doivent supporter les conséquences du péché de leurs ancêtres est clairement désigné comme injustice. Elle est associée au temps présent, qui sera remplacé par un futur où Dieu aura rétabli son droit.

Dans le décalogue on aperçoit une autre manière de traiter ce problème. Voilà le passage entier :

> *Je reporte le péché des ancêtres jusqu'à la troisième, voire la quatrième génération pour ceux qui me rejettent, mais j'agis avec bonté envers ceux qui sont nombreux à m'aimer et qui respectent mes commandements.*
> (Ex 20,5+6 ; Dtn 5,9+10)

Qu'est-ce que Dieu fait exactement avec le péché des ancêtres de ceux qui le rejettent ? Regardons d'abord la terminologie hébraïque de plus près : Pour le verbe pqd les dictionnaires donnent le sens fondamental : « chercher », « rendre visite à » et « aller voir (qn) », aussi « hanter, éprouver ». Dans presque toutes les traductions allemandes, ce verbe est traduit par « heimsuchen » qu'on traduit avec « éprouver, s'abattre sur » → mise à l'épreuve, mettre à l'épreuve (« (Strafe) auf Bewährung »). La « Bigs » traduit avec « *nachgehen* » (« vérifier »). La traduction « Semeur 2000 » et « Louis Segond 21) » traduisent par « punir » la « nouvelle traduction » par « reporter ». La traduction Néerlandaise « Het Boek » traduit avec « *toekennen* » (attribuer). La traduction Anglaise NSV avec « *to punish* » ; et la KJV simplement avec « *visit* ».

Pour avoir une intuition de la sémantique de ce verbe, regardons quelques passages de plus près :

- Yhwh fait *pqd* avec ce qui ce passe avec son peuple Israël en Egypte. (Ex 3,16) Le soin de Dieu pour son peuple échiné est exprimé par pqd.

- Ou : Potifar fait *pqd* (hif) avec Josef sur sa maison (« il laisse surveiller sa maison »)

Dans ces passages on peut traduire pqd avec « tenir compte de » ou « examiner » ou « surveiller ». Dans cette direction les passages vont bien ensemble avec les passages où un recensement est décrit. (Ex 30,12f)

---

[2] Comme on se comporte on est récompensé.

Alors :

- En Gen 21,1 Dieu fait *pqd* avec Sara et après elle est enceinte. Cette « visite » doit avoir quelque chose de fécond.

Intéressants sont les parallélismes :

- En Hos 9,9 on lit : « Ils sont plongés dans la corruption comme à l'époque de Guibea. Yhwh se souviendra de leur faute et il fait pqd avec leurs péchés.

Ici *pqd* apparaît ensemble dans un parallélisme avec *zkr* qui signifie « se souvenir »

Pour notre propos, la fin de l'épisode du veau d'or est encore intéressante :

« Il agit avec bonté, aux innombrables il pardonne la faute, la révolte et le péché, mais il ne déclare pas simplement innocent ; il reporte (*pqd* !) le péché des pères sur les enfants et des petits-enfants jusqu'à la troisième et la quatrième génération. » (Ex 34,7)

Ceci est un passage parallèle avec notre passage. Le verbe pqd est ici une explication du verbe « ne pas *nqh* » qu'on peut traduire avec « ne pas traiter comme simplement innocent ». Ce passage n'exprime pas une situation où le lecteur doit prendre une décision, mais la grâce et la bonté qui vont de paire avec le faire pqd de Dieu. Il faut faire attention à qui s'adresse les actions de Dieu : Le tribunal se transmet pour trois et quatre générations (c'est le nombre de générations qui vivent sous un toit dans l'Ancien Israël), mais la grâce et la bonté est pour les innombrables. Dans ce contexte nqh ne peut pas exprimer simplement une punition, mais que Dieu ne déclare pas innocent (non-coupable) par défaut, et – dans la deuxième partie du parallélisme – qu'il reporte le péché des ancêtres jusqu'à la troisième et quatrième génération. Il s'agit donc au fond, non pas d'une punition, mais d'une « examen pour voir si le péché d'une génération revient chez les descendants. » (Dohmen)

Il y a aussi des passages dans le droit du Deutéronome qui contredisent directement une punition des descendants pour le péché des ancêtres :

En Dtn 7,9-10 on lit :

> *Sache donc que c'est Yhwh, ton Dieu, qui est Dieu. Ce Dieu fidèle garde son alliance et sa bonté envers des innombrables qui l'aiment et qui respectent ses commandements. En revanche, il rend directement leur dû à ceux qui le rejettent et il les fait périr. Il ne tarde pas à agir envers celui qui le rejette, et lui rend directement son dû.*

Ici, où il s'agit d'une punition, le verbe pqd n'apparaît pas, et il n'y a pas de lien transgénérationnel. Pour le Deutéronome, ceci est exclu expressément :

> *On ne fera pas mourir les pères à la place des enfants, ni les enfants à la place des pères.*
> (Dtn 24,16)

Le droit du Deutéronome établit alors la justice que Jérémie et Ezéchiel espèrent pour l'avenir. Si ceci est la notion de droit, cela n'a aucun sens que Dieu enfreigne son propre droit et punisse les générations qui suivent pour quelque chose qu'ils n'ont pas fait.

Retournons donc encore une fois à notre passage qui peut être interprété en fonction de l'effet recherché. Directement après le premier commandement, il nous est rappelé que Dieu est un Dieu passionné. Il est rappelé au lecteur que Yhwh rapporte le péché des ancêtres, les examine et ne les laisse pas tomber dans l'oubli. Selon une conception moderne, on pourrait dire que ceci sont les structures traumatiques encore virulentes après des générations. Apparemment il faut s'en souvenir, mais Dieu les met à la lumière du jour (fait éclater la vérité).

Essentielle est la possibilité de se décider à faire demi-tour (revenir en arrière) pour laquelle deux choses sont constitutives : l'amour pour Dieu et l'obéissance aux règles et à la loi de Dieu. Ceci est rendu possible à son tour par l'acte de libération divin et le don des commandements, c'est-à-dire par le fait que faire confiance en ces actes offre la possibilité d'échapper aux structures mortifères, porteuses de mort.

Mais cela veut alors dire que la connaissance et l'exploration de ces structures que les générations suivantes héritent, font partie intégrante de la vie avec ce Dieu d'Israël.

Celui qui veut se défaire des anciennes structures, doit les connaître, les rappeler à sa mémoire. C'est en ce sens que Dieu reporte/examine les péchés des ancêtres chez leurs descendants. J'espère vous avoir convaincu qu'il ne faut pas comprendre cela comme une punition, mais plutôt comme signe d'une culture de la mémoire. Israël s'est rendu compte que les conséquences du péché des ancêtres n'avaient pas disparu et a répondu à ce devoir de mémoire par le récit historique de l'exil, d'une profondeur qui n'était pas connue avant.

L'examen des péchés des ancêtres par Dieu répond à la voie proposée dans le préambule des 10 commandements, celle de l'amour pour Dieu et ses commandements. Au cœur même des champs de ruines que les générations ont laissé derrière elles, il y a ce chemin. Cela signifie, selon moi, qu'il faut encore et toujours se pencher activement sur les fautes des ancêtres, pour les éviter dans le futur.

5. La « visite » à Ypres

Lors de ma visite des cimetières de soldats près d'Ypres en Flandre occidentale, dont j'ai parlé plus haut, j'ai été étonné de voir combien de gens visitent ces cimetières. Un ancien pasteur m'a raconté qu'un million de gens ont visité cette ville. Pendant notre visite, au plus tard vers l'après-midi les parkings était complètement saturés de bus et voitures. Des gens de tous les différents pays d'Europe et de toutes les générations marchaient, silencieux, entre les rangées infinies des tombes. C'était une belle journée paisible, ce qui faisait un fort contraste avec ce qui s'y est déroulé il y a 100 ans.

Pourquoi tant de personnes visitent-elles ces cimetières un siècle après les événements ? Il semble que l'abîme humain, qui s'est ouvert à cette époque bâille encore aujourd'hui dans la mémoire culturelle des peuples qui ont participé à cette guerre. Les descendants des alliés de l'époque visitent ces cimetières probablement différemment que les descendants des Allemands qui étaient responsables de cette guerre. Il me semble que ce grand intérêt peut s'expliquer par l'essai de trouver une manière d'assimiler ce qu'on ne peut pas comprendre et de le raccorder à ses propres réseaux de cohérence.

Je me suis demandé à quels réseaux les visiteurs raccordaient cet abîme humain. Sur le cimetière allemand, j'ai parlé avec un professeur anglais et ses élèves. Ce professeur a raconté qu'il visitait toujours d'abord le cimetière allemand, pour montrer aux élèves qu'à la fin de la guerre tous sont des vaincus.

Je pense que la Bible est un trésor de prières, d'histoires et d'images qui peuvent aider à assimiler ce traumatisme. D'abord dans notre texte il est dit ouvertement que naturellement les conséquences du péché des ancêtres sont encore sensibles dans les générations qui suivent. Ce texte exprime que ceci est dû à Dieu qui reporte le péché des ancêtres – le même Dieu qui fait l'offre d'une relation sur laquelle on peut compter : « ... mais j'agis avec bonté envers ceux, nombreux, qui m'aiment et qui gardent mes commandements. » Le pont qui surmonte cet abîme est Dieu lui–même, qui révèle un nouvel avenir caractérisé par son amour et ses commandements. Ceci s'est manifesté d'une manière impressionnante par les représentants des trois Églises protestantes et leurs délégations. Les rangées infinies de tombes sont devenues ainsi un mémorial pour un dialogue constructif. Dans la déclaration commune des trois Eglises, nous lisons : « A partir de cette prise de conscience, nous demandons à nous-mêmes et aux autres chefs religieux de poursuivre la réflexion et de garder une attitude autocritique. Cela signifie concrètement qu'il faut toujours rechercher le contact et le dialogue avec l'autre, qu'il faut se garder de minimiser la réalité et de proclamer des vérités absolues. » Je pense que ceci est exactement le chemin qui laisse derrière nous les anciennes structures, celles qui ont mené à la barbarie.

Ce document termine avec une pensée qui prolonge le passage dont j'ai parlé encore d'une autre manière et nous reflète d'une certaine façon notre propre responsabilité : « Nous nous souvenons, ensemble, afin que l'on ne dise pas de nous : 'L'histoire nous apprend que l'homme n'apprend rien de l'histoire'. » Cela veut dire que nous ne devons pas seulement regarder en arrière et nous rappeler les fautes de nos ancêtres, mais que nous devons aussi regarder nos actions et attitudes aussi de la perspective des générations qui nous suivent.

"...die de schuld der vaderen bezoekt aan de kinderen, aan het derde en aan het vierde lid" (Ex 20). De zonde en haar gevolgen dwars door de generaties in het Oude Testament

Wat heeft het te betekenen dat aan het begin van de 10 Geboden staat dat God ook bij de nakomelingen de schuld van de voorvaderen gedenkt resp. deze vervolgt? Voor ons hedendaagse gevoel klinkt dat in eerste instantie weerzinwekkend, omdat de nakomelingen zich toch niet zelf schuldig gemaakt hebben. Wat hebben zij met de zonden van de voorvaderen te maken? Levenservaring heeft aangetoond: zeer veel. Het jaar 2014 is een herdenkingsjaar waarin niet alleen aan de wreedheid van de twee door Duitsland geïnitieerde oorlogen herinnerd wordt, maar ook duidelijk wordt hoe zeer deze een stempel gedrukt hebben op de tijd erna.

Wat heeft dit vers uit de preambule van de 10 geboden heden te betekenen? Kan dit ons helpen onze huidige historische situatie theologisch te verklaren?

De hedendaagse context

We leven in het jaar 2014, 100 jaar nadat de Duitse troepen België binnenvielen hoewel België zich van te voren uitdrukkelijk neutraal verklaard had. Heden betrachten we de ontzaglijke wreedheid en gewelddadigheid waarmee de Duitse troepen te werk gegaan zijn met verbijstering. De burgerbevolking werd boven alle mate mede schade berokkend. De icoon van dit segment van de geschiedenis vertolkt met zekerheid de West-Vlaamse stad Ieper, die door de Duitse troepen tijdens de Eerste Wereldoorlog vernietigd werd. Afgelopen vrijdag ondernam een delegatie van de Belgische Verenigde Protestantse Kerk onder leiding van de synodevoorzitter Steven Fuite, Jack McDonald, leider van de Anglicaanse Kerk in België en een delegatie van de Evangelische Kerk in het Rijnland onder leiding van Manfred Rekowski een herdenkingsevenement waarbij een Britse, een Belgische en een Duitse militaire begraafplaats werden bezocht. Wie ooit op een West-Vlaams soldatenkerkhof heeft gestaan, zal dat niet meer vergeten. Ze zijn zo onmetelijk groot. De wreedheid waarmee deze oorlog gevoerd werd, is niet te bevatten.

Nu sta ik hier als nakomeling van de generatie van Duitsers die deze oorlog gevoerd, of tenminste zwijgend geduld heeft en spreek over de Bijbelse zin: "...die de schuld der vaderen bezoek aan de kinderen, aan het derde, en aan het vierde lid...", die in de preambule van de 10 geboden te vinden is. Met het oog op de hedendaagse context vloeien hier voor ons verschillende perspectieven uit voort. Voor velen van u is dit het perspectief van de nakomelingen van degenen die zonder reden werden overvallen; voor anderen hier in deze ruimte en voor mij is dit het perspectief van degenen die België overvielen. Om redelijk te blijven, kan ik vooreerst alleen vanuit mijn perspectief als Duitser spreken. Vandaar kan mijn lezing slechts een fase in een gesprek zijn. Ik ben benieuwd te luisteren naar wat u vanuit uw perspectief over dit themagebied te zeggen heeft.

De aanwezigheid van de zonden der voorvaderen tot in de derde en vierde generatie

Trauma is het Oudgriekse woord voor 'wond'. Iemand die psychisch getraumatiseerd is, is dus van binnen gewond en gekwetst. Een traumatische gebeurtenis is een bedreigende, wrede, gewelddadige belevenis die de verwerkingsmogelijkheden van een mens te boven gaat. Het trauma is de reactie daarop omdat het gebeurde niet gedacht, laat staan onder woorden gebracht en uitgesproken kan worden. Het symboliserende denken is net als de gevoelens en affecten uitgeschakeld. De slachtoffers beleven slechts hulpeloosheid en controleverlies.

Doordat het net van coherentie dat we nodig hebben om te kunnen vertrouwen is verscheurd, worden traumatische gebeurtenissen achteraf slechts fragmentarisch, soms zelfs helemaal niet herinnerd. Er ontstaan 'zwarte gaten'.

Toch zijn het vast en zeker niet de alleen de beleefde traumata die deze 'zwarte gaten' produceren. Wezenlijk was in Duitsland ook de weigering van de meeste leden van de generatie die de Tweede Wereldoorlog te verantwoorden heeft, zich met juist deze verantwoordelijkheid te confronteren.

Stuit het kind bij zijn ontplooiing op een gebied waarop een ouder getraumatiseerd is, trekt de ouder zich onwillekeurig in zichzelf terug. De ouder reageert niet meer adequaat. Op die manier stuit het kind op een 'zwart gat' en voelt dat daar iets niet klopt. Omdat de spraak ontbreekt, voelt het kind de innerlijke ontreddering van de ouder acuut en neemt deze ongefilterd in zich op. Zo ontwikkelt bijv. een kind dat na de oorlog werd geboren een eetstoornis, omdat de door de hongersnood getraumatiseerde ouders voedsel een extreme belangrijkheid toebedeeld hebben. Zo worden deze patronen ongebroken op de volgende generatie overgedragen, tot in het derde en vierde lid dus.

Voor de verwerking zijn beelden, symbolen belangrijk om het naamloze tenminste achteraf toch spraak te verlenen. Ook knoopt dit nieuwe coherentiesystemen waar de oude verscheurd werden. De oude patronen moeten bewustgemaakt worden om eruit te kunnen stappen. Daarbij zijn nieuwe, betrouwbare regels en relaties nodig om de angst en onzekerheid te overwinnen.

De omgang met de schuld van de voorvaderen in het Oude Testament

De grote geschiedschrijving van het Oude Testament verklaart de Babylonische verbanning als een straf van God voor het feit dat Israël zich tot afgoden gekeerd had. Doordat de verbanning – ook door de profeten – zo wordt geïnterpreteerd, wordt er een kans tot zelfreflectie, boetedoening en ommekeer geboden. Hierin is een wezenlijke drijfveer voor de geschiedschrijving te zien. Deze dient dus juist niet ter verheerlijking van de eigen daden in het verleden, zoals wij dit uit het oude Midden-Oostelijke gebied kennen – het exacte tegendeel is het geval. De koningen worden in Israël uiterst kritisch bekeken, eveneens wordt over het gebrek aan trouw van het volk ten opzichte van Jhwh en het niet naleven van de sociale wetgeving verteld. De geschiedenis wordt opgeschreven om ervan te leren. Het doel: niet zo worden als de voorvaderen!

Toen tijdens de ballingschap ondanks de boetedoening de hoop op terugkeer in het beloofde land niet werd vervuld, deed er een spreekwoord de ronde:

"Onze vaders hebben onrijpe druiven gegeten, en de tanden der kinderen zijn er stomp van geworden"
(Ez 18,2; Jer 31,29; vgl Thr 5,6)

In de boeken Jeremia en Ezechiël, die beide dit spreekwoord incorporeren en zich er theologisch mee worstelen, wordt de onrechtvaardigheid die daarin besloten ligt niet weggewist. Het heden wordt (nog) bepaald door dit onrecht. In beide boeken wordt verlossing aangekondigd, waarin het verband tussen handelen en wedervaren weer hersteld wordt: dan zal iedere generatie voor haar eigen zonden moeten betalen.

Nu komen we in de decaloog een ander model van omgang met dit probleem tegen. De gehele passage luidt:

"Ik vervolg de schuld van de ouders tot bij de kinderen, kleinkinderen en achterkleinkinderen bij hen die mij afwijzen, maar ik betoon mij ten opzichte van de velen die mij liefhebben en mijn geboden in acht nemen, als barmhartig en trouw."
(Ex 20,5+6 ; Dtn 5,9+10)

Het werkwoord *pqd* wordt meestal met 'teisteren', ja, zelfs 'straffen' vertaald. Een blik in de concordantie toont echter aan dat 'onderzoeken', 'nagaan' adequatere vertalingen zijn. De Thora keurt de transgenerationele straf uitdrukkelijk af (Dt 24,16).

God bestraft de kinderen dus niet voor wat hun ouders hebben gedaan, maar hij gaat er ook niet simpelweg aan voorbij. De lezer / luisteraar wordt eraan herinnerd dat Jhwh de zonden van de voorvaderen onderzoekt, ze nagaat, ze niet in vergetelheid laat raken. Modern gesproken zijn het de patronen die ook na generaties nog steeds virulent zijn. Er moet blijkbaar aan herinnerd worden, en God brengt ze steeds weer aan het licht.

Wezenlijk wordt dan echter in de preambule van de 10 geboden de mogelijkheid tot ommekeer, waarvoor twee dingen constitutief zijn: de liefde tot Jhwh en het in acht nemen van de geboden. Dat wederom, wordt mogelijk gemaakt door de in de preambule aangesproken bevrijdingsdaad van Jhwh en zijn gave van de geboden, d.w.z. op deze daad te vertrouwen levert de mogelijkheid op aan de dodelijke patronen te ontkomen.

Bezoek in Ieper

Bij de bovengenoemde rondgang over de soldatenbegraafplaatsen rondom Ieper in West-Vlaanderen, heeft het me verbaasd hoeveel mensen deze kerkhoven bezoeken. Blijkbaar gaapt de menselijke afgrond die zich toentertijd geopend heeft ook heden nog in het culturele geheugen van de volkeren die aan deze oorlog deel hadden. De nakomelingen van de toenmalige geallieerden zullen deze begraafplaatsen wellicht anders bezoeken dan de nakomelingen van de Duitsers, die deze oorlog in ernstige mate te verantwoorden hadden. In ieder geval is het bedrijvige bezoek misschien toch te verklaren als poging met het onverklaarbare om te gaan, het te verwerken en het een plaats te geven in de eigen coherentiesystemen.

Ik heb me afgevraagd: in welke coherentiesystemen integreren de vele bezoekers deze afgrond?

Ik denk dat de bijbel over een breed aanbod van gebeden, verhalen en beelden beschikt, die kunnen helpen dit trauma te verwerken. Ten eerste is er onze tekst die heel open zegt dat de gevolgen van de schuld der voorvaderen natuurlijk nog bij de nakomelingen tastbaar zijn. Deze voert dit terug op het 'nagaan' van God – van dezelfde God, die echter aan de andere kant een betrouwbaar relatieaanbod doet: " ... die echter genade en barmhartigheid bewijst ten opzichte van hen, die mij liefhebben en mijn geboden in acht nemen." De brug over de onbevattelijke afgrond is daarmee in zekere zin God zelf, die een nieuwe toekomst ontsluit die door de liefde tot hem en zijn geboden gevormd wordt.

De diepste overwinning en genezing van de wonden – ook de psychische – die de oorlogen toegebracht hebben, blijft de verzoening. Dat hebben mijns inziens de drie vertegenwoordigers van de Belgische, de Anglicaanse en de Rijnlandse kerken op indrukwekkende wijze gedemonstreerd. De eindeloze rijen soldatengraven worden zo tot een gedenkteken dat maant tot een constructieve dialoog. In de gemeenschappelijke verklaring van de drie kerken luidt de boodschap: "Daarom roepen wij onszelf en alle andere religieuze leiders op tot voortdurende reflectie en een zelfkritische houding. Dat betekent concreet dat we steeds het contact en de dialoog met anderen moeten zoeken en dat we ons moeten behoeden voor zwart-witdenken en het claimen van absolute waarheden." Ik denk dat dit exact de juiste weg is om de oude patronen te verlaten die tot de barbaarsheid hebben geleid.

Jeanine Mukaminega

Une lecture littéraire du récit de la vision d'Esaïe 6

Le récit d'Esaïe 6 est l'un des passages bibliques abondamment visités. Bien des choses ont été dites sur cette vision étonnante. Par ailleurs, il est admis pour qui fréquente la Bible, que les moments perçus comme 'lieux'de dévoilement de la Présence sont transmis à travers des récits qui résistent à toute lecture prétendant en épuiser le mystère. Esaïe 6 appartenant à cette catégorie, la présente relecture n'est qu'une tentative de plus de se frotter à ce phénomène de la littérature biblique. La contribution est une reprise, revue et augmentée, d'un des chapitres de notre thèse défendue à la Faculté Universitaire de Théologie Protestante de Bruxelles en 2006, sous le titre de *Une anthologie de la trajectoire herméneutique de l'immanence divine*. Elle se présente comme une interrogation littéraire du récit. Mais avant, nous faisons le point sur le passage dans son contexte général du corpus esaïen.

1. Le livre d'Esaïe

Le livre d'Esaïe est le premier de la liste des prophètes classiques dits écrivains. Selon la chronologie de la BHS, il fait suite au 2ème livre des Rois. Le livre débute effectivement avec l'indication des rois Osias, Jotham, Akhaz et Ezéchias (Es.1, 1) sous les règnes desquels le prophète aurait exercé son activité. Pour une information complète sur l'œuvre et le contexte sociopolitique du prophète, nous renvoyons le lecteur à la fructueuse documentation sur le corpus esaïen[1]. Signalons seulement que le personnage Esaïe est mal connu mais que tous s'accordent sur le fait qu'il est judéen et qu'il aurait vécu à Jérusalem au 8ème siècle av. J.C[2]. Ainsi, il aurait commencé sa mission vers 740, à l'époque trouble qui allait conduire à la ruine du royaume du nord par les conquêtes

---

[1] Parmi les commentateurs classiques, on peut citer : A. Lods, Histoire de la littérature hébraïque et juive, pp. 256-284 ; G. Von Rad, Théologie de l'Ancien Testament, pp. 126-160 ; J. Vermeylen, Du prophète Esaïe à l'Apocalyptique VI 1-39 ; J. Vermeylen, Structure et composition d'Esaïe I-XXV ; H. Cazelles, Introduction à la Bible II : introduction critique à l'Ancien Testament, p. 383; ICC, Isaiah I – XXVII, (par Gray) ; J. Steinmann, Esaïe I, 1-39; P. Auvray, Esaïe1-39 ; D. Ellul, « Les structures symboliques d'Esaïe 6 », in Foi et Vie V. 83 (1984). p. 18 ; G. W. Anderson, A Critical Introduction to the Old Testament pp. 106-120. Parmi les nouvelles tendances, on peut citer E. Jacob, Esaïe 1-12 ; J. Vermeyleun, « Esaïe », in T.Römer & Co, Introduction à l'Ancien Testament, pp. 410-425.

[2] Dans les années 70 à l'époque où les quêtes historiques de personnages bibliques étaient en l'honneur, des essais sur l'Esaïe de l'histoire ont été proposés. Voire par exemple Gilbert Brunet, Essai sur l'Isaïe de l'histoire.

assyriennes. Les travaux critiques ont établi que Esaïe, prophète[3] contemporain des rois cités au premier verset, ne serait l'auteur que des 39 premiers chapitres, les autres parties étant attribuées aux personnages exiliques et postexiliques[4] voire à des rédacteurs professionnels au sens antique du mot. Ainsi, on subdivise le livre en Proto-Esaïe (1-39), Second-Esaïe (40-55) et Trito-Esaïe (56-66). Les contextes historiques et les problèmes existentiels[5] de ces personnages ou rédacteurs sont relativement bien connus et permettent d'appréhender ce que von Rad appelle « l'horizon intellectuel »[6] du prophète. La vision du chapitre six qui retient notre attention ressemble à la mise en intrigue d'une aperception métaphysique trahissant des accents sociopolitiques pouvant être datés et localisés. Le récit opère sur deux plans : Il apporte une information pertinente à la fois sociopolitique et théologique. On comprend donc pourquoi la tradition biblique attribue la paternité de tout le corpus à un personnage aussi perspicace à une époque charnière de l'histoire de son peuple. Son message est marquant pour les générations postérieures à qui incombe la redéfinition du social et du religieux.

Cependant, cette paternité est à nuancer car, bien qu'on attribue le récit du chapitre 6 à Esaïe, à l'époque du roi Ouziyahou (Osias)[7], le texte a sans doute subi des retouches rédactionnelles qui lui ont donné la forme et la place que nous lui connaissons[8]. C'est à bon escient que le récit fait partie de l'ensemble plus large des chapitres 2-12 comportant des oracles sur Juda et Jérusalem.

---

[3] Concernant le titre de prophète, Edmond Jacob fait remarquer que le prophète ne se désigne pas comme abn (navi) mais qu'il revendiquerait plutôt le titre de roeh et de hozeh (voyant), E. Jacob, Esaïe 1-12, p.7.

[4] The Oxford Bible Commentary (p. 433) estime que la découverte de l'état composite du corpus esaïen est l'un des résultats significatifs des méthodes critiques. En effet, le fait d'avoir pu situer dans le temps les auteurs des parties du livre a permis d'en saisir les significations.

[5] La succession des dominations : assyrienne (Proto-Esaïe), babylonienne et perse pour les deux autres parties sans oublier les adaptations postérieures, a marqué la théologie du livre d'Esaïe.

[6] G. Von Rad, Théologie de l'Ancien Testament, p 126-127. L'auteur se référant certes à divers passages du corpus, indique que le prophète manifeste un intérêt particulier pour Sion et pour l'Etat. Il souligne surtout que l'un des centres du message esaïen est que 'le droit divin' n'est pas un but en soi, mais qu'il prend son sens dans un contexte plus vaste, de nature politique. C'est dans cette perspective que le prophète annonce le règne de l'oint. Von Rad, p. 126-131. Ce que Von Rad dit sur l'acuité du message par rapport à la situation d'alors est pertinent pour notre passage qui peut être lu comme une évaluation politico-sociale exilique voire postexilique : l'attente d'un monarque capable de véritablement siéger (le verbe bsy jashav est ici significatif) afin de combler le vide et de renverser la situation du peuple.

[7] Par exemple, P. Auvray, Esaïe 1-39, éd. J. Gabalda et Cie ; J. Steinmann, Esaïe 1, 1-39 ; Gray, Isaiah I-XXVII, in ICC pp. 99-111 ; J. Vermeylen, Structure et composition d'Esaïe 1-35 ; J. Vermeylen, Du prophète Esaïe à l'Apocalyptique 6,1-39.

[8] Concernant les retouches, on signale par exemple que le verset 13 fait partie des divergences dans les listes massorétiques babyloniennes et palestiniennes, ce qui dénote une certaine flottabilité du texte aux époques anciennes. C. Ginsburg, Introduction to the Massoretico-Critical Edition of the Hebrew Bible, p. 217; J. Vermeylen, Du prophète Esaïe à l'Apocalyptique, pp. 193-197, en comparant Es. 6, 9-10 aux chapitres 7 et 8, y décèle une retouche deutéronomiste post-exilique. Pour cette question des variantes, voir aussi E. Jacob, Esaïe 1-12, pp. 94-95.

Quant à son encadrement le plus immédiat, il est précédé par l'annonce de menaces- châtiments et il est suivi par la projection d'un futur où règnera la paix. La vision du chapitre 6 fait suite au chapitre 5 qui parle de la maison d'Israël et de Juda en termes de vigne du Seigneur dans une situation d'infidélité. Les oracles des versets (25-30) de ce chapitre 5 annoncent la menace assyrienne désignée comme « peuples lointains » dont le pouvoir dévastateur est comparable à celui de la lionne ou de jeunes lions. Le chapitre suivant parle d'un nouveau roi, Akhaz, ce qui fait du chapitre 6 l'introduction d'un nouveau règne. Ainsi, Es. 6 précède l'histoire de l'appel à la confiance et du signe du roi Akhaz, soumis au Roi-Seigneur des armées (chapitre 7). En plus de cet encadrement thématique significatif, l'observation de l'agencement et du choix du matériel littéraire qui le composent révèle d'autres indicateurs de contenu. Ceux qui attirent notre attention sont signalés dans le paragraphe consacré à l'analyse formelle.

2. La traduction[9]

1a Dans l'année de la mort du roi Ouziyahou,
1b j'ai vu le Seigneur assis sur le trône haut et élevé,
1c et ses pans remplissant le temple.

2a Les séraphins se tenant au dessus de lui,
2b (Ayant) six ailes, six ailes à chacun.
2c (Avec) deux pour couvrir ses faces, deux, pour couvrir ses pieds et deux pour voler.

3a Celui-ci cria à celui-là et il dit :
3b Saint, Saint, Saint le Seigneur des armées,
3c sa gloire (est la) plénitude de toute la terre.

4a Les fondations des seuils tremblèrent à la voix de celui qui criait (le criant)
4b et la maison fut remplie de fumée.

5a Et je dis, malheur à moi car je suis détruit,
5b car je suis un homme aux lèvres impures
5c et j'habite au milieu du peuple aux lèvres impures
5d car c'est le Roi, le Seigneur des armées que mes yeux ont vu.

---

[9] Le texte hébreu est celui de la Bibliothèque Hébraïque numérique : Judeopedia, http://www.judeopedia.org/repris le 24/11/2015. Dans le judaïsme, Es. 6,1-12, parfois Es. 6,1-7,17, est lu comme haftara de la Paracha Yitro (Ex. 18,1-20, 23) qui comprend la théophanie d'Exode 19. D. Banon, Le bruissement du texte, p. 36.

6a Un des séraphins vola vers moi,
6b et dans sa main, une braise (pierre chaude)
qu'il prit avec des pincettes sur l'autel.

7a Il toucha ma bouche et dit :
7b « voici ceci a touché tes lèvres,
7c ta faute sera écartée, ton péché sera expié ».

8a Et j'entendis la voix du Seigneur disant :
8b « Qui enverrai-je ? et qui ira pour nous ? »
8c et je dis, « me voici, envoie-moi. »

9a Il dit : « va et dis à ce peuple :
9b pour entendre, vous entendrez mais vous ne comprendrez pas.
9c Pour voir, vous verrez mais vous ne connaîtrez pas. »

10a Rends endurci le cœur de ce peuple, rends alourdis ses oreilles, bouche-lui les yeux,
10b de peur qu'il ne voie de ses yeux, qu'il n'entende de ses oreilles et que son cœur ne connaisse,
10c et qu'il ne se convertisse et ne guérisse.

11a Et je dis « jusqu'à quand Seigneur ? »
11b et il dit : « jusqu'à ce que soit dévastées les villes,
11c et qu'il n'y ait plus d'habitant ni d'homme dans les maisons
11d et que la terre soit désolée, en ruine ».

12a Le Seigneur éloignera l'homme,
12b l'abandon se multipliera à l'intérieur du pays.

13a Et encore en elle un 10ème retournant,
13b mais (il) sera à brûler comme le térébinthe et comme le chêne où reste le tronc quand il est taillé,
13c ce tronc est une semence sainte.

Malgré les diverses pistes de compréhension et d'approche suggérées par l'environnement littéraire et thématique du récit indiqué plus haut, la question tout aussi mobilisatrice que délicate de *l'intelligibilité de la vision* demeure entière. L'exégèse s'attelle plus particulièrement à répondre à une série de questions relatives à la rédaction et aux cadres historique et littéraire pour tenter d'y cerner une compréhension qui serait rationnelle. Parmi ces questions[10], celle

---

[10] Les questions rédactionnelles concernent la date (742-740), l'auteur donc l'authenticité, la structure interne ou le genre littéraire, la langue, le rapport avec tout le corpus esaïen et avec le

qui concerne la tradition des thèmes et des images véhiculés par le récit est particulièrement intéressante. Quel est ce langage auquel les écrivains bibliques ont eu recours pour rendre compte de ce qu'ils ont reconnu et désigné comme 'lieux' de leur rencontre avec la divinité ?

Tout le monde s'accorde pour reconnaître que l'abord des significations du récit pris pour lui-même est difficile. Le lecteur, même analyste n'est pas à l'abri de l'influence des lectures traditionnelles qui voient en Isaïe 6, une grandiose révélation divine. Un essai de classification du langage en champs sémantiques nous permettra d'aborder le récit de manière plus neutre.

3. La sémantique

Faits observés	Parties du corps & Concepts	Énonciation par Sujet	Choses ou Objets	Personnages divins/humains
-Le roi Osias est mort -Le Seigneur est assis sur un trône -Les séraphins se tiennent débout -Ils couvrent les faces et les pieds avec des ailles -Ils volent -Un séraphin prend une braise dans la main -Il touche la bouche du prophète -Les gonds du seuil tremblent	Parties du corps -Pieds, -Faces -Ailes (animal) -Main -Lèvres -Yeux -Oreilles -Cœur Concepts -Plénitude -Péché -Faute -Dé-solation -Sein/mi-lieu -Abandon	1. Prophète -J'ai vu le Seigneur assis ... -Je dis malheur à moi... -Je suis anéanti, j'habite ... -Car je suis un homme aux ... -Car mes yeux ont vu le roi... -J'entendis la voix du ... -Je dis me voici envoie-moi -Je dis jusqu'à quand 2. Séraphins -Crient saint saint saint le ... -Voici ceci a touché tes lèvres -Ta faute est écartée, ton péché est expié. 3. Jhwh -Qui enverrai-je, Qui ira Pour nous ?	-Trône -Pans -Gonds -Seuil -Fumée -Braise -Pin-cettes -Autels -Temple / Palais -Maison - Terre - Pays -Téré-binthe - Chêne - Tronc	-Le roi Osias -Le Seigneur -Les Séraphins -Jhwh tsevaot -Homme aux lèvres impures (*Ish*) -Le roi Jhwh tsevaot -Ce peuple -L'homme (*Adam*)

reste de la Bible. Dans ce cadre, on relève que le récit porte la marque de la relecture deutéronomiste des récits d'Ezéchiel (Ez. 1-3) et de Michée (I Rois 22,19-22). De même, dans sa mise en cause de la source Yahwiste qu'on datait de l'époque salomonienne, H. H. Schmid estime que le concept de l'endurcissement d'Es. 6,10 est présupposé dans les récits d'Exode 3. A. De Pury et Th. Römer, Le Pentateuque en question, p. 59. Les questions de compréhension textuelle concernent surtout les variantes et les termes jugés obscurs ou ambigus. Pour les discussions au sujet de la date, J. Vermeylen, Du prophète Esaïe à l'Apocalyptique, vol. 1, pp. 187-190.; H. Cazelles, Introduction à la Bible II, p. 383; D. Ellul, « Les structures symboliques d'Esaïe 6 », p. 18 ; W. Vogels, « Les récits de vocation des prophètes », in NRTh 95 (1973), pp. 3-24 ...

La maison se remplit de fumée	-Sa gloire	-Il dit va et parle à ce peuple… -Entendre, vous entendrez … -Écouter vous écouterez mais… -Endurcis…ferme… bouche..		

Mis à part que les éléments de chaque colonne peuvent être redistribués plus finement, ce tableau montre que certains éléments sont difficiles à classer de manière satisfaisante. Il révèle l'ambiguïté des images, concepts et gestes posés par les personnages. Le lexique peut opérer dans différents registres, car les personnages, leurs gestes et leurs dits sont humains, divins ou hybrides. L'univers du récit n'est pas clairement identifiable. Tout se passe comme si le visionnaire avait accès à d'autres mondes où les mots du monde sensible désignent d'autres réalités et d'autres perceptions. Une observation plus rapprochée de ces mots-images et leur agencement peut-elle nous éclairer d'avantage ? C'est l'objet du paragraphe suivant.

4. Analyse formelle

Les éléments formels que nous retenons résultent d'une lecture combinant les théories méthodologiques de trois auteurs : Jean Pierre Fokkelman, Jacques Chopineau et Robert Alter[11]. Ces trois auteurs s'accordent en effet pour donner une importance à l'observation des phénomènes littéraires tels que la réitération, le recours aux 'thèmes types', le choix des termes, les images, la trame du récit et les techniques de composition. Concrètement, nous identifions : – les formes récurrentes (expressions, conjugaisons, associations sémantiques et sonores) – les mots clés et leur réitération – les « scènes et/ou thèmes types » et – les articulations de la trame narrative. Voici certains faits qui ont attiré notre attention :

Les changements dans la nomination du divin. Les séraphins l'appellent le Seigneur des armées v3 (יהוה צבאות) et le narrateur l'appelle le Seigneur v13 (יהוה). Dans la bouche du prophète, le divin est appelé *Adonaï* (v1, v8 et v11) sauf quand il reprend les séraphins et là, il ajoute non seulement le titre de roi, mais il s'estime en danger d'anéantissement car ses yeux ont vu ce qu'il ne fallait pas. Ce fait n'est pas qu'un folklore littéraire, c'est un vecteur de théologie. N'indiquerait-il pas l'écart entre les univers de perception auxquels appartiennent ceux qui nomment Dieu ? Ou indiquerait-il simplement le rapport au divin des protagonistes du récit ?

---

[11] J. P. Fokkelman, *Comment lire le récit biblique* ; J. Chopineau, 'Texte et parole, l'art du récit dans l'histoire d'Abraham' ; R. Alter, *L'art du récit biblique.*

La reprise du mot roi, *ha-melek* se démarque du reste. Elle divise le récit en deux parties : du v1 au v5 et du v6 au v11, les derniers v12 et v13 pouvant être vus comme une conclusion à caractère prospectif. A la mort du roi au v1 correspond la vision du Roi-Seigneur des armées au v5. Comme si Es. 6, manifestation du Roi au trône haut et élevé, était l'annonce d'une autre royauté. De plus, la réitération du mot *yoshev* dans ces même versets (v1, assis ; v5, habitant), conduit à une inversion : Dieu est assis sur un trône élevé alors qu'Esaïe habite au milieu du peuple impur. La première série des v1-v5 décrit en quelque sorte la vision et son effet sur le prophète. La deuxième série des v6-v11 décrit ce qui se trame dans l'univers dévoilé : un entretien des êtres célestes au sujet des affaires du monde. On y associe le prophète et il apprend que le peuple ne sera plus habitant (*yoshev*) de la ville qui sera dévastée. On remarque surtout que cette deuxième partie est dominée par le thème de l'envoi pour proclamer un message 'd'endurcissement'[12]. Le vocable utilisé comprend le verbe *shalah,* envoyer (3 occurrences) et le terme de forme hapax *hakved* (rendre lourd). Le prophète devient ainsi l'exécuteur des décrets royaux mais aussi le porte-parole du peuple qui ne voit pas et n'écoute pas. Il y a manifestement une opposition entre la situation du Roi-Seigneur et celle de « ce peuple ». Les derniers versets semblent indiquer que le but de ces entretiens est finalement le programme de purification du peuple qui aboutira à une semence sainte. La purification commence par le prophète qui accède ainsi à la vision et à l'écoute. Ces prérogatives accordées au visionnaire seront refusées au peuple. La mission du prophète se caractérise par une série de répétitions insistantes à propos du peuple qui a cessé d'être l'interlocuteur du divin.

Une autre observation déjà relevée notamment par Danielle Ellul[13], est que le récit est à la première personne. Dès le 1er verset, le prophète prend la parole et situe l'événement dans l'histoire et dans l'espace. Le repère événementiel est la mort du roi Ouziyahou (Osias) tandis que le lieu est le *hehkal*, temple ou palais. Il décrit ensuite ce qui lui est dévoilé. Le narrateur reprend le fil de l'histoire à la fin, au 12ème verset, pour énoncer la réalisation des paroles menaçantes du Seigneur et la renaissance qui s'ensuivra. Comment comprendre cette 1ère personne ? Est-ce une historicisation littéraire[14] ? Est-ce une 'perception sublimée' où il y aurait une transformation de l'objet perçu en une révélation d'un autre monde comme l'ont proposé certains analystes[15] ? Ou est-ce une reprise de ce que Mircea Eliade appelle 'l'expérience du sacré'? En tout cas, la question sur la nature des événements ou de la réalité du monde sensible qui ont pu inspirer ce genre de narration se pose toujours.

---

[12] Pour plus de détail sur ce concept, voir Von Rad, pp. 130 - 134; E. Jacob, p.104.

[13] D. Ellul, « Les structures symboliques d'Esaïe 6 ».

[14] R. Alter, *L'art du récit biblique*, pp. 38 et ss. L'auteur propose de considérer certains récits sous l'angle de phénomènes littéraires d'historicisation.

[15] L'expression vient de Lindblom, E. Jacob, p.98.

On note aussi une intéressante répétition de termes, de thèmes et de sons. Ainsi, la répétition du verbe *ra√h* voir avec sa polysémie et la référence aux yeux (עיני et עיניו) qui l'accompagne dans les versets 5 et 10, déterminent le cadre multidimensionnel du récit. Ainsi, le thème de la vision couvre différents registres. Les variations de forme et de sujet modulent les glissements de sens du verbe « voir ». Le prophète voit mais le peuple ne verra pas malgré ses yeux. De même, le prophète entend la voix divine mais le peuple n'entendra pas malgré ses oreilles [16]. Ce verbe *ra√h* est répété dans les deux versets s'appliquant au sujet 'humain' mais différemment : au v1 « je vis » et au v5 « mes yeux ont vu », précision qui implique les organes de sens et pouvant suggérer une vision dans la chair. Mais à propos du 'voir' biblique, le bibliste Jacques Chopineau précise que dans les récits de vision, « ce qui est vu de Dieu est la manifestation de sa présence et non Dieu lui-même »[17].

Le phénomène d'assonance scande l'ensemble du récit : les terminaisons (*im*) יִם se succèdent; les expressions en double ou en triple (שֵׁשׁ כנפים, וּבִשְׁתַּיִם , יכסה v2) ; les répétitions du son (מִקּוֹל הקּוֹרא v2; מצבת et מַצַּבְתָּהּ v13) et les répétitions emphatiques (v9 שִׁמְעוּ שָׁמוֹעַ, וּרְאוּ רָאוֹ). On a également l'usage de synonymes ou de quasi synonymes pour marteler ou nuancer les thèmes comme au 1er verset רם et נשא ; v12 שְׁאוּ et תִּשָּׁאֶה ; v13 אלון et אלה. Suivant ce même procédé, on insiste sur le thème de la désolation par une suite de propositions jouant sur les verbes de destruction (brûler, dévaster, tailler, ...) et les éléments accentuant la situation de ruine (maison vides, ville dévastées, ...).

La variation des formes de conjugaison[18] attire notre attention. Il y a des jeux subtils sur les modes actif, passif et impératif, sur les formes factitive et intensive, ou encore sur les états « accompli » et « inaccompli » de l'appareil verbal de la narration. La conjugaison révèle ainsi le rapport entre le sujet, l'acte et l'objet[19]. Ces phénomènes répétitifs n'ont pas exactement le même sens dans les différents versets. Certains semblent jouer le rôle d'énumération différenciée, d'autres de répétition d'insistance tandis que d'autres encore introduisent des variations de sens voire même des oppositions de situation.

La trame suggère une technique de composition à parallélisme antithétique. Les actions des séraphins du verset 7 renversent la situation du prophète. Dans ce même verset, les thèmes d'iniquité et de péché à couvrir rappellent les v2-3

---

[16] On note ici qu'il n'y a pas de thème d'ouverture des cieux ni celui de la descente de *Yhwh*. Le Seigneur vu par Esaïe est assis sur son Trône au Temple, il y demeure pour régner sur « ce peuple » qui pourtant n'entend ni ne voit.

[17] J. Chopineau, « Face de Dieu, Image de Dieu - Les théophanies dans la Bible hébraïque », p. 78.

[18] Pour la critique moderne, ce phénomène grammatical serait un indice révélateur du mode et du dynamisme de la pensée hébraïque, de la conception du temps et de l'histoire dans le monde sémitique. J. Barr, *Sémantique du langage biblique*, p. 31 et ss. L'auteur cependant relativise ce genre d'arguments qu'il juge simplistes.

[19] Notons ici l'absence d'automanifestation rencontrée dans les récits d'Exode (forme *Hiphil*). La forme du participe caractérise la louange des séraphins.

où les mêmes séraphins se couvrent les extrémités et acclament la sainteté divine[20]. Au v8, on a deux fois le verbe envoyer à deux formes différentes *(Qal* actif et impératif). Le verset 8 correspond à la deuxième prise de parole du prophète, non pour dire « malheur à moi » mais pour offrir sa disponibilité, *hineni*. Le thème de la voix reprend le v4 et c'est la première prise de parole de *Yhwh*. Ce verset 8 au centre du récit, introduit de nouveaux thèmes, la mission et l'écoute. Les v9-10 reprennent l'écoute et la mission du v8, y associent la vision, la compréhension et la connaissance. La parole que va prononcer le prophète agira (factitive). Le v11 transforme « ce peuple » en habitants (individus), il introduit la ville et ses maisons qui se substituent à la majesté du *hékhal*. Au v3 la maison tremble et s'obscurcit à la voix des séraphins et les villes se désolent et les maisons se vident par la parole du prophète.

Au niveau des images et de la symbolique, nous retenons qu'elles sont multidimensionnelles et ambiguës. C'est le cas du *hékhal* qui peut être le temple ou le palais. Etant donné que celui qui est vu est le Roi-Seigneur, ce *hékhal*, temple ou palais, peut renvoyer tout aussi bien à un bâtiment cultuel ou palatial qu'à un symbolisme du monde divin (céleste)[21]. Cet aspect reste d'ailleurs indéterminé ce qui n'échappera pas aux lectures postérieures, notamment la tradition apocalyptique. Les éléments des versets 5 et 13 suggèrent de privilégier le temple tandis que ceux du verset 1 sont indécis. Le même phénomène d'image ambiguë jouant sur les deux plans s'applique au roi et aux séraphins[22]. Une prise en compte de toutes ces observations aboutit à un système de tuilage de thèmes modulé par les variations de forme et de son. Plus globalement, ces observations nous révèlent une architecture complexe com-portant des reprises (termes, thèmes conjugaisons et traits de style) successives[23], antithétiques et parallèles. Des essais de schématisation de cette riche structure sont possibles. Nous en proposons deux.

A. Structure linéaire :

A	V1a Date et situation de départ : année de la mort du roi Ouziyahou

[20] Les thèmes sont ici contrastés avec comme trait d'union les séraphins, qu'on peut comprendre ici comme êtres du monde intermédiaire.

[21] E. Jacob reprend les analyses de I. Engel qui propose un cadre cultuel avec des éléments empruntés aux diverses pratiques de la Mésopotamie notamment l'Egypte et la Babylonie voire l'Ougarit. Ainsi les motifs tels que le dieu siégeant, les chérubins, le trishagion et l'expiation des péchés seraient attestés dans les fêtes et rituels du Moyen Orient Ancien. E. Jacob pp. 96-97.

[22] Pour l'image des séraphins et du Dieu-Roi, voir par exemple E. Jacob, pp. 99-101.

[23] La composition du récit suit une progression identifiable..

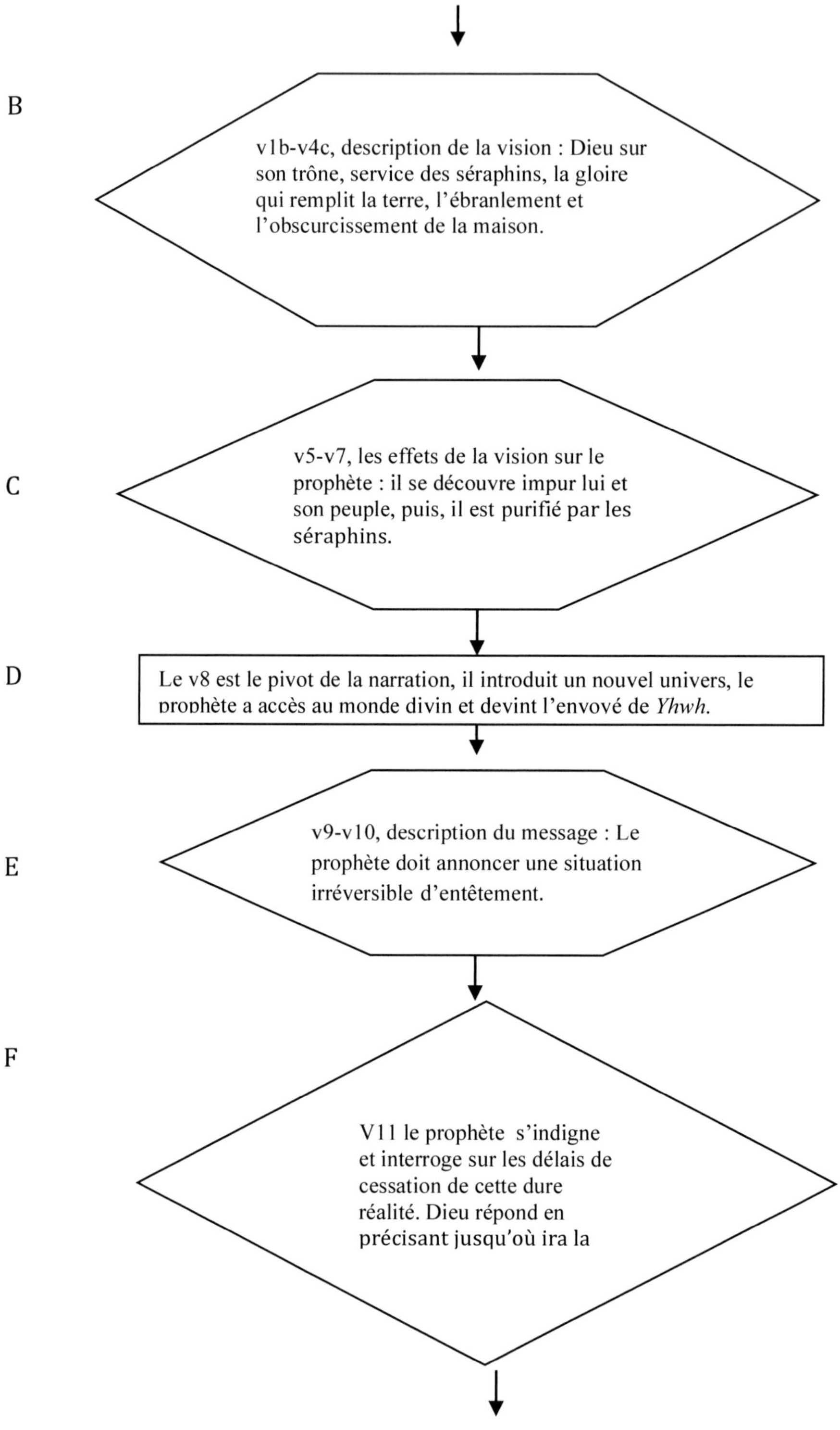
B
v1b-v4c, description de la vision : Dieu sur son trône, service des séraphins, la gloire qui remplit la terre, l'ébranlement et l'obscurcissement de la maison.
C
v5-v7, les effets de la vision sur le prophète : il se découvre impur lui et son peuple, puis, il est purifié par les séraphins.
D
Le v8 est le pivot de la narration, il introduit un nouvel univers, le prophète a accès au monde divin et devint l'envoyé de *Yhwh*.
E
v9-v10, description du message : Le prophète doit annoncer une situation irréversible d'entêtement.
F
V11 le prophète s'indigne et interroge sur les délais de cessation de cette dure réalité. Dieu répond en précisant jusqu'où ira la

G

v12-13 prospection finale : indication du but ultime qui est finalement l'avènement d'une ère nouvelle, une semence sainte

B. Structure parallèle inversé

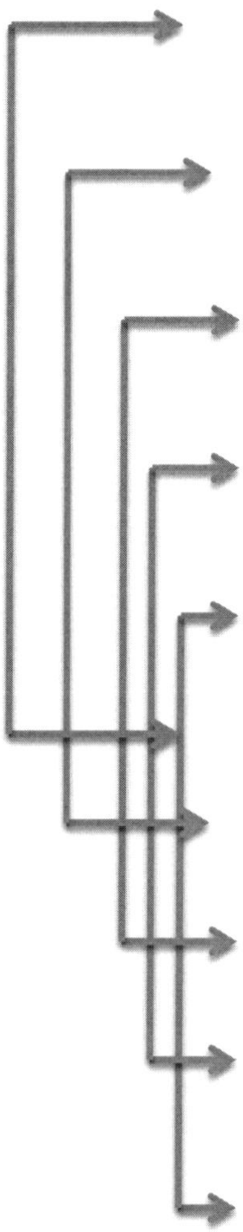

V1b et v3b, Le prophète voit le Roi assis (*yoshev*) sur un trône ; les séraphins crient sa sainteté (*qadosh*)
V2a les séraphins se tiennent débout ; v3b le Seigneur des armées…
V4a-4b La maison tremble et s'obscurcit à la voix des séraphins
V5c-5d Les yeux (eyinay) du prophète ont vu le Seigneur malgré qu'il habite au milieu d'un peuple (am) impur
V6-7, Le séraphim vole (va vers lui) et purifie ses lèvres (pour qu'il parle?)
V13a et 13c Un dixième retournera (veshavah) ; le tronc, une semence sainte (qodesh)
V12, L'homme lui, sera éloigné par le Seigneur
V11b-11c, Les maisons se vident et les vielles se désolent par la parole du Seigneur
V10a-10b, Le yeux (ve-eyonav) du peuple (ha-am) ne verront pas
V8-9, Le prophète va vers le peuple purifiées proclament une terrible parole

5. Un sens à ces structures ?

A la question de la structure et de l'imagerie, l'exégèse varie selon les auteurs. Ainsi, Jean Vermeylen souligne que la place actuelle rattache ce récit au livre de *l'Emmanuel* du chapitre suivant[24]. Ainsi, le renouveau mis en évidence par la structure correspondrait à l'avènement de l'*Emanuel*. Pour Danielle Ellul, les passages en ***je : «*** v1, *je vis* ; v5, *je dis* ; v8, *j'entendis* et v11, *je dis »* permettent de lire dans le récit un mouvement interne qui part d'une situation catastrophique (mort du roi, vide et impureté) pour aboutir à une situation d'espérance (révélation d'un Roi universel, plénitude, sainteté)[25]. De cette manière, par une analyse structurelle, Danielle Ellul fait une lecture existentielle du récit[26]. Jacques Chopineau, lui, aborde le récit d'une tout autre façon et donne une importance capitale au verset 8 car ce verset nous donne *la parole* de Dieu[27], dit-il. Pour l'auteur, « La théophanie culmine dans la parole et la parole prend corps dans l'accomplissement »[28], c'est-à-dire dans la justice et le droit. Les pères de l'Eglise se sont également longuement interrogés sur la nature de la vision d'Esaïe pour en conclure qu'il n'a pu contempler l'essence divine[29]. Tout en insistant sur les images, l'exégèse moderne ne dépasse pas ce constat des anciens. Pour elle aussi, plusieurs éléments du récit (le trône, la louange des séraphins, le feu, l'ébranlement des fondations, la fumée, le message ou la Parole) trahissent l'image traditionnelle d'un Dieu à la fois Saint et Roi[30] redoutable (Dt. 29,1-3, 28). « Le Dieu révélé reste caché, seuls les signes sont visibles », affirme Jacques Chopineau[31].

Un fait se démarque dans ce récit. Trois catégories de personnages, l'humain, le divin et les séraphins participent à une même intrigue. Pour nous, donner un sens à la vision d'Esaïe, c'est notamment déterminer si le divin mis en intrigue ici rejoint l'homme dans ce bas monde ou si l'homme choisi est élevé dans les sphères célestes et participe au conseil divin[32]. Peut-être que l'un n'empêche pas l'autre. Les images et les symboles peuvent être des représentations connues alors qu'ils sont utilisés pour narrer une réalité inénarrable. Toutefois, le recours à ces images peut signaler d'autres lieux où peuvent se

---

[24] J. Vermeylen, *Du Prophète Esaïe à l'apocalyptique*, pp. 187-197.

[25] D. Ellul, « Les structures symboliques d'Esaïe 6 ».

[26] De toute façon, la préoccupation existentielle (réponses aux défis de l'histoire) est l'une des forces souterraines qui président à la constitution du texte biblique.

[27] J. Chopineau, « Les prophètes et le Temple », p. 25.

[28] J. Chopineau, « Face de Dieu, Image de Dieu - Les théophanies dans la Bible hébraïque », p. 79.

[29] Saint Thomas, « La prophétie », dans *Somme Théologique*, traduit par Synave et P. Benoît, note 59, pp. 257-258 ; Theodoret de Cyr, *Commentaire sur Esaïe*, vol. 1, p. 259.

[30] W. Zimmerli, *Esquisse d'une théologie de l'Ancien Testament*, p. 43, prétend que c'est dans ce verset 5 d'Esaïe 6 que Dieu apparaît pour la première fois comme Roi. Et il est en même temps élevé au niveau universel par le chant des séraphins au verset 3.

[31] J. Chopineau, « Face de Dieu, Image de Dieu - Les théophanies dans la Bible hébraïque », p. 79.

[32] Quel est le sens du mouvement de cette mise en présence de l'homme avec le divin ? Le récit a l'air d'une variante ou du moins d'une forme primitive de la Littérature des Palais.

nouer d'autres significations du Réel. La conscience humaine n'est-elle pas en perpétuel quête d'un lieu où jeter l'ancre quand le navire qu'est notre vie est menacé d'échouer en pleine mer?

Bibliographie

- Alter R., *L'art du récit biblique*, éd. Lessius, Bruxelles, 1999
- Anderson G. W., *A Critical Introduction to the Old Testament*, éd. G. Duckworth (1989), London, 1994
- Auvray P., *Esaïe 1-39*, éd. J. Gabalda et Cie, Paris, 1972
- Banon D., *Le bruissement du texte,* éd. Labor et Fides, Genève, 1992.
- Barr J., *Sémantique du langage biblique*, éd. Aubier-Montaigne, Montaigne-Cerf, 1971
- Cazelles H., *Introduction à la Bible II : introduction critique à l'Ancien Testament*, éd. Desclée & Cie, Paris, 1973
- Chopineau J., 'Texte et parole, l'art du récit dans l'histoire d'Abraham' in *Analecta Bruxellensia*, 6 (2001), pp. 57-73
- Chopineau J., « Face de Dieu, Image de Dieu - Les théophanies dans la Bible hébraïque », in *Analecta Bruxellensia*, 6 (2001), pp. 74-90
- Chopineau J., « Les prophètes et le Temple », in *Le Monde de la Bible,* 13 (1980), pp. 10-12
- Ellul D, « Les structures symboliques d'Esaïe 6 », in *Foi et Vie* V. 83 (1984). pp 16-24
- Fokkelman J.P., *Comment lire le récit biblique,* éd. Lessius, Bruxelles 2002
- Gilbert Brunet, *Essai sur l'Isaïe de l'histoire,* éd. Picard, Paris, 1975
- Ginsburg, *Introduction to the Massoretico-Critical Edition of the Hebrew Bible,* éd. KTAV, New York, 1966
- Gray, *Isaiah I-XXVII*, in ICC pp. 99-111
- Jacob E., *Esaïe 1-12,* éd. Labor et Fides, Genève, 1987
- Lods, A. *Histoire de la littérature hébraïque et juive*, éd. Payot, Paris, 1950
- Saint Thomas, « La prophétie », dans *Somme Théologique*, traduit par Synave et P. Bénoît, note 59, pp. 257-258
- Sperber A., *The Bible in Aramaïc Based on Old Manuscripts and Printed Texts*, éd. E.J. Brill, Leiden, 1973
- Steinmann J., *Esaïe I, 1-39,* éd. Desclée de Brouwer, Paris, 1960
- Theodoret de Cyr, *Commentaire sur Esaïe*, vol. 1, éd. du Cerf, Paris, 1980
- Vermeylen J., *Du prophète Esaïe à l'Apocalyptique VI 1-39* , éd. Gabalda, Paris, 1977
- Vermeylen J., *Structure et composition d'Esaïe I-XXV,* éd. Université Catholique de Louvain, 1972
- Vogels W., « Les récits de vocation des prophètes », in *NRTh 95* (1973)

- Von Rad G., *Théologie de l'Ancien Testament,* 2 vol., éd. Labor et Fides, Genève, 1965
- Zimmerli W., *Esquisse d'une théologie de l'Ancien Testament*, éd. du Cerf / Fides, 1990

Françoise Nimal

« Éloignez-vous de moi, malfaisants ! » Le psaume 6 dans une perspective pastorale féministe

Comment lire les psaumes, aujourd'hui, avec une perspective qui tient compte de la situation des femmes, et des rapports de genre ? Sur quelle exégèse une prédication féministe peut-elle se fonder ? Quels outils théologiques sont à explorer pour accompagner un public spécifique, à savoir celui des personnes confrontées à la dépression, et notamment, parce qu'elles sont nombreuses à l'être, des femmes confrontées à la dépression ? Guidée par ces questions, notre approche herméneutique du psaume 6 vise à donner des pistes à explorer par la théologie pratique, tant pour la prédication que pour l'accompagnement pastoral.

Un constat préliminaire s'impose. Trop souvent encore, dans les milieux protestants, l'approche des Écritures se situe avec difficulté entre deux opposés : le paradigme doctrinal et le paradigme historique[1]. D'un côté, le paradigme doctrinal met l'accent sur la Bible comme Parole de Dieu, qui fait autorité en soi. L'exégèse, historique ou autre, n'est valide dans ce paradigme que si elle renforce les options de lectures doctrinales et ecclésiologiques autorisées par la tradition : il s'agit de préserver les Écritures de toute lecture qui assumerait que la Bible ne contienne pas que de la Vérité. D'un autre côté, le paradigme historique, avec la méthode historico-critique, considère le texte comme un document historique, pouvant être soumis comme toute source écrite à la critique historique. Le problème est que souvent cette exégèse ne rencontre pas les préoccupations et questionnements des croyants : les pasteurs sont appelés à trouver eux-mêmes le moyen de combler le fossé entre l'exégèse historico-critique et les exigences pastorales, afin que la Parole de Dieu reste une parole vivante pour aujourd'hui, avec son pouvoir d'interpellation et d'édification.

Pour sortir de l'impasse, E. Schüssler Fiorenza propose un troisième paradigme : le paradigme théologico-pastoral, qui rejoint une tradition de lecture de la Bible qui n'est ni doctrinale ni exégétique, mais qui est la tradition de lecture vivante d'une communauté croyante. Dans cette lecture contextuelle, l'interprétation se fonde sur la situation pastorale concrète de la communauté, qui détermine la sélection, la création et la transmission des traditions interprétatives, à partir des problèmes concrets qu'elle rencontre.

Parmi les problèmes concrets rencontrés dans l'exercice du ministère pastoral, les états dépressifs occupent une place importante. Selon les pays étudiés et les méthodes utilisées, le risque de faire au moins un épisode dépressif dans sa vie concerne 5% à 25 % de la population. De plus, ces chiffres sont significativement différents selon le sexe ; la proportion de dépression chez

---

[1] E. Schüssler Fiorenza, Bread Not Stone. The Challenge of Feminist Biblical Interpretation, Boston, Beacon Press, 1984, 23-42.

les femmes est environ deux fois celle des hommes.[2] Les croyant-e-s pratiquant-e-s ne sont pas épargné-e-s.

Dès lors, il faut s'interroger sur la place que peut avoir le vécu dépressif dans le culte chrétien, au cœur même de la liturgie et de la prédication. De plus, le fait que la dépression touche bien davantage les femmes que les hommes doit être pris en compte, par une lecture de genre tant du contexte (la dépression) que du texte (biblique).

La question de l'accompagnement des personnes confrontées aux états dépressifs est aussi reliée au thème de la *plainte*. « *Que faire avec les gens qui n'arrêtent pas de se plaindre ?* » Comment entendre la plainte sans réduire la personne à sa plainte ? Comment accompagner la plainte et la souffrance dont elle est l'expression ? Peut-on aider la personne qui parait enlisée dans son désespoir, noyée dans ses larmes, à en sortir ? Et surtout, comment y parvenir par la lecture de la Bible ? Ou, pour citer Antoine Nouis, comment ouvrir à une « lecture intrigante » où « il s'agit d'entrer dans une écoute imaginative d'un récit biblique, afin d'entendre une parole susceptible d'ouvrir de nouveaux espaces, de creuser une brèche dans une situation étouffante, d'élargir ce qui est à l'étroit »[3] ?

Dans la foison de textes du corpus biblique pouvant offrir un appui aux êtres humains confrontés à des crises majeures, le livre des Psaumes occupe une place de choix, celle d'un miroir qui reflète tous les sentiments et expériences de l'individu et du peuple tournés vers Dieu : les joies, les craintes et les espoirs, les souffrances et les consolations, les luttes, les échecs et les victoires. En particulier, comme le souligne Ulrike Bail, les psaumes de supplication permettent aux individus d'articuler les expériences de violence, expériences qui détruisent l'intégrité sociale, psychologique et physique, en s'identifiant au « je » qui prie le psaume.

Ulrike Bail préconise pour leur abord une méthode exégétique intertextuelle, la tâche herméneutique ainsi entreprise permettant à des femmes qui souffrent de se reconstruire par une lecture qui est un « acte de créativité », en entrelaçant la péricope choisie avec d'autres histoires et exemples de vécus humains, qui pourront être plus richement articulés au moyen du langage imagé et stéréotypé des psaumes[4]. C'est ainsi que Ulrike Bail propose une lecture du psaume 55 qui reprend et exprime les souffrances des femmes victimes de violence, et plus particulièrement des femmes violées, en lien avec Juges 19. Avec elle, nous pouvons lire ce psaume *comme si* il s'agissait de la plainte d'une femme qui a

---

[2] C. Sereni, D. Sereni, On ne soigne pas les femmes comme les hommes, Paris, Odile Jacob, 2002, 47-54.

[3] A. Nouis, La lecture intrigante. La Bible appliquée à 20 situations de vie, Genève, Labor et Fides, 2012.

[4] U. Bail, « ' O God, Hear my Prayer ' : Psalm 55 and Violence against Women » in A. Brenner, C. Fontain, Wisdom and Psalms. The Feminist Companion to the Bible 2, Sheffield, Sheffield Academic Press, 1998, 242-263.

subi des violences et qui, de plus, est contrainte de les taire. Nous tenterons un exercice semblable avec le psaume 6, lu *comme si* il était dit par une femme en dépression[5]. Il ne s'agit pas de dire que le psaume a été écrit, ou aurait pu être écrit, par une femme (ce que l'exégèse ne permet pas d'appuyer), mais partant de la portée universelle du psaume, de prêter attention à sa résonnance lorsqu'il est entendu au féminin.

Le psaume 6 est sans contestation un psaume de lamentation, ou supplication, individuelle. Il en a des traits spécifiques, tant au niveau sémantique que structurel. En effet, une prière de complainte reprend généralement des éléments tels que l'invocation de YHWH (un appel au secours) avec un rappel de ce qu'il a fait ou promis de faire (appel à la fidélité de YHWH), et la description des souffrances vécues ou des dangers qui menacent la personne[6]. L'intérêt particulier du psaume 6 pour le thème qui nous occupe est qu'il mobilise un imaginaire très proche du vécu de la personne en dépression : il y est question d'un grand abattement, d'épuisement physique et moral, de sentiment de culpabilité, d'insomnie, de pleurs intarissables, de pensées autour de la mort. L'approche proposée ici permettra de le lire comme un cheminement narratif qui permet de sortir de la plainte.

Nous privilégions ici une exégèse de type synchronique, qui croise les analyses narrative et structurelle avec une lecture intertextuelle. Ainsi, le présent article reprend les conclusions d'un plus vaste travail où le psaume 6 a été lu en lien avec d'autres psaumes et avec la supplication et prière de reconnaissance d'Hannah, en 1 S 1 et 2, à la suite de Patrick Miller[7], mais aussi en écho avec des textes extérieurs au corpus biblique, notamment des témoignages de femmes ou les productions de groupes de femmes actives sur le terrain de la lutte contre les violences. En dialogue avec ce contexte, le texte biblique est convoqué comme Parole de libération.

Signalons également que nous avons veillé, en établissant notre traduction, à ce qu'elle soit épicène, afin de faciliter la démarche d'appropriation et d'identification, tant par les femmes que par les hommes.

Traduction

1. Pour le maître de musique. Avec instruments à cordes, instrument à huit cordes, psaume. Pour David.
2. YHWH, ne me punis pas dans ta colère ;

---

[5] En cohérence avec cette lecture, nous désignerons le « je » du psaume par « l'orante », plutôt que par « le psalmiste ».

[6] M. Rose, Une herméneutique de l'Ancien Testament. Comprendre - se comprendre - faire comprendre, Le monde de la Bible n°46, Genève, Labor et Fides, 2003.

[7] P. Miller, « Trouble and Woe : Interpreting the Biblical Laments », in Interpretation 37 no 1 Ja 1983, 32-45.

ne me corrige pas dans ta fureur brûlante !
3. Fais-moi grâce, YHWH, car je dépéris ;
gueris-moi, YHWH, car mes os tremblent de terreur.
4. Tout mon être tremble d'une forte terreur.
Oh, YHWH, jusqu'à quand ?
5. Reviens, YHWH, délivre tout mon être !
Sauve-moi par ton amour !
6. Car dans la mort, ton souvenir n'existe pas ;
dans la tombe, qui te célèbre ?
7. Je m'épuise à gémir.
Toute la nuit, j'inonde mon lit de mes larmes ;
ma couche, je la fais fondre dans mes larmes.
8. Mes yeux sont brûlés de chagrin,
usés par tous mes oppresseurs.

9. Éloignez-vous de moi, malfaisants !
Car YHWH a entendu la voix de mes pleurs !
10. YHWH a entendu ma supplication,
YHWH a recueilli ma prière.
11. Qu'ils soient honteux
et qu'ils tremblent de terreur, tous ceux qui me sont hostiles !
Qu'ils s'en aillent ! Qu'ils soient honteux maintenant !

Une structure générale en trois étapes

Le psaume nous raconte, à travers le mouvement de la prière, le mouvement transformateur que cette prière elle-même produit dans la vision du monde de la personne qui prie. Cette vision du monde peut d'ailleurs être observée, à l'instar du psaume, à travers l'axe de la présence/absence de YHWH. En effet, si l'on observe les huit occurrences du tétragramme, on voit qu'il y a, au centre du psaume, aux versets 6 à 8, un espace « vide de Dieu ». Les versets 2 à 5 amènent un climax dans la détresse : la personne qui adresse sa plainte à Dieu s'enfonce dans la souffrance de ne plus même pouvoir sentir sa présence, et dans une angoisse de mort. Le point placé au centré de l'ensemble étant, au verset 7, le constat « Je m'épuise dans mes gémissements ».

Il est aussi intéressant d'observer en détail les personnes impliquées (qui parle de qui et ou à qui). Les interactions entre les différents protagonistes (psalmiste, YHWH, ennemis) sont également significativement réparties dans le texte : dans la partie centrale, l'orante crie dans la solitude, avant, elle s'adressait à Dieu, tandis qu'après, elle s'adresse directement à des ennemis.

A partir de ces constatations et d'autres indices tels que l'utilisation de leitmotivs et de mots-clés, la conjugaison des verbes, les marqueurs temporels, il est possible de déceler dans le psaume une structure en trois temps, trois étapes, bien équilibrée et formant un ensemble cohérent[8]: la supplication (versets 2 à 5), la plainte au fond du gouffre (versets 6 à 9a), et ce qu'on pourrait désigner par la louange (versets 9b à 11), et qui est le temps du redressement, lorsque la personne est à nouveau de retour dans la vie, la relation à Dieu. Chacune de ces parties est marquée par une temporalité propre, et elles s'enchaînent par des versets-charnières (verset 6 et 9a), le tout se déployant comme suit :

1. Première partie : Versets 2 à 5 : SUPPLICATION
L'orante adresse sa demande à Dieu
YHWH est le premier mot du psaume : se tourner vers Dieu est le mouvement premier qui oriente tout le psaume.
Au niveau temporel, la plainte est tendue vers l'avenir : « jusqu'à quand ? »

2. Partie 2 : PERSONNE N'EST LA – PLAINTE
(Charnière : verset 6 puis lamentation : versets 7 et 8)
Au verset 6, l'orante introduit dans sa supplication une nouvelle donnée : si elle meurt, elle ne pourra plus louer Dieu. Même s'il s'agit encore d'une adresse de l'orante à son Dieu, c'est aussi le signe d'un glissement vers le vide, l'absence de relation entre l'humain et Dieu.
C'est un verset-charnière qui fait la transition entre la première partie (supplication) et la lamentation de la seconde partie.
Suit ensuite une longue plainte, où prédominent la solitude de l'orante, la maladie, la peine, les larmes, l'épuisement…
Au niveau temporel, on est englué dans « toute la nuit », dans une nuit sans fin.

3. Partie 3 : le redressement
(Charnière : verset 9a, puis louange : versets 9b à 11)
La plainte se termine par l'apparition du thème des ennemis : pour la première fois est amenée l'idée que la personne est victime d'une violence, c'est-à-dire la notion d'une cause à la souffrance autre que (le châtiment de) Dieu ou (la faute de) l'orante.
Il y a un passage soudain de la plainte exténuée à une assertivité de l'orante, qui semble *se redresser* sous nos yeux pour invectiver et chasser ses adversaires. Elle s'adresse directement à eux.

---

[8] C'est également la conclusion de Marc Girard dans Les psaumes. Analyse structurelle et interprétation. Volume 1 : 1-50, Recherches. Nouvelle série – 2, Montréal-Paris, Bellarmin – Cerf, 1984.

Ensuite est expliqué la conviction à laquelle s'adosse ce revirement : Dieu a entendu ! C'est dit trois fois, avec force.

Forte de la conviction que YHWH a entendu, la personne lance alors quatre imprécations contre les ennemis, lesquelles reprennent le vocabulaire du début du psaume (trembler de terreur). Quelque chose s'est joué qui fonde la possibilité pour l'orante de se remettre debout, vivante, face à ses ennemis.

La temporalité change également, puisqu'on passe de du sentiment d'un chaos interminable à la temporalité à nouveau habitable de l'instant présent où l'action et la vie sont possible : [g:r"), le « moment », « à l'instant », « tout de suite », le « maintenant » sur lequel le psaume se termine.

De cette structure se dégage une progression, un mouvement narratif, incluant un brusque revirement, un changement d'humeur et d'atmosphère. Observons cela d'un peu plus près.

L'état de départ : culpabilité, maladie, souffrance.

Les versets 2 à 5 nous présentent le cri vers Dieu d'une personne en proie à une grande souffrance. D'emblée, cette souffrance s'exprime sur le registre de la culpabilité, l'accent est mis sur le chagrin et le repentir du pécheur suppliant Dieu afin que la colère divine ne déborde pas, partant du principe toutefois que cette colère est justifiée, méritée. *« Ne me châtie pas dans ta colère ! »* La première image mobilisée par le psaume est celle d'un Dieu irascible fulminant de rage et fureur, et d'un Dieu qui punit, voire d'un Dieu vengeur. Pourtant, il s'agit ici davantage d'une colère qu'on pourrait qualifier de « pédagogique » que d'une violence aveugle et destructrice[9].

Dès le verset 3, un parallélisme sémantique amène, avec la culpabilité, la notion de maladie. Ainsi, le verset 3 est construit en chiasme. Dans le premier membre de la comparaison, la demande adressée à YHWH est celle d'une « grâce » accordée, avec le verbe חנן (*témoigner de la bienveillance, faire grâce).* On est dans la thématique du *pardon.* Le verbe du deuxième membre de la phrase, רפא signifie d'abord « guérir » et peut recouvrir les champs larges de *guérir, soigner, restaurer, réparer.* Si l'on regarde les autres mots en présence, on voit au contraire que dans le premier membre le « je » qui appelle la miséricorde divine est davantage dans le registre soit de l'anéantissement soit de la maladie (dépérir) (אֻמְלַל) tandis que dans le second cas ses os tremblent de

---

[9] Le champ thématique de ce verset est celui du père éduquant ses enfants. Cette thématique se retrouve également en Jérémie 10, 24, où le prophète demande à être corrigé (יסר) avec équité (מִשְׁפָּט), afin que la fureur divine ne le détruise pas

terreur, ce qui certes peut évoquer une maladie, mais aussi et d'abord la crainte du châtiment. Les deux registres s'entrecroisent :

Ne me PUNIS pas [culpabilité]	car	je DEPERIS [maladie]
GUERIS-MOI [maladie]	car	mes os TREMBLENT DE TERREUR [culpabilité]

Or, si dans l'anthropologie de l'ancien Israël, péché et maladie sont étroitement liés, c'est également le cas lorsqu'on aborde ces questions sous l'angle anthropologique dans notre contexte de réception : le sentiment de culpabilité fait partie des symptômes de la dépression. De plus, une approche de genre montre que, dans la population générale, le sentiment de culpabilité touche davantage les femmes que les hommes. La confusion des vécus de maladie et de culpabilité n'est donc pas uniquement une donnée anthropologique propre à la culture de l'Israël ancien, mais elle est également prégnante dans notre contexte.

A partir de ce troisième verset, la description subjective de la souffrance maladive se développe dans les deux premières parties du psaume, de façon imagée et codifiée. Les termes employés pour en décrire les symptômes (aux versets 3, 7 et 8), les thèmes de dégradation des os, des yeux, et de la dessiccation sont récurrents. Si divers organes corporels peuvent ainsi être identifiés, ces organes sont à comprendre comme n'étant pas isolés : l'ossature, les yeux qui voient le jour, représentent, par le jeu de la synecdoque, typique de la poésie hébraïque, toute la force vitale de la personne ; sa vie même. Ceci est exprimé par le terme de נפש *(nèphèsh)*, que l'on retrouve au verset 4. La *nèphèsh* désigne au sens premier la gorge, mais elle est aussi ce qui fait qu'un être est vivant (Gn 2,7) et représente par extension le principe vital de la personne dans sa globalité, en lien avec son identité individuelle.

À cette vision de la personne comme un tout insécable s'adjoint une vision de la personne comme indissociable du tissu social. C'est d'ailleurs par là que se définit la personne dans la Bible hébraïque : l'identité individuelle est secondaire, la personne se définissant d'abord par l'aspect collectif (appartenance à un clan, place dans la généalogie). Un des aspects déterminants de l'identité d'une personne est la corrélation entre l'image du corps et la structure sociale[10]. La *nèphèsh* ne doit pas être comprise comme une force vitale autonome mais comme liée à l'intégration dans un groupe et à la reconnaissance social. A contrario, la maladie est comprise comme une souffrance non seulement corporelle, mais aussi psychique et sociale.

---

[10] B. Janowski, Dialogue conflictuels avec Dieu. Une anthropologie des Psaumes. Genève, MdB, Labor et Fides, Genève, 2008.

Dans la solitude absolue, j'inonde mon lit de mes larmes

A partir du verset 6, la déréliction s'accentue. La personne s'enfonce dans la détresse. Dieu semble être absent et l'univers de la personne entièrement réduit à son lit de douleur, seul lieu mentionné dans ce psaume, en lien avec l'évocation du shéol, ce trou de la mort où plus aucune relation n'est possible.

Pourtant, alors que tout semble perdu, au verset 8, arrive l'évocation des « oppresseurs ». Et subitement, la personne va, dans la troisième partie, sortir avec vigueur d'une sorte de total anéantissement et du repli sur soi le plus désespéré, et se redresser subitement pour ne plus se laisser oppresser.

« Éloignez-vous de moi, malfaisants ! » : le Stimmungsumschwung

Il y a donc, au verset 9, un brusque revirement, dans lequel l'orante passe de la détresse la plus absolue à l'affirmation de soi, la confiance et la louange. À la supplication succède l'affirmation du salut. Que se passe-t-il exactement pour que ce revirement ait lieu ? Comme le dit André Wénin, dans les psaumes l'intervention salvatrice de Dieu n'est jamais montrée au présent. On ne voit Dieu « que de dos ». « Le point où se nouent supplication et louange est en réalité une "case vide", un événement que le psautier ne montre pas : le réponse de Dieu au cri du suppliant »[11]

Le changement soudain de la supplication à la louange est un trait caractéristique de nombreux psaumes de lamentation individuelle, étudié largement par de nombreux exégètes qui appellent *Stimmungsumschwung* ce renversement et changement d'atmosphère.

Notre hypothèse est que le *Stimmungsumschwung* présente dans le psaume 6 des traits particuliers, et que l'herméneutique féministe peut s'en saisir et leur donner sens. En effet, comparons le *Stimmungsumschwung* du psaume 6 avec celui d'autres textes, à savoir les psaumes 13, 22, 28, 41, 56, en faisant notamment à la façon dont le retournement est exprimé, aux effets concrets, éventuels, qu'il a sur les psalmistes.

Le psaume 13 présente des similitudes avec le psaume 6 quant à l'argumentation. Par exemple, si Dieu doit intervenir, c'est à cause de son honneur : afin que son nom reste glorifié par un fidèle qui le loue (en effet, si l'orant meurt, la louange meurt). Ici l'effet le plus spectaculaire du *Stimmungsumschwung* semble être que les ennemis n'ont plus d'importance. Il en va à peu près de même dans le psaume 28, dont la supplication initiale accentue davantage le détail de la demande faite à Dieu (et qui comporte, au verset 4, une forme d'appel à la vengeance) qu'une poignante description de la détresse de l'orant. Après l'affirmation que Dieu entend (v. 6 : « Béni soit le Seigneur, car

---

[11] A. Wénin, Le livre des Louanges. Entrer Dans Les Psaumes. Bruxelles, Lumen Vitae, 2001, p.58.

il entend mes supplications ») vient l'expression de la confiance renouvelée : « le Seigneur est ma force et mon bouclier » (v.7a) ; « une forteresse pour le salut » (v.8b). La tonalité de la louange est celle d'une personne qui se sent protégée de tout, et dans ce cadre le sort des ennemis n'est plus évoqué.

Les psaumes 41 et 56 présentent le motif de la personne persécutée qui s'en remet à Dieu, et la réponse de Dieu à la prière est la mise en déroute des ennemis.

On le voit dans ces quelques exemples, si dans tous les cas Dieu entend, les expressions du *Stimmungsumschwung*, et ses effets, notamment quant au problème des ennemis, varient d'un psaume à l'autre. L'intervention libératrice de Dieu peut être plus ou moins fortement exprimée. Soit l'action salvifique de Dieu est telle que le psalmiste n'est plus atteint par la violence des ennemis, sans que soit précisé leur sort (Ps 13 et 28), soit il est dit que la justice sera rétablie mais sans combat avec les ennemis (Ps 22 : les adversaires se soumettront à Dieu et reconnaitront sa souveraineté, sans que soit précisé que Dieu punira les méchants), soit encore l'action de Dieu se lit dans le triomphe d'une justice où la vie promise au juste s'accomplit en même temps que l'anéantissement promis aux injustes.

Ce qui caractérise le psaume 6, c'est la façon dont le revirement face aux ennemis se fait. Ici, ce n'est pas d'abord Dieu que l'on voir agir, mais bien l'orante, qui soudain s'adresse directement à ses ennemis (v.9, « Eloignez-vous de moi, malfaisants ! ») et c'est cela qui constitue le moment pivot du *Stimmungsumschwung*. Il s'y joue une capacité restaurée de dire « je », puisant dans la prière confiance et courage.

Plus étonnant, les ennemis n'avaient pas été mentionnés jusque-là. Tout ce passe comme si, au cœur du psaume 6, non seulement l'orante recevait assez de force pour dire non à ses ennemis, mais aussi, comme si elle les voyait vraiment pour la première fois.

Des ennemis du psaume aux adversaires de la femme en dépression

Une reprise pastorale et féministe de cette particularité du *Stimmungsumschwung* dans le psaume 6 nous amène à une hypothèse : il est possible que beaucoup de femmes puissent lire à travers ce psaume, l'histoire d'une femme qui verrait bel et bien ses ennemis pour la première fois. Lorsqu'une personne en dépression, en proie à la culpabilité, cherche en elle-même les causes de sa souffrance, le lent travail de la prière de supplication adressée à un Dieu dont la fidélité libère peut en effet amener à se découvrir d'autres ennemis que soi-même.

Pour étayer notre propos, regardons d'abord de plus près comment le thème des ennemis est traité dans les psaumes.

Les ennemis, adversaires, persécuteurs sont un des leitmotivs de l'univers des psaumes de supplication individuelle : l'orant est harcelé et persécuté.

Toutefois, ces persécuteurs sont peu décrits dans le psaume 6. Pour mieux comprendre la figure de l'ennemi dans le psaume, il nous faut donc faire appel à l'intertextualité. De celle-ci se dégagent nombre d'éléments dont nous ne citerons ici que les principaux. D'abord, sur la façon dont les ennemis sont désignés. Ensuite, sur leurs agissements.

Les ennemis apparaissent aux versets 8, 9 et 11, sous trois formes : בְּכָל־צוֹרְרָי (« tous ceux m'oppressant », ce sont les adversaires, les ennemis, les oppresseurs, thème récurrent des psaumes), כָּל־פֹּעֲלֵי אָוֶן (« tous ceux faisant le mal », les malfaisants), et כָּל־אֹיְבָי (« tous ceux m'étant hostiles »). Il est remarquable que toutes ces façons de désigner les adversaires sont en fait des substantifs formés de participes masculins pluriels: cela montre combien ce qui fait l'ennemi, c'est ce qu'il fait, son agissement. Dans l'univers des psaumes, la malveillance est toujours malfaisance : le mal est actif. Le fait que ces participes soient suffixés avec la première personne, comme c'est d'ailleurs abondamment le cas dans d'autres psaumes, pour ces termes et pour d'autres, montre que c'est bien c'est bien la personne qui prie et supplie qui est visée, encerclée, haïe, calomniée, etc.

Janowski montre aussi qu'une autre forme est fréquente dans la désignation des ennemis, à savoir l'état construit (par exemple : « homme de violence », Ps 18,49). Ainsi, l'accent n'est pas mis sur la personnalité des adversaires, sur leur individualité, mais sur leur force nuisible[12].

Les ennemis se caractérisent aussi par leurs agissements stéréotypés : ils médisent, calomnient, s'approchent des orants, les encerclent. Leur comportement est souvent comparé à celui d'animaux féroces : ils déchirent, engloutissent et dévorent le psalmiste ; ils détruisent son intégrité.

Venons-en aux פֹּעֲלֵי אָוֶן du verset 9 : ce sont les mal-faisants, ceux qui font le mal et le malheur, ceux qui commettent l'impiété.[13] Cette expression apparait 16 fois dans le psautier, et 7 fois en dehors du psautier. Elle combine l'aspect de force active (le participe) et l'aspect de force nuisible (l'état construit). Les traits remarquables de ces malfaisants sont l'impiété (les ennemis de l'orante nient Dieu), le fait que leur domaine d'action privilégié est la nuit, qu'ils sont toujours en groupe (le mot n'existe pas au singulier), et agissent en cachette et

---

[12] B. Janowski, Dialogue conflictuels avec Dieu. Une anthropologie des Psaumes. Genève, MdB, Labor et Fides, Genève, 2008, p. 132.

[13] Reymond propose cinq sens pour le terme אָוֶן :
malheur (en relation avec des gestes / paroles magiques) Es 58,9
malheur (souvent en relation avec la méchanceté) Es 59,4
faute, méchanceté Es 31,2
tromperie, objet sans valeur Ps 36,4 foi dévoyée, idolâtrie 1S 15,23; Ph. Reymond, Dictionnaire d'hébreu et d'araméen bibliques, Paris, Le Cerf-Société biblique française, 2003.

de façon sournoise[14]. Des traits qu'il nous faut garder en mémoire pour la lecture contextuelle actuelle.

Pour Janowski, les psaumes relatifs aux ennemis, avec leur langage imagé abrupt et direct, mettent l'orant en état d'affronter le problème de l'hostilité de l'ennemi, de rendre concevable et affrontable la mystérieuse hostilité d'autrui. De plus, ils postulent que Dieu s'identifie à la cause de sa créature qui souffre, et prend son parti face à toute remise en question par ses ennemis.[15]

En effet, quelle est dans la majorité des psaumes de supplication l'attitude de l'orant face aux ennemis ? Appeler Dieu au secours ! Si nous sommes aujourd'hui souvent mal à l'aise devant les psaumes de vengeance, qui souvent évoquent pour les ennemis un châtiment cruel et dégradant (Ps 83, ou Ps 57, par exemple), deux points méritent d'être soulignés. D'une part, si Dieu venge, c'est pour protéger le faible et le juste, pour restaurer un équilibre social compromis par les oppresseurs. D'autre part, en appeler à la justice de Dieu, c'est aussi, en lui laissant la vengeance, renoncer à juger et à faire justice soi-même.

Toutefois, il faut noter ici que, dans le psaume 6, les choses sont un peu atypiques : il n'est pas demandé à Dieu d'agir, mais lorsque l'ennemi parait (au verset 8), l'orante s'adresse à lui directement, non certes pour se venger, mais pour lui dire d'arrêter ses nuisances. Cette confrontation est essentielle, et fait ici partie intégrante du *Stimmungsumschwung*.

Regardons maintenant la thématique des ennemis du point de vue féministe. Qui sont-ils, les ennemis qui menacent l'orante ? Qui sont-ils les ennemis qui menacent la femme dépressive ? Poser la question, dans le contexte particulier du *burn out,* c'est faire venir l'image d'innombrables figures ordinaires du mal. Seront conviées, pêle-mêle, les injustices économiques, les exigences d'un fonctionnement technocratique et d'une course au profit qui broient l'être humain, les difficultés relationnelles, familiales ou autres, les violences faites aux femmes (violences conjugales, viol et autres agressions sexuelles, harcèlement, subordination, inégalités salariales ou d'accès aux ressources et lieux de décision, etc.).

Si dans les psaumes la figure de l'ennemi représente le mal, on peut se demander si les traits caractéristiques de ces ennemis ne peuvent pas également en faire une métaphore exemplaire du mal dénoncé et décrit par les recherches féministes sous le nom de patriarcat[16]. Or, il nous semble qu'on peut retrouver dans le patriarcat des traits communs évidents avec les ennemis : il s'agit bien d'une force nuisible active, mais qui agit de façon sournoise, dans l'ombre, à visage couvert. Et l'aspect de « groupe » est patent : on a affaire à une entité collective nuisible plutôt qu'à des individus identifiables. Les violences faites

---

[14] B. Janowski, Dialogue conflictuels avec Dieu. Une anthropologie des Psaumes. Genève, MdB, Labor et Fides, Genève, 2008. 132-134.

[15] Ibid., 148-152.

[16] Ce que d'autres, comme Bourdieu, désignent comme « la domination masculine ».

peuvent être le fait de tel ou tel individu isolé, mais elles sont aussi à analyser comme phénomène social : la domination masculine, socialement construite et perpétrée à travers les inégalités de genre.

En conclusion

Tant la honte, également présente dans le psaume 6, que la culpabilité sont à comprendre comme ayant leur origine à la fois dans une pression interne et externe : le sujet intériorise des sentiments qui sont socialement déterminés. Ce point n'est pas sans incidence sur une lecture contextuelle du psaume 6 : on peut en effet en relire la structure en voyant un déplacement des vécus négatifs, de culpabilité et de honte, de la façon suivante :

Partie 1 : La culpabilité est vécue comme interne. La honte n'est pas mentionnée mais est probablement présente également.

Partie 2 : Dans la plainte, il y a l'expression de la souffrance liée à la culpabilité et à la honte, et des affects liés à la détérioration de la *nèphèsh*, la perte d'intégrité.

Partie 3 : le *Stimmungsumschwung*, avec la certitude d'être entendue de Dieu, apporte à l'orante la capacité de rendre visibles des ennemis et d'aborder de front le thème de la honte. Tant la honte que la culpabilité sont alors perçues comme appartenant à l'extérieur de la personne, et sommées de s'écarter : la menace, avec les ennemis, est rejetée au loin.

Donc, au fil du déroulement du psaume, un changement se fraie un passage, qui va d'un sentiment de culpabilité à la longue plainte exprimant une souffrance qui semble sans fin et sans issue, puis vers un basculement : s'adossant à la certitude que YHWH entend, l'orante se redresse et chasse ses ennemis.

L'exégèse féministe ouvre la possibilité de voir dans ces ennemis les ennemis concrets que peuvent avoir les femmes, ainsi qu'un ennemi plus global, sournois et coalisé pour le mal : cette entité sombre que nous appelons patriarcat. Il s'agit autant que possible d'adresser une double violence dont sont victimes les femmes en tant que femmes : la violence perpétrée par des individus et la violence structurelle[17].

La présence des ennemis dans ce psaume nous rappelle aussi à une réalité anthropologique évidente mais peut-être encore trop souvent négligée. Même si nous sommes toutes et tous pécheurs, nous ne sommes pas coupables de tout.

---

[17] Les violences structurelles ne se limitent bien sûr pas à l'oppression des femmes par les hommes par le patriarcat, mais cela comprend également les violences économiques, les discriminations liées à l'origine raciale ou autre, à l'orientation sexuelle, au handicap, ainsi que les discriminations liées à la religion, dont il faut être conscient qu'elles peuvent être parfois le fait de chrétien-nes à l'égard des personnes, et particulièrement des femmes, d'autres confessions.

Notre état d'êtres pécheurs ne doit pas occulter ou dissoudre notre capacité à dénoncer les injustices.

En reconnaissant la présence réelle d'ennemis, l'orante affirme que toute sa souffrance n'est pas due à son propre péché. C'est une étape nécessaire pour se remettre debout. Bien plus encore, il faut se demander si, en cas de détresse, la tendance de chercher en soi la faute, plus fréquente chez les femmes que chez les hommes, n'est pas aussi une blessure liée à la morsure du mal dont Dieu vient nous libérer : « le Satan accusateur peut entrer facilement par la porte de notre promptitude à nous accuser et il connait, j'imagine, ce point faible des chrétiens »[18], écrit ainsi Paul Beauchamp, qui ajoute que les psaumes nous invitent à lui refuser l'entrée.

Refuser l'entrée de l'Accusateur, sortit de la culpabilité mortifère, c'est aussi identifier les accusateurs concrets, destructeurs, qui sont dans nos vies : les ennemis, qu'il s'agisse de personnes réelles ou de systèmes symboliques et de constructions sociales, et dès qu'on les a démasqués, comme le fait l'orante, se redresser et dire : « Éloignez-vous, malfaisants ! ». Quand, dans le *Stimmungsumschwung,* elle se confronte à eux, une limite claire est enfin posée : le mal est identifié et la personne se défend contre ses attaques.

Il est remarquable que Dieu n'intervienne pas mais donne à l'orante la capacité de dire non elle-même. Dieu n'agit pas autrement qu'en écoutant, et c'est la propre force vitale de l'orante qui est éveillée dans la certitude que Dieu ne l'a pas abandonnée.

Lire le psaume 6 en ce sens, c'est aider les femmes, qui par leur éducation et leur socialisation sont mal préparées à résister aux agressions, à entendre que Dieu les entend, que Dieu est à leur côté, voire *de leur côté*, et que cela leur donne de prendre assez confiance en elles pour résister. C'est enlever le pouvoir aux forces d'oppression pour remettre le pouvoir là où il doit être : aux mains de Dieu, le pouvoir ultime, et aux mains de l'orante, de la femme exténuée, déprimée, culpabilisée et honteuse, le pouvoir du moment, le pouvoir du « maintenant », le pouvoir de résister et de reprendre vie.

---

[18] P. Beauchamp, Psaumes nuit et jour, Paris, Seuil, 1980. p. 29.

Eefje van der Linden

Ezechiël 16: de bandeloze en de geweldenaar en een verbond in godverlaten tijden

Toegegeven, deze titel klinkt als de aankondiging van een B-film of in het beste geval van een omgekeerd sprookje. Dimitri Verhulst had hem boven een hoofdstuk in "Bloedboek" kunnen zetten, zijn nieuwste bijdrage aan de literatuur. In dit boek zoekt hij de controverse door de Bijbel een slecht literair werk te noemen en God af te schilderen als een fascist, een sadist en een mensenrechtenschender.[1] Verhulst staat hierin niet alleen. Ook in de film "Le tout nouveau Testament" zien we een god aan het werk die mensen het leven zuur maakt en daar plezier in heeft.

Uiteraard kunnen we hierover verontwaardigd zijn en de auteur en de regisseur verwijten niets van de Bijbel te begrijpen maar daarmee gaan we voorbij aan de vraag die zij stellen: Wie is God eigenlijk? Moeten we niet juist met hen verontwaardigd zijn over de manier waarop het geweld en God in de Bijbel met elkaar in verband worden gebracht, zoals in het gewelddadige hoofdstuk van Ezechiël 16. In dat hoofdstuk gaan goddelijk gelegitimeerd fysiek geweld en mentale vernedering van vrouwen hand in hand. In die zin mogen "Bloedboek" en "Le tout nouveau Testament" theologen en kerken wakker schudden. Als we niet gezegd willen hebben dat God dit soort geweld legitimeert, dan hebben we iets uit te leggen. In plaats van in de verdediging te kruipen zal het nodig zijn te erkennen dat deze vraag ook gelovigen doorheen de eeuwen bezighoudt en niet zo godslasterlijk of on-Bijbels is als men denkt.

Het verhaal van Ezechiël 16 vertelt vanuit de ik-figuur over het leven van een vrouw die aangesproken wordt met jij. Zij is een buitenlandse. Zij is een vondeling, meer dood dan levend door haar ouders achtergelaten in de wildernis. De ik-figuur komt voorbij en redt de vondeling. Na een tijdelijke afwezigheid komt de ik-figuur nogmaals voorbij. De vrouw is dan seksueel volgroeid en mooi om te zien. De ik-figuur neemt haar tot vrouw en geeft haar volgens eigen zeggen alles. De vrouw echter neemt het leven in eigen hand en gaat haar eigen weg, kiest haar eigen liefdes, die ze pleziert met giften. Andere vrouwen zijn haar vijanden. Jaloers en kwaad scheldt de ik-figuur de vrouw uit voor bandeloze hoer, hij wordt handtastelijk, slaat haar, vernedert haar in het bijzijn van haar vriendjes en andere vrouwen en laat haar door diezelfde vriendjes

---

[1] http://www.knack.be/nieuws/boeken/dimitri-verhulst-de-bijbel-is-geen-literair-meesterwerk laatst bekeken 5 november 2015

aftuigen en verkrachten. Meer dood dan levend blijft ze achter, in dezelfde situatie als waarin ze ooit gevonden is, naakt, badend in het bloed.

Als lezeressen kijken en leven we echter mee met ik-figuur.[2] Deze is souverein. Voorlopig zijn we gedwongen in het midden te laten of de ik-figuur God is. Dat is ook de vraag die het hoofdstuk oproept. Wie is de souverein? Kan je als lezeres zonder meer aanvaarden dat dit goddelijk geweld is? De stelling van dit artikel is dan ook dat in Ez 16 dit beeld van de geweldenaar en de legitimatie van geweld in vraag gesteld moet worden om God te kunnen herdenken. Niet voor niets begint en eindigt het hoofdstuk met het Hebreeuwse werkwoord jalad: ten diepste kennen en erkennen.

De vraag wie God eigenlijk is, is een diep menselijke en dus bijbelse vraag. Juist in tijden van crisis is niet de vraag of er een god is van belang, maar wie zich God mag noemen, willen we niet aan de goden overgeleverd zijn. Deze vraag moet telkens opnieuw gesteld worden, of het nu de godverlaten tijd van de ballingschap betreft of de huidige tijd. Deze tijden hebben een universeel karakter. Het zijn tijden waarin alles je uit handen is geslagen, de toekomst uitzichtloos, zonder uitzicht op een goede afloop, enkel de dood, geen andere zegen.[3]

Opbouw van het artikel

Profeten en andere schrijvers hebben God beschreven via metaforen. Hoe konden ze anders? Al ons spreken over God is uiteindelijk ontwikkeld uit menselijke ervaringen. Juist omdat geen van de beschrijvingen kan voldoen aan het beeld "Ik ben wie ik ben", is metaforisch taalgebruik geschikt om iets van God weer te geven. Het gehele verhaal van Ezechiël 16 is opgebouwd uit metaforen: de stad wordt voorgesteld als vrouw, het verbond als huwelijk. Doorheen deze metaforen zegt de schrijver iets over God. De metafoor van de vrouw maakt een verandering door evenals haar relatie tot haar heer. Meteen ondergaat ook God een verandering. Die verandering is bewust gecomponeerd door de schrijver, die we voor het gemak Ezechiël zullen noemen.[4]

Om die verandering op het spoor te komen is het nodig om eerst de vrouw en het verbond waaraan zij gebonden is in beeld te brengen, evenals het geweld

---

2 Ik spreek in dit artikel nadrukkelijk over lezeres waarmee inclusief ook de lezer is bedoeld.

3 Dankbaar ben ik voor de vele goede feministische werken over Ez 16. Zij hebben geholpen om het hoofdstuk te lezen vanuit het oogpunt van vrouwen. Graag verwijs ik naar het excellente werk van S. Kamionowski, *Gender Reversal and Cosmic Chaos. Study on the book Ezekiel*, Sheffield Academic Press, London/New York, 2003.
L. Day, "Rhetoric and Domestic Violence in Ezekiel 16", BibInt 8 (2000), 205-230. F.van Dijk-Hemmes. "The Metaphorization of Woman in Prophetic Speech: An Analysis of Ezekiel 23 in Brenner A. (red), Feminist Companion to the Latter Prophets, Sheffield Academic Press, 1995, 244-255.

4 Het is van mindere relevantie voor onze stelling om na te gaan of het Bijbelboek door meerdere redakties heeft ondergaan.

waarmee ze mee geconfronteerd wordt. Daarna kan de mogelijke verandering in het godsbeeld aan bod komen. Zo wil ik duidelijk maken dat die verandering niet alleen toen, maar ook nu van belang is.

Vrouwe Jeruzalem

Het jij-personage in het verhaal is de stad Jeruzalem, voorgesteld als de vrouw. Door de vrouw als promiscue, als moordenares, als door en door slecht te benoemen worden telkens betekenissen aan de vrouw toegevoegd waardoor de stad uit beeld verdwijnt en enkel nog vrouw is.[5] Over haar wordt alleen maar gesproken, zij komt zelf niet aan het woord. Over haar wordt niet veel goeds verteld en wat haar overkomt heeft ze aan zichzelf te danken. Sterker nog, als lezeres worden we geacht het geweld en de vernederingen van de vrouw goed te keuren. Zij is echter een fictief personage.

Hoewel we wel weten dat Jeruzalem geen echte vrouw is en een vrouw geen echte stad, wordt de lezeres gedwongen deze twee te combineren. Dit gebeurt in eerste instantie omdat aan Jeruzalem (als target) betekenissen toegevoegd worden van het vrouw-zijn. Ezechiël gebruikt bewust een aantal specifieke eigenschappen. Hij maakt gebruikt van zowel algemene culturele beelden als van beelden uit de Bijbelse traditie en herwerkt deze.

Ten eerste, in het oude Midden Oosten bestond het beeld van de stad als vrouw, als teken van macht. Dit beeld is bekend uit de iconografie. De stad met wereldlijke macht werd afgebeeld als een koninklijke vrouw. De Assyrische koning Assurbanipal was gehuwd met de stad. En omdat God de enige echte koning is in Ezechiël, huwt God dus met de stad Jeruzalem. De beschrijving kent overeenkomsten met het heilig huwelijk dat de omringende volken kenden.

Het heilig huwelijk mag beschreven zijn in de literatuur, voor zover bekend komt het thema van de ontrouwe vrouw binnen die context niet voor in bijvoorbeeld de Sumerische literatuur. Hiervoor put de auteur uit de eigen traditie, misschien bij Hosea. Maar in tegenstelling tot Hosea geeft Ezechiël de vrouw een geschiedenis, een familie, vrienden en vijanden. Ook in andere Bijbelse geschriften in TeNaCH zien we dat vrouwen een specifieke rol spelen juist als het gaat over het doorbreken van een vastgelopen toekomst.[6] In de beschrijving van de vrouw in Ezechiël herkennen we het Bijbelse personage van de gebirah.

---

[5] We zullen ons bewust moeten worden dat we mogelijk ook anders naar een vrouw kijken na het gebruik van de metafoor zie H. Loland, *Silent of Salient Gender?*, Tübingen, Mohr Siebeck, 2008, 46

[6] W. van Wieringen heeft ook aangetoond dat vrouwen een eigen rol krijgen toebedeeld. Als dochter spelen ze bijvoorbeeld een bijzondere rol in het Bijbelboek Richteren. W. van Wieringen, *Dochter in de aanbieding. over de vijf vrouwen van Simson*, Den Bosch, KBS/VBS, 2007.Andere voorbeelden: A. Kalmanofsky., *Dangerous Sisters of the Hebrew Bible,* Fortress Press, 2014; J. Maier, *Studien zur Jüdischen Bibel und Ihrer Geschichte*, Berlin/New York, de Gruyter, 2004.

Gebirah

De stam *gbr* verwijst naar kracht, mannelijkheid, strijd en overwicht. De *gebirah* is een titel die we zien bij koningin-moeders en bij vrouwen aan het hoofd van een huishouding, zoals Sara. Hij wordt gebruikt binnen de machtsverhoudingen van een meesteres tegenover haar vrouwelijke slavin. De literaire rol van de *gebirah* is het in stand houden van het koningshuis door haar eigen zoon als troonopvolger naar voren te schuiven en hem te adviseren.[7]

De titel zelf komt in Ezechiël nergens voor.[8] Toch vertoont de vrouw in Ezechiël 16 een aantal elementen die doen denken aan een *gebirah*. Ten eerste is ook de afkomst van de koningin-moeder in de regel ambigu. Ten tweede krijgt ook zij door haar huwelijk evenals door de zonen die ze baart, een nieuwe status, een machtspositie: ze is van outsider insider geworden. Het instituut zelf zou trouwens van buitenlandse herkomst zijn, ontstaan onder invloed van de Hettitische hegemonie.[9] Alleen het bovengenoemde element, dat zij, de gebirah, het koningshuis in stand houdt door het krijgen van troonopvolgers, zien we bij deze vrouw enkel terug in negatieve zin. Deze vrouw wordt immers beschuldigd van de moord op haar kinderen.

Ten derde komt een aantal attributen in de tekst overeen met de omgeving van de *gebirah*: een troon, een kroon en kostbare kleding. Het personage is verwaand en zelfzeker.

Ten vierde kan ook het verdwijnen van vrouwelijke personages, verder in Ezechiël, gekoppeld worden aan de verschillende rollen die verbonden zijn aan de titel. De gebirah deelt volgens 1 en 2 koningen volledig in de verantwoordelijkheid voor de ballingschap en de ondergang.[10] Hamutal is de laatste koningin-moeder. Deze rol verdwijnt samen met het koningshuis. In Ezechiël 19 is er sprake van een moeder-leeuwin en haar welpen. Het is een vermoedelijke verwijzing naar de gebirah Hamutal en haar zonen.[11].

Tenslotte is van belang dat een gebirah niet noodzakelijk een verwijzing is naar een vrouw. In Jes 47: 5 en 7 vinden we een parallel. Babel krijgt hier de titel gebirah.[12] Haar wordt verweten geen barmhartigheid betoond te hebben tegenover wie in haar macht waren gegeven. De titel kan dus ook voor een stad gelden.

---

7 J. Hammer, 'Queen mothers and matriarchs : how the role of the "gevirah" helps us understand mothers' in Genesis' in *G'vanim* (2008) 13-30. In TeNaChH komt het woord *gebirah* vijftien keer voor. Hammers stelling is dat elke koningin-moeder een *gebirah* is.

8 Enkel in Ez 32:29,30 horen we גְבֻרָה, . Hier wordt juist de macht ontkend.

9 G. Brewer-Boydston, *Good queen mothers, bad queen mothers : the theological presentation of the queen mother in 1 and 2 Kings*, 2011, 9 e.v. http://hdl.handle.net/2104/8256

10 ibid, 40.

11 ibid, 39. Vgl. A. C. Kiesow, Löwinnen von Juda. Frauen als Subjekte politischer Macht in der judäischen Königszeit, Digitale Dissertation, 1998, 112.

12 Hier horen we גברת.

Of de titel gebirah daadwerkelijk symbool heeft gestaan voor de vrouw uit Ezechiël 16, weten we niet. Maar in elk geval krijgt de stad de elementen van dit type vrouw. Jeruzalem verschijnt als gebirah, als een kuria met macht en kracht, souverein. Ze staat symbool voor: het koninklijk huis als religieus en politiek machtscentrum.

Bandeloze

Het meest in het oog springende woord waarmee vrouwe Jeruzalem wordt getypeerd is het werkwoord זנה "de hoer spelen", bandeloos zijn, tuchteloos zijn. Dit woord זנה wordt in TeNaCH niet gebruikt voor professionele prostitutie. [13] Het wordt gebruikt wanneer een vrouw seksueel contact heeft met meer dan één man. [14] Ezechiël gebruikt זנה alleen binnen de huwelijksmetafoor. [15] De hoer spelen is een vorm van overspel.[16]

Overspel plegen (נאף) wordt bij de profeten voor vrouwen alleen in echtbrekingsmetaforen gebruikt. In andere gevallen gaat het in TeNaCH over mannen die met andersmans vrouwen het bed delen. Het wordt in die zin ook eerder gebruikt voor idolatrie. Bandeloosheid is in TeNaCH vooral een mannelijke eigenschap.[17] Deze mannelijke eigenschappen passen prima binnen

---

[13] Prostitutie op zich was niet verboden, wel stonden deze vrouwen in laag aanzien. Mannen zouden hun dochter niet in die positie mogen brengen (Gen 34;31; Lev 19:29).

[14] In bijbelse teksten wordt van mannen meestal gezegd dat ze de hoer spelen/tuchteloos zijn, als het om afgoderij gaat (H.J.. Marsman, *Women in Ugarit and Israël. Their Social And Religious Position in The Context Of The Ancient Near East,* Leiden/Boston, Brill, 2003, 432). De auteur verwijst hier naar J. Galambush, *Jerusalem in the Book of Ezekiel: The City as Yahweh's Wife*, 28. Vrouwelijke seksualiteit buiten het huwelijk kende twee vormen: overspel, een seksuele relatie van een getrouwde vrouw met een man die niet haar echtgenoot is. De tweede categorie is prostitutie. Deze groep vrouwen stond buiten de eenheid van een familie en huishouden en ook niet onder de controle van de man noch van de cultus. Dit betekent dat een hoer de hoer kan spelen zonder veroordeeld te worden. Een gehuwde vrouw kon dit niet ongestraft doen. Zie J. Goodnick Westenholz, '*Tamar*, Qĕdēša, Qadištu, and Sacred *Prostitution* in Mesopotamia', HTR 82 (1989), 249–265, 262.

[15] Het werkwoord komt 93x voor in TeNaCH waarvan 20x in Ezechiël, maar enkel in hoofdstuk 16 en 23 (uitzonderlijk 6:9). Alleen in Ezechiël en ook weer enkel in hoofdstuk 16 en 23 komt het vrouwelijk zelfstandig naamwoord תזנות promiscuïteit, tuchtloosheid voor. In hoofdstuk 16 is het gebruik van de woorden זנה en תזנות eveneens beperkt. De mannelijke variant זנונים , die 11x voorkomt in TeNaCH, komt niet voor in hoofdstuk 16. In de rest van TeNaCH is tuchtloosheid, promiscuïteit grammaticaal mannelijk. Zo ook bij Rachab.

[16] Zie P.A. Bird, 'The Harlot as Heroine: Narrative Art and Social Presupposition in Three Old Testament Texts', in *Semeia*, Scholar Press, 124.

[17] De zogenaamde hebbedingetjes worden fallussen. Er kan vertaald worden: je maakte jezelf mannelijk genitaliën. Zie S. Kamionowski, *Gender Reversal and Cosmic Chaos. Study on the book Ezekiel*, Sheffield Academic Press, London/New York, 2003, 121; R.Poser, *Das Ezechielbuch als Trauma-Literatur*, Leiden, Brill, 2012, 255.

het beeld van de *gebirah:* krachtig en mannelijk. Jeruzalem mag dan al vrouw zijn, maatschappelijke gezien is ze mannelijk.[18]

De promiscuïteit die Jeruzalem verweten wordt, is vanuit haar oogpunt (seksuele) onafhankelijkheid, een daad van verzet. In de eerste 12 verzen wordt zij uitsluitend passief beschreven, daarna handelt zij actief en onafhankelijk, financieel en seksueel. Zij kiest haar eigen liefjes, die net als haar voogd/ echtgenoot voorbijkomen. Zij geeft de giften weg.

Haar verzet uit zich ook in het imiteren van de goden van de toenmalige machthebbers. Ze ejaculeert en maakt zich fallussen (Ez 16:15-17)[19]. Imitatie kan een integreren van de heersende norm inhouden.[20] Haar imitatie heeft ook iets van een persiflage. Een persiflage is altijd ambivalent. Enerzijds wordt het nagebootste geassocieerd met macht, wat het aantrekkelijk maakt om na te bootsen. Anderzijds ervaart het nagebootste de persiflage als een bedreiging: als een verstoring van zijn autoriteit.[21]

Verbond

Deze bandeloze leeft echter binnen een verbond ברית *bərît. Bərît* behoorde tot het taalgebruik van alle dag.[22] Het woord betekent dan ook veeleer verdrag dan verbond. Het verdrag kent wederzijdse verplichtingen en wordt gesloten met een feestelijke ceremonie tussen de twee partijen. De sterkste biedt de zwakkere bescherming.

Ezechiël legt een verband tussen zo´n verdrag en het aangaan van een huwelijk. Hij doet dat met behulp van een eufemisme: "Ik spreidde de slip van mijn mantel over je uit." te verbinden met "Jij werd van mij." Het verband wordt versterkt door het feit dat het huwelijk wordt bekrachtigd met een eed. Dat gebeurt immers alleen in Ezechiël.[23] Net als de metafoor van de vrouw als

---

18 S. Kamionowski, *Gender Reversal and Cosmic Chaos. Study on the book Ezekiel*, Sheffield Academic Press, London/New York, 2003, 131.

19 Er staat: zij giet haar tuchteloosheid uit. Deze uitdrukking ותשפכי את־ תזנותיך wordt ook gebruikt in Ez 23:8. Daar storten de Egyptenaren ontucht uit over Samaria. De daad heeft er de connotatie van een ejaculatie. In 16:15 is er dus sprake van een vrouwelijke ejaculatie In S. Kamionowski, *Gender Reversal and Cosmic Chaos. Study on the book Ezekiel*, Sheffield Academic Press, London/New York, 2003, R. Poser, volgt haar. Het orgasme van de vrouw werd door de rabbijnen ook als zaaduitstorting benoemd in Levinson, P.N. 'Sara´s Dochters, Vrouwen in het jodendom', in H. Meyer-Wilmes en L. Troch (red.), *Over hoeren, taarten en vrouwen die voorbijgaan*, Kok, Kampen, 1992,140).

20 O. Sasson-Levy, 'Feminism and Military Gender Practises: Israeli Women Soldiers in "Masculine" Roles"', in *Sociological Inquiry*, (2003), 450. Een voorbeeld hoe vrouwelijke soldaten mannelijke soldaten nadoen.

21 Homi Babha, 'Of Mimicry and Man: The Ambivalence of Colonial Discourse', in *October* 28, (Discipleship: A Special Issue on Psychoanalysis) (1984) 125-133, here 127.

22 U. Rüterswörden, "Bund (AT)", 2006, https://www.bibelwissenschaft.de/ stichwort/15777/

23 M. Greenberg, *Ezechiel 1-20,* 1983, 278.

stad bestaat de huwelijksmetafoor zowel uit beelden uit de eigen traditie, zoals het verbond met de aartsvaders, als uit beelden uit de omringende culturen.

De ceremonie heeft namelijk ook de kenmerken van een heilig huwelijk. Zo´n heilig huwelijk was in Mesopotamië een ritueel bij de troonopvolging.[24] De bijhorende teksten spreken dan van een gelukkige regering, grote welvaart, groei, overwinningen.[25] Het huwelijk van de vrouw met haar partner lijkt vooral economisch geconsumeerd te worden. Goud en zilver, meel, honing en olie verwijzen naar handel en welvaart. Het verdrag heeft niets met liefde te maken, enkel met economisch gewin. Maar de geschonken economische welvaart keert niet terug naar de weldoener, maar naar vreemde partners.

Het verbond met de aartsvaders, het beeld van de *gebirah* en het heilig huwelijk zijn in elkaar verstrengeld. Het beeld van de *gebirah* binnen het huwelijk is eerder het beeld van een *puppet queen*. Het roept eveneens associaties op met de historische achtergrond van koning Zedekiah die als marionet van Babel onder ede op de troon plaats neemt. Zonder het verdrag met Babel zou volgens Ez 17: 14 het koninkrijk niet meer bestaan. De rebellie tegen Babel zou een onherroepelijk einde betekenen. De passage uit Ez 17: 12-21 is helder en spreekt duidelijk over de verantwoordelijkheid van de machtigen in Jeruzalem.

Het is echter moeilijk om te onderscheiden of we hier horen over het verdrag dat Jeruzalem sloot met de koning van Babel of over het verbond dat God heeft gesloten met zijn volk. Wie is dus die souverein?

De geweldenaar

Een soeverein staat niet ter discussie, maar roept anderen ter verantwoording. Machthebbers hoeven zich zelden te verantwoorden. De metafoor van de vrouw en haar ondergang zegt dan ook iets over haar partner. Deze god-koning kan niet verhinderen dat de vrouw vreemd gaat. Gekwetst en onmachtig neemt hij zijn toevlucht tot geweld. De catastrofe ontmaskert de god-koning als geweldenaar.

Voorlopig hebben we in het midden gelaten of de soeverein God of JHWH is. De souvereine ik-figuur is in tegenstelling tot de vrouw niet belichaamd. Enkel een hand en het handelen kenmerken de souverein. De hand was een algemeen beeld voor macht.

---

[24] Eerst dacht men dat dit huwelijk de bedoeling had de vruchtbaarheid, het leven te stimuleren. Intussen neemt men aan dat het gaat om machtslegitimering. In C. Frevel, *Aschera und der Ausschließlichkeitsanspruch YHWHs: Beiträge zu literarischen, religionsgeschichtlichen und ikonographischen Aspekten der Ascheradiskussion,* V.IRAT III-FRE 1995, Lippke, Florian (Herausgeber), 591).

[25] Ibid, 594.

In de oudste ons bekende Griekse overlevering staat op de plaats van het tetragrammaton: kurios. De Hebreeuwse tekst voegt naast het tetragramaton *adonai* toe. Hiermee hebben ze iets willen toevoegen van kracht en macht.

In zijn woede straft deze kurios buitensporig, ook binnen de Tora, binnen de eigen rechtsregels voor overspel.[26] Het in stukken hakken bij overspel kent geen grond binnen de Tora. Steniging geldt voor een jonge ongehuwde vrouw én de man die gemeenschap met haar heeft.[27] Het strippen פָּשַׁט en te kijk zetten worden enkel beschreven als straf door de profeten en alleen als deel van de echtbreukmetafoor.[28]

De kurios geeft de minnaars het recht eigen rechtsregels te hanteren.[29] De vrouw wordt te kijk gezet en gestript volgens het gewoonterecht. In Babylon en Nuzi sprak men de echtscheiding uit door de vrouw naakt naar buiten te voeren.[30] "Symbolisch" worden goederen en giften haar ontnomen, naakt vertrekt ze.[31] Ook in het strafrecht van de omringende landen speelt het aan- en uitkleden een rol bij bepaalde procedures. Zo moet een vrouw die een scheiding aanvraagt, naakt naar buiten gaan. Ook weduwen die hertrouwen dienen hun mantel achter te laten en naakt naar buiten gaan. Het is echter niet duidelijk of dit ook letterlijk opgevat moet worden. Want de uitdrukking kan ook betekenen: onbemiddeld zijn.[32] In elk geval, indien de vrouw niet letterlijk gekleineerd wordt, dan wordt ze toch op zijn minst financieel uitgekleed.

In de verzen 39 – 42 valt het geweld tegen de stad samen met het geweld tegen de vrouw. De ontrouwe vrouw en de rebellerende stad ondergaan hetzelfde lot. In het Hebreeuws wordt dit sterk weergegeven door middel van de woordcombinatie: גלה ערוה (vers 37). Naaktheid of schaamte ontbloten גלה ערוה komen we alleen tegen in negatieve zin.[33] Het werkwoord גלה heeft

---

26 Hoewel dit buiten het onderzoek van deze scriptie valt, moeten we ons afvragen of Lev 20:9,10,14; Deut 22:21-29 en Numeri 5 niet ontstaan zijn als reactie op de ballingschap en teksten als Ezechiël 16. Juist binnen de menselijke omgang met elkaar wordt het ontbloten verboden (Lev 18 en 20). In Numeri 5 is er sprake van de jaloerse man ten aanzien van zijn vrouw. Wie zijn vrouw beticht van ontrouw zonder dat er bewijzen zijn, moet een offer brengen dat de ongerechtigheid in herinnering brengt. Mocht de vrouw schuldig zijn en niet bekennen, zal zij onvruchtbaar worden, bitter en moet zij haar ongerechtigheid dragen. Jaloezie wordt in Numeri 5 aan banden gelegd en mag niet tot fysiek geweld lijden. Het is blijkbaar een zaak tussen de vrouw en JHWH.

27 Deut 22:23.

28 Jer 13:22,26; Hos 2:5; Jes 3:18-23.

29 Zie ook Ez 23:24.

30 W. Zimmerli, *Ezechiel 1-24,* Neukirchener Verlag, 1969, 360; M. Greenberg, *Ezechiel 1-20. A New Translation with Introduction and Commentary by Moshe Greenberg,* New Haven/Londen, Yale University Press, 1983, 287.

31 M. Greenberg, *Ezechiel 1-20,* 1983, 287.

32 G.Baumann, Liebe und Gewalt. Die Ehe als Metapher für das Verhältnis JHWH – Israël in den Prophetenbüchern, Verlag Katholische Bibelwerk, Stuttgart, 2000, 79.

33 Dit hoeft niet het geval te zijn bij het gebruik van de enkele pi'el-vorm גלה (Ru 3:4).

weliswaar een heel breed betekenisveld.[34] Maar wanneer het samengaat met het substantief naaktheid ערוה moeten we het lezen als verkrachten.[35] Het lichaam als natie of stad wordt geschonden door buitenlandse allianties, en dit wordt uitgedrukt met het beeld van een verkrachting waarvoor de vrouw zelf de verantwoordelijkheid draagt.[36] De souverein reageert als een echtgenoot wiens eer is aangetast. Een Assyrische koninklijke inscriptie beschrijft de succesvolle campagne tegen een rebellerende stad als volgt: "Ik vernietigde, haalde neer, brandde af stad X".[37]

Na de catastrofe blijft de kurios alleen over.[38] Is deze kurios wel God of bestond "hij" enkel in de gedachten van hen die om een goddelijke sanctie vroegen als gevolg van hun eigen hiërarchische wetten?[39] Heeft de auteur de toehoorders meegenomen in hun eigen gedachtegang: het cultureel bepaalde denkbeeld van een stad die huwt, een koning die god is, het krijgen van macht door afkomst en huwelijk. Hebben zij zich vergist in hun god? Of heeft God zich vergist door een huwelijk aan te gaan?

Een ander godsbeeld?

Houdt het hier nu op? Kunnen we na het voorgaande nog een ander besluit trekken dan dat, als Ezechiëls toehoorders al een beeld hebben van God, die God enkel een geweldenaar is, die rebellie of ontrouw afroept? Of geeft de tekst ruimte om met de brokstukken een ander godsbeeld op te bouwen in de plaats daarvan? Dat is wat de rest van het artikel zal proberen. Ons beeld van deze kurios zal daarbij afhankelijk blijken te zijn van het beeld van de vrouw.

Dat is om te beginnen het geval in de metaforen die iets willen zeggen over God. God komt in dit hoofdstuk ter sprake door middel van een vrouwelijk beeld, dat van de *gebirah*. Dat er verwarring mogelijk is tussen Jeruzalem en God of op zijn minst een belangrijke verbondenheid tussen beide is, blijkt in

---

[34] In de grondstam (qal) heeft het als eerste betekenis *onthullen*, *ontbloten* (1 Sam 9:15; Ru 4:4). De pi´el-vorm wordt gebruikt als een intensivering.

[35] G.Baumann, *Liebe und Gewalt*, 2000, 102. Zoals gebruikt in Lev 18; 20:11,17,18,20,21; Deut 23:1; 27:20; Ez 22:10; 23:18.

[36] De tweede betekenis is *in ballingschap gaan, verbannen zijn, gedeporteerd worden of verdwijnen* (Clines, 1995, 555). Ook wordt over de naaktheid van de stad gesproken: Babylon (Jes 47:3), Egypte (Jes 20:4), Jeruzalem (Ez 16:8,36,37,57), Samaria (Ez 23:10). In een tweede betekenis kan het gaan om de ´kwetsbaarheid van het land´, het tentoonstellen van onverdedigde delen (Gen 42:9,12) of kwetsbare personen (Sir 11:30). In Jes 20:4 wordt zeer direct het ontbloten van de naaktheid verbonden met de ballingschap en de deportatie: "Zo zal de koning van Assur de gevangenen van Egypte en de ballingen van Koesj voortdrijven, jongen en ouden, naakt en barrevoets en met gestripte billen".

[37] M. Greenberg, *Ezechiel 1-20*, 1983, 287.

[38] "YHWH ist wieder partnerlos, allerdings im Unterschied zur Frühzeit als "Witwer" zie C. Frevel, *Aschera und der Ausschließlichkeitsanspruch YHWHs:* 2014, 929.

[39] Zie M. Raphael, *The Female Face of God in Auschwitz*, London, Routledge 2003

hoofdstuk 16 onder meer uit een hoge concentratie van geschreven consonanten (Ktiv), die duiden op de 1e persoon enkelvoud (Ik JHWH) maar in de kantlijn gecorrigeerd worden (Qrē) als 2de persoon vrouwelijk enkelvoud (Jij Jeruzalem). De correcties geven op zijn minst de suggestie dat er verwarring is ontstaan tussen JHWH en Jeruzalem.[40] Immers in plaats van "jij" zou gemakkelijk "ik" gelezen kunnen worden. Wanneer de ravage compleet is en enkele brokstukken resten nog, eindigt de perikoop met opnieuw een 2de persoon vrouwelijk enkelvoud. In plaats van de retorische vraag "Heb jij niet de slechtheid gedaan?", zou ook gelezen kunnen worden "Niet ik heb deze slechtheid gedaan, toch?"

In deze barre leegte blijft alleen God over. Zo klinkt in vers 48 חַי־אָ□נִי "Levend Ik".[41] Het klinkt als de roep van een overlevende, alsof met de ondergang van Jeruzalem ook deze God ten onder zou zijn gegaan. Deze God is zelf een overlevende. Ook daarin lijkt God het lot van de vrouw te delen. De Hebreeuwse tekst geeft trouwens de mogelijkheid om JHWH vrouwelijk te denken. Anders dan de goden van Sumer en Ugarit is er geen beschrijving van genitaliën. Alleen de Griekse lezing en een heteroseksueel denkkader dwingen de lezeres de soeverein als mannelijk en als Heer voor te stellen. [42].

Na vers 43 is er geen sprake meer van een huwelijksmetafoor.[43] Even lijkt de metafoor van het huwelijk terug opgenomen te worden (Ez 16:61-62), maar dat is slechts schijn. [44] Nemen heeft hier de betekenis van opnemen, ontvangen en niet van in bezit nemen, ten huwelijk nemen.[45]

We kunnen dus niet beweren dat er een restauratie volgt van de oude situatie. Er is geen sprake meer van een verdrag tussen heersers waarbij de sterke over de zwakke heerst. Het verbond wordt vernieuwd. Jeruzalem krijgt haar zusters als dochters. De dochtersteden worden niet gegeven op basis van

---

40 R. Poser, Das Ezechielbuch als Trauma-Literatur, Leiden, Brill, 2012, 253. Het gaat om Ez 16:13,18,22,31 (2x),43 (2x),47,51,59. C. Frevel, Aschera und der Ausschließlichkeitsanspruch YHWHs: Beiträge zu literarischen, religionsgeschichtlichen und ikonographischen Aspekten der Ascheradiskussion, V.IRAT III-FRE 1995, Lippke, Florian (Herausgeber), 361 noemt enkel Ez 16:18 en 59. Ook in Ez 36:13 komt deze identiteitscrisis in de tekst terug. Deze verwarring zien we eveneens in Ruth 3:3,4, in Micha 4:13 en Jer 2:33; 3:4,5; 4:19; 31:21. Dit fenomeen wordt geduid in Ges-K §44h, §32h, §59 a (c) en verklaard als archaïsche vormen van het vrouwelijk enkelvoud en alleen in de samenhang te onderscheiden Ges-K §59 c.

41 Vaak vertaald met "zo ik leef". Van de 22x dat deze combinatie voorkomt in TeNaCH is dit 16x in Ezechiël (Ez 5:11; 14:16,18,20; 16:48; 17:16,19; 18:3; 20:3,31,33; 33:11,27; 34:8; 35:6,11)

42 Zie H.J.. Marsman, *Women in Ugarit and Israël. Their Social And Religious Position in The Context Of The Ancient Near East,* Leiden/Boston, Brill, 2003, 470. Eveneens Frymer-Kensky in H. Loland, *of Salient Gender?*, Tübingen, Mohr Siebeck, 2008, 74.

43 Ez 23 neemt deze nog wel op, maar lang niet zo sterk. Ook daar is het resultaat de catastrofe, waarna de echtbreukmetafoor definitief verdwijnt.

44 Vgl. W. Zimmerli, *Ezechiel 1-24,* Neukirchener Verlag 1969, 1254 " ik (JHWH) neem je zusters van de grootste tot de kleinste." Zimmerli volgt hier de oudste bekendste overlevering en vertaal בקחתך als "in mijn nemen". Greenberg wijst op het gebruik van nemen en geven in Joz 13:8 en Joz 18:7 en vertaalt "als jij ontvangt".

45 Zie ook Bibel in Gerechter Sprache http://www.bibel-in-gerechter-sprache.de/

een verbond, zoals een heilig huwelijk, zoals dat tot dan toe kaderde in de denkwereld van Jeruzalem, in overeenstemming met een aards en menselijk denken, waarin het gaat om grote en kleine steden, in macht en onmacht afhankelijk van afkomst, huwelijk en vruchtbaarheid (Ez 16:47-50). Niet vanuit jouw verbond ולא מבריתך klinkt het immers. Mijn verbond betekent dan geen huwelijk maar zusterschap, te beginnen bij de kleinste, de minste, bij Sodom.[46]

Maar ook hier zijn de betrekkingen binnen de familie, het zusterschap, allerminst positief weergegeven. De vrouwen staan in concurrentie tot elkaar. Ze gunnen elkaar het licht in de ogen niet. Toch is er juist in deze chaos een mogelijkheid voor een vreemdsoortige omkering. Jeruzalem kan juist door het ontvangen van anderen, juist in het in de plaats gaan staan van de ander, wellicht iets van een ander Godsbeeld weerspiegelen. De tekst geeft ruimte voor een immanent Godsbeeld – een God in relatie.

De rol van de stad als moeder, als hoofd van het huishouden, *gebirah* is een mogelijk begin van herstel. Moederschap is bij uitstek een relatie van actieve immanentie.[47] Een levende God werkzaam, immanent en verborgen, voedend, kledend, zoekend naar zusterschap, naar leven in volheid.

Het begrip "leven" komt bij Ezechiël veel vaker voor dan bij profeten als Jesaja en Jeremia: als adjectief, als substantief en als werkwoord.[48]. Het leven gevende water in Ez 47:1-12 is daarvan niet de minste getuige, een vergezicht op nieuw leven, in een wereld in chaos: de ballingschap. Ook deze waterbron is vrouwelijke verbeelding van bloei.

Godverlaten tijden

Een catastrofe, een godverlaten tijd dat is wat de lezeres voor ogen moet houden bij het lezen van dit hoofdstuk, een tijd zonder hoop, zonder perspectief, een tijd die nauwelijks is voor te stellen. Wat is het om 1500 km te voet af te leggen, in een voetreis van 100 dagen uit oorlogsgebied? Hoe omschrijf je je toekomst, als dat wat je dierbaar is en onaantastbaar leek, afbrandt, in stukken wordt geslagen, vernietigd?

---

46 Een gedachte die toegeschreven wordt aan John Wesley in J. Rieger /K. Pui Lan, *Occupy Religion. Theology of the multitude*, Rowman/Littlefield 2013, 94.

47 M. Raphael, *The Female Face of God in Auschwitz*, London, Routledge 2003,25.

48 Het werkwoord "leven" horen we maar liefst 44 keer in Ezechiël. in vgl. met Jes 11x en Jer 10x (Ez 5:11; 14:16,18,20; 16:48; 17:16,19; 18:3; 20:3;31, 33; 33:11,27; 34:8; 35:6,11. Telkens uitspraken in de 1e persoon, dit in vergelijking met andere profeten waar vaak ook in de 3e persoon enkelvoud wordt gesproken over de levende God. Na de val van Jeruzalem wordt leven geschonken door een bekering tot recht en gerechtigheid (33) en in hoofdstuk 37 is er sprake van heropleven.

De bannelingen in de tijd van de deportaties van Jeruzalem naar Babel (597 v. Chr tot 582 Chr) hadden geen toekomstverwachting.[49] Hun land verlaten was een vervloeking, een afgesneden zijn van hun land, hun voorouders, hun God. Hun leven hield in hun ogen op.

Ezechiël houdt Jeruzalem als machtscentrum verantwoordelijk voor de ballingschap. Tot zijn toehoorders behoorden ongetwijfeld de in ballingschap weggevoerde elite, waaronder het koninklijk huis en andere hooggeplaatsten. Onschuldig waren zij niet. Jeruzalem had als moederstad voor haar kinderen gefaald. De bevolking was verarmd. Feit blijft dat het Babel is dat uiteindelijk Jeruzalem verovert, inneemt, neerhaalt, mannen en vrouwen verkracht en het land berooid achterlaat. De bevolking voert het mee. Het getal van mensen die te kijk gezet werden, varieert van 15 000 tot 30 000. Toen en nu kunnen we ons niet indenken dat dit het werk van God is.

Het is verleidelijk om een vergelijking te maken met de hedendaagse situatie: de oorlog in Syrië, in Irak, de bombardementen op Gaza, de aanslagen in Parijs. Dat alles laat een beeld achter van vernieling en catastrofe, waarbij mannen, vrouwen en kinderen slachtoffer zijn, opgejaagd door geweld of gevangen door grenzen, gedoemd te wachten. Als we achter al dat geweld een god als souvereine Heer veronderstellen die zijn woede over de ontrouw uitleeft, dan veronderstelt dit beeld ook een stad, een land als vrouw dat de wraak over zich afroept omwille van haar ontrouw. Het beeld van Ezechiël 16 kan dan gemakkelijk de vergelijking oproepen van een vrouwe Europa, die zich aantrekkelijk maakt omwille van economische belangen, zich niet bekommert om kinderen, maar bloed aan haar handen heeft omwille van haar zucht naar macht en eigenbelang. Haar liefjes keren zich tegen haar. Al Qaeda, IS of Daesh of Hezbollah, door haar zelf groot gemaakt, zijn dan de gesel van een andere god die haar aan zich bond en haar welvaart voorspiegelde in ruil voor onderwerping en onderdanigheid.

In plaats van te waarschuwen tegen ontrouw, waarschuwt Ezechiël 16 wellicht ook tegen een dergelijk godsbeeld. Deze verbeelding van een macht kent slechts één uitkomst, een lege verwoeste aarde waarin de souverein alleen achterblijft. Een koning of koningin als god of godin, een god als een god-koning, een god die alleenheerser wil zijn, kan alleen maar leiden tot geweld en een situatie waarin mensen en landen in concurrentie met elkaar leven, waarin uiteindelijk niemand kan leven.

De tekst geeft bovendien aanleiding om de geliefde huwelijksmetafoor als uiting van het verbond te herzien. In de eerste plaats wordt de metafoor bij de profeten eerder in zijn negatieve vorm gebruikt, namelijk indien het verbond

---

[49] De deportatie verliep in drie fasen. De 1[e] fase wordt over het algemeen geplaatst in 597 v. Chr; de 2[e] fase in 587/586 v. Chr; tenslotte de 3[e] fase in 582 v. Chr. Over de precieze datering vindt discussie plaats.

geschonden is. Ten tweede lijkt Ezechiël de aanleiding te geven tot het ontwikkelen van een andere metaforen.

Temidden van de brokstukken wordt een verbond verbeeld als zusterschap, moederschap. Waar mensen in elkaars plaats gaan staan, waar mensen leven schenken door te zorgen voor bed, bad en brood, waar steden en landen andere steden en landen aanzien als waren zij familie, waar de eigen kwetsbaarheid herdacht wordt, waar gemoederd wordt door mannen en vrouwen, daar kan iets nieuws beginnen en een ware God herdacht worden.

Jean-Georges Heintz

In memoriam : Professeur Jacques Chopineau (1936 - 10 Décembre 2015)

Dans le dernier fascicule (n° 16) de la belle revue « *L'esprit d'avant* »[1], qu'il avait fondée en mars 2008 avec sa compagne Catherine et un groupe d'amis, Jacques Chopineau a rédigé l'éditorial sur la « Fragilité ». Sans doute un de ses derniers textes, prémonitoire mais confiant, l'aboutissement de la recherche « midrachique » qui a guidé toute sa vie d'hébraïsant et d'exégète[2] et alimenté notre méditation biblique durant des décennies. Un long, difficile et lumineux cheminement, partant de l'étude de la Bible hébraïque et du Talmud, qu'il a pratiquée assidument durant toute sa vie, vers une exigeante et rigoureuse réflexion personnelle. Depuis ses deux thèses de doctorat, sur *l'Ecclésiaste* (Qohélèt) et *Jonas*, toutes deux soutenues à l'Université de Strasbourg en 1971 et 1990, son activité d'enseignant, de chercheur et même de doyen à la Faculté de Bruxelles (de 1969 à 2001), ainsi qu'à l'Université Libre et à l'*Institutum Iudaicum* de sa ville, se déploiera avec un enthousiasme communicatif - ses anciens étudiants peuvent en témoigner !

Comme nous l'écrit si bien Madame Anne Joué, la secrétaire de la Faculté libre de Bruxelles : « Quelle figure, quelle belle personnalité hors du commun et qui a marqué toute une génération de théologiens et de chercheurs ! Je me souviens si bien de lui, de sa belle voix grave, de son humour, de sa capacité à voir de la poésie dans des choses même anodines; quand il s'ennuyait dans certaines réunions, il écrivait des vers en arabe ou en chinois … Il adorait raconter, et il racontait bien, à la manière du très grand humaniste érudit qu'il était. Adieu, Monsieur. »

Lorsqu'il a pris sa retraite, en été 2001, Jacques se définissait lui-même avec humour comme « un jeune retraité, un commençant en quelque sorte ». Reparti de plus belle sur son chemin de recherche (*midrash*, de la racine hébraïque *dârash* – « chercher, aller à la quête de ‹ l'Essentiel ›) », il nous a donné depuis toute une série d'ouvrages, des promenades aussi diverses qu'enrichissantes.[3] Ce roman historique où il nous emmenait sur les rives de Babylone (*Le pèlerin de Babylone*, EME Editions, 2009); oui, il aimait raconter … plutôt que de faire de la narratologie ! Et cette vision de : *L'aube qui vient. - Essai sur la renaissance religieuse de l'Occident*, (EME Editions, 2006), où l'on retrouve ce penseur original

---

[1] sur le site Internet <www.espritdavant.com>.

[2] voir le recueil de ses articles, publié par la Faculté au moment de sa retraite : *Quand le texte devient Parole*, in : Analecta Bruxellensia, 6/2001, 183 pp., avec un "Hommage" de J.-G. H. (pp. 7-11).

[3] notamment : *Les amis de l'Aquarius*, (Ed. Jepublie, 2010), et une : *Initiation à la Bible*, avec B. Decharneux , F. Nobilio, G. Balzano & A. D'Helt, (EME Editions, 2010).

qu'il a été, et à ce titre un acteur important du dialogue inter-religieux (judaïsme et islam) au tournant des XX°-XXI° siècles.

Dans son beau livre antérieur : *Le promeneur et la boussole - pour un christianisme non dogmatique* (1986), il avait déjà fait fort bien défini lui-même son approche théologique et sa méthode pédagogique, les deux intimement liées :

« Lorsqu'on tente d'enfermer la vérité dans des définitions, cela produit une orthodoxie. Mais pour le disciple, la vérité est une *qualité* qui ne peut être appréciée qu'en termes de saveur. Toute théorie est grise, comme la vérité devenue orthodoxie. C'est ce que, parfois, on appelle théologie. Mais la sensation est verte, comme la saveur de la qualité. *La théologie devient alors une théo-esthésie.* Le retour aux sources est un retour au vert … » (p. 14).

– en référence à ce beau passage du premier *Faust* de J.W. Goethe : « Cher ami, toute théorie est grise, - mais vert, l'arbre de la vie », - et pour nous, ses élèves, ses auditeurs et lecteurs, certainement aussi au début du Psautier : Psaume 1, vv. 1-3.

Johan Temmerman

Het verschijnen van de Geist in het bewustzijn
Naar een moderne religie, in dialoog met G.W.F. Hegel[1]

Sinds 200 jaar drijven religie en wetenschap uit elkaar, zoals ooit de continenten deden. Onherroepelijk schrijdt de secularisering van Europa verder. Religieus fundamentalisme is het enige bolwerk dat meent weerstand tegen deze evolutie te kunnen bieden, met alle gruwelijke gevolgen van dien. Theologie beoefenen in deze gapende kloof betekent intellectueel bruggen bouwen en daarbij vermijden om het hoofd in het losse zand van filosofisch scepticisme en anti-wetenschappelijk fundamentalisme te steken. Ik zie de vaste grond voor een brug tussen religie en wetenschap in de *Phänomenologie des Geistes*, het lijvige boek dat G.W.F. Hegel (1770-1831) in 1807 publiceerde.

In dit artikel bekijken we Hegels denken over religie in het licht van de godsdienstfilosofie. Daarin zien we twee benaderingswijzen. De combinatie tussen Griekse filosofie en Joods-christelijke religie mondde uit in een visie die het denken dienstig maakte aan de geloofswaarheid. *Fides quaerens intellectum* van Anselmus van Canterbury verbindt de scholastiek met de openbaringstheologie van Karl Barth in de 20^e^ eeuw. Sinds de Nieuwe Tijd met haar rationalisme en de opkomst van de natuurwetenschappen won het denken *over* religie terrein. Spinoza sloeg in zijn *Ethica* al een brug tussen religie en de prille wetenschap door op mathematische wijze een gelijkstelling tussen God en natuur voor te stellen (*Deus sive Natura)*. Hij dacht in het verlengde van Descartes en de gelijkstelling van zijn en denken. De door Kant filosofisch voltooide Verlichting haalt denken en geloven weerom uit elkaar. Daardoor dreigt andermaal het absolute te verduisteren, aldus Hegel, die aanvankelijk samen met zijn studiegenoten Fichte, Hölderlin en Schelling aan de voeten van Kant neerzat, maar geleidelijk beseft dat het kritische denken op een eenzijdige wijze onder de hegemonie van het verstand was terechtgekomen. Het verstand maakt onderscheid en is daarbij beperkt. Tot zover had Kant een punt. Maar omdat het verstand alles – en vooral het absolute, volkomene, harmonie of totaliteit – aan haar eindigheid onderwerpt, is de filosofie het aan haar eigen uitgangspunten verplicht deze misleiding van het verstand op te heffen. In het voorwoord schrijft Hegel:

---

[1] Deze ondertitel was het opschrift van mijn inaugurele rede, gehouden op 1 oktober 2015 te Brussel. De tekst van deze openbare les is de grondslag van dit artikel

> *Daran mitzuarbeiten, daß die Philosophie der Form der Wissenschaft näherkomme – dem Ziele, ihren Namen der Liebe zum Wissen ablegen zu können und wirkliches Wissen zu sein -, ist es, was ich mir vorgesetzt.*[2]

Omdat het absolute bestaat – als voorstelling, zoals we verderop zullen zien – plaatst dit de kritiek van de kritische filosofie onder kritiek. Hegel maakt zich sterk tot het werkelijke weten te kunnen doordringen.

Staande op de schouders van de Griekse filosofen, tegelijk het voorstellingsgehalte van de christelijke openbaring waarderend en daar bovenop het vaandel van de Verlichting hoog houdend, beschrijft Hegel de beweging van zijn en denken, waardoor de concrete werkelijkheid een eenheid in verscheidenheid en tegenstelling is. Aan de zintuiglijke waarneming ontleent hij de natuurlijke dialectische beweging, waarbij het verstand zich door middel van rede en negatie verheft tot bewustzijn. Dit is mogelijk gemaakt door de rede die zich tijdens de Verlichting ontvoogde en bevrijdde van dogmatische dwang en misleiding. Daarmee begon de periode van de ontwikkeling van het zelfbewustzijn. Hegel beschrijft de gestalten van het bewustzijn tijdens haar ontwikkeling in de werkelijkheid. De ontwikkeling voert uiteindelijk tot het absolute weten, waarin het inzicht doorbreekt dat werkelijkheid en bewustzijn niet vreemd zijn aan elkaar. In de woorden van Ludwig Heyde:

> *In het vertoeven bij de andere is het weten pas waarlijk bij zichzelf, het is met andere woorden Geist.*[3]

Het ging Hegel om meer dan verklaren, het ging hem om de ervaring van het bewustzijn. Daarom gaat het niet op om het werk van Hegel te rubriceren onder de noemer 'filosofisch denken *over* religie'.[4] Het gebeurt wel vaker dat teksten en gedachten van filosofen een eigen leven gaan leiden en ook inhoudelijk door volgende generaties herkneed worden. De receptie van Hegel was onderhevig aan de godsdienstwijsgerige driedeling die men na hem uitvoerde: religiekritiek (Feuerbach en Marx), existentiefilosofie (Kierkegaard en Heidegger) en historische kritiek

---

[2] G.W.F. Hegel, *Phänomenologie des Geistes*, Frankfurt am Main, Suhrkamp Taschenbuch Wissenschaft 8, 1970, 14. De Nederlandse vertaling: G.W.F. Hegel, *Fenomenologie van de geest* (vertaling Willem Visser), Amsterdam, Boom, 2013, 12.

[3] L. Heyde, Waar het in de filosofie om gaat, A. Leijen & Ad Verbrugge (red.), *Hegel. Een inleiding*, Amsterdam 2002, Boom, 27.

[4] Hegels filosofie van de religie wordt doorgaans gecatalogiseerd als een 'wijsgerig ontwerp' of zelfs 'objectief idealisme'. Zie bijvoorbeeld: H.J. Heering, *Inleiding tot de godsdienstwijsbegeerte*, Amsterdam, Boom, 1976, 98-101.

(Strauss en Schweitzer). Het onderzoek van de religies spitste zich dan in de loop van de 20^{e} eeuw toe op bestudering van cultuurhistorische gegevens en levensbeschouwelijke houdingen, waarop steevast het etiket 'fenomenologie' werd gekleefd.

Volgens Hegel heeft religie in de eerste plaats te maken met kennis van God. Het absolute is in zijn verhouding tot de mens zelf aanwezig. Anders dan bijvoorbeeld in het denken van Hegels tijdgenoot Schleiermacher nestelt het absolute zich niet in het gevoel of de aanschouwing, maar in het zelfbewustzijn. Daarom herleiden sommige interpreten Hegels denken tot verkapte, dit is 'gnostische', theologie (F.C. Baur).[5] Daarmee komen we echter niet verder. Wel is het zo dat Hegel deze prille culturele tweespalt tussen rede en geloof te boven komt. Hij begon de *Phänomenologie des Geistes* als eerste deel van *System der Wissenschaft*. Zijn uitgangspunt is de gedachte dat een ab soluut weten mogelijk is. Dit overstijgt meteen de volgens Hegel valse scheiding tussen theologie en filosofie. Hegel wijst erop dat het eigen is aan de filosofie om de vraag naar oneindigheid te stellen. Net zoals het de opdracht van de theologie is de ervaring van oneindigheid te beschouwen. Het denken over en de ervaring van oneindigheid tilt hij naar het niveau van het bewustzijn, omdat het verstand alleen daartoe ontoereikend is. Het bewustzijn is het wezen van het verstand, waarin de geest verschijnt. Ik kom daarop terug in de loop van deze tekst.

Nog één opmerking vooraf, met theologisch belang. Hegel maakte dankbaar gebruik van de *'neue Stellung'* die voorin de 19e eeuw de theologie dooreenschudde. Daarin werd objectieve bepaaldheid vereenzelvigd met innerlijke subjectiviteit. Zo kon het geloof in de objectieve godheid verbonden worden met de grond van de zuivere rede. Dit maakt het religieuze bewustzijn tot onderwerp van de rede en dus van filosofie. De werkelijkheid van Gods verbondenheid met de gelovige werd zo een zaak van het zelfbewustzijn. Dit biedt dan weer een uitgelezen kans aan de theologie, omdat kennis van het absolute voor de filosoof noodzakelijk is om de werkelijkheid te begrijpen, net zoals kennis van God voor de theoloog het ware weten is.[6] Religie biedt dus kennis van het absolute op een bepaald en noodzakelijk constitutief moment. Maar aangezien begrip ontstaat door een dialectische bewe-

---

[5] Ferdinand Christian Baur was een late tijdgenoot van Hegel, Nieuwtestamenticus en kenner van de patristiek, die onder invloed van Schleiermacher en Hegel, 'gnostiek' als christelijke godsdienstfilosofie beschrijft. E.J. Verseput, G.W.F. Hegel en de gnosis, G. Quispel (red.), *Gnosis. De derde component van de Europese cultuurtraditie*, Utrecht, Rozekruis-Pers, 1988, 225-242.

[6] Arie Leijen geeft aan de hand van de aantekeningen bij de colleges over *Religionsphilosophie* een helder inzicht over de verhouding tussen theologie en filosofie in Hegels denken. Het is aan de godsdienstfilosofie om zich uit te spreken over de eenheid en het ongescheiden zijn van beide disciplines, alsook van de bepaling 'God' in relatie tot het menselijk bewustzijn. A. Leijen, Hegel en de religie, Leijen & Verbrugghe, *Hegel. Een inleiding*, 238-263.

ging van het bewustzijn, gaan de door de rede beperkte taal en bewijsvoering verloren, waardoor het wezen van het absolute of God, de *Geist*, verschijnt. Taal is een probleem en de voornaamste beperking in dit verband zijn de misleidingen die als valse begrippen aan een term kleven. Het is daarom dat Hegel het gebruik van de term 'God' vermijdt, omdat het *das leere begrifflose Eins* aanduidt. Hij schrijft in zijn voorwoord:

> *Aus diesem Grunde kann es dienlich sein, den Namen Gott zu vermeiden, weil dies Wort nicht unmittelbar zugleich Begriff, sondern der eigentliche Name, die feste Ruhe des zum Grunde liegenden Subjekts ist.*[7]

Hegel vermijdt de term 'God' omdat de grond van het redeneren van het subject wankelt door toedoen van de begrip vormende dialectische beweging. Het woord 'God' als subject heeft dus geen inhoud. Een subject veronderstelt een predicaat, zoals in 'God is zijn', maar het predicaat dient in dit geval het wezen van het subject te zijn. Het subject gaat dus op in het predicaat. Het denken valt dan stil, omdat het zich vastklampt aan een subject dat eigenlijk al verdwenen is. Het fundamentalisme houdt, sinds de dood van God, vast aan zo'n verdwenen subject en plaatst zich noodgedwongen tegenover het denken en de voortschrijdende wetenschap. Het ware weten – met inclusief een visie op de ontwikkeling van de geschiedenis – tilt de voorstelling van het absolute tot het zelfbewustzijn, dat in staat is tegelijk het onderscheid tussen voorstelling en het absolute te beseffen, op. In mijn bewustzijn ben ik in staat om tegelijk de absoluutheid van God te bevestigen als de eindigheid van mijn bestaan. Dit is wetenschappelijk weten in godsdienstwijsgerige gestalte.

Met deze gedachten op de achtergrond zal ik nu peilen naar de functie en de relevantie van religie in de moderniteit. Ik zal dit doen aan de hand van Hegels *Phänomenologie des Geistes* en neem daartoe, getrouw aan zijn systeem, drie stappen: zelfkennis, vervreemding en openbaring.

1. Zelfkennis

Als men onder 'zelfkennis' het resultaat van de bestudering van de particuliere kenmerken van het individu verstaat, zijn aanleg, karakter, passies en zwakheden, herleidt men dit begrip tot pseudowetenschap. In het licht van Hegel gebruik ik zelfkennis als de wetenschap van het substantiële in de mens. Deze wetenschap kent de mens in zijn ware algemeenheid en heeft weet van het wezen van de er-

[7] Hegel, *Phänomenologie*, 62.

varing van bewustzijn.[8] In de *Phänomenologie des Geistes* was het Hegel te doen om een beschrijving van de verschillende gestalten die het bewustzijn in het zelf aanneemt. Zijn vraagstelling kan als volgt worden samengevat: hoe werkt ons bewustzijn? Wat gebeurt er als we denken en geloven? Wat is wetenschappelijke kennis en vooral: wat is waarheid en zekerheid? Wat is absoluut weten?

Om Hegels filosofie te kenmerken, gebruikt men doorgaans het woordje 'dialectiek'. Men kenmerkt de dialectische methode met de gekende drieslag: these-antithese-synthese. Daar is op zich niets mis mee, maar tijdens het veelvuldige gebruik van deze sloganeske aanduiding vervaagt het begrip ervan. Aan de hand van *Wissenschaft der Logik* (1816) kenmerkt Michael Forster de dialectiek van Hegel als volgt:

> *It is a method of exposition in which each category in turn is shown to be implicitly self-contradictory and to develop necessarily into the next (thus forming a continuously connected hierarchical series culminating in an all-embracing category that Hegel calls the Absolute Idea).*[9]

Een categorie – Hegel begreep daar niet alleen onze fundamentele concepten onder, maar ook ons oordeel- en redeneervermogen – bevat haar tegendeel en omgekeerd. De vereniging van twee in zichzelf tegenstrijdige categorieën is een nieuwe categorie, waarin de tegendelen niet alleen bewaard blijven, maar ook worden opgeheven (*aufgehoben*). De zin of betekenis van beide categorieën wordt in de nieuwe bijgesteld naar het ware wezen ervan. Vervolgens begint op het niveau van de nieuwe categorie de beweging helemaal opnieuw. Dit proces is noodzakelijk om wetenschappelijke weten te bekomen. Dit wordt verkregen door kennis van de verschillende doorgelopen gestalten of fenomenen van de geest in het bewustzijn. De dialectische methode van Hegel is een weg naar waarheid.

De ervaring van waarheid is het meest eenvoudig uit te drukken door de werking van het bewustzijn te doorgronden tijdens de zintuiglijke waarneming. Als

---

[8] Henk Stockmans spreekt in dit verband van 'psychologie als speculatieve wetenschap'. Hegel onderscheidt daarin een eerste algemene benadering die hij rationele psychologie noemt. Daarin beschouwde men de ziel als abstracte algemeenheid, een verheven onveranderlijk ding. Daarna kwam de empirische psychologie met haar aandacht voor de ervaring. Ze observeert en beschrijft het bijzondere van de menselijke geest. De speculatieve psychologie die Hegel voor ogen stond zal de bijzonderheden niet als veelheid observeren, maar deze veelheid denken als de eigen bijzonderheid van de menselijke geest. In de *Enzyklopädie der philosophische Wissenschaften* geeft Hegel een overzicht van haar inhoud, maar hij schreef nooit een uitgewerkte versie in een apart werk. Zie H. Stockmans, Psychologie als speculatieve wetenschap, Leijen & Verbrugghe, *Hegel. Een inleiding*, 58-96.

[9] M. Forster, Hegel's dialectical method, F.C. Beiser (ed.), *The Cambridge Companion to Hegel*, Cambridge, University Press, 1993, 132.

we naar iets kijken weten we dat dit iets is. We denken er niet bij na. En toch werkt ons bewustzijn en wel op de meest natuurlijke wijze. Bijvoorbeeld: ik zie een boom en ik weet dat ik een boom zie. Wat ik zintuiglijk waarneem is waarheid. Hoe komen we tot deze waarheid? Eerst splitst Hegel de zintuiglijke waarneming in het 'ik' die de boom ziet en de boom zelf. De boom en het 'ik' zijn allebei. De volgende stap is een analyse van hoe ik weet dat de boom en ik er zijn. Dit gebeurt op een natuurlijke wijze in ons verstand en wel bij uitsluitsel. Hegel spreekt van negatie. Ik weet dat ik een boom zie omdat het verstand uitsluitsel maakt: dit is geen huis, geen auto, geen 'ik'. In deze negatie behoudt het verstand het wezen van de boom – wat een boom tot boom maakt – en heft dit samen op met het wezen van 'ik' – wat 'ik' tot mens maakt – in het bewustzijn tot de waarheid: ik zie een boom. Dit is het eerste niveau of de primaire gestalte van waarheid in het natuurlijke bewustzijn.

Er is volgens Hegel dus wel degelijk sprake van waarheid. Daarbij hoort op het meest elementaire niveau begrip van het wezen van het mens zijn, zelfkennis. Getrouw aan zijn systeem begint op dit niveau de dialectiek opnieuw. Het is essentieel om eerst helder voor ogen te houden dat het uitgangspunt van Hegels denken het bestaan van waarheid bevestigt. Vooral in onze tijd, maar ook tijdens de Verlichting, gooide het scepticisme hoge ogen. Nogal slaafs volgde men het denken van David Hume (1711-1776) die een methodische opschorting van elk oordeel bepleitte, omdat we uiteindelijk van niets zeker kunnen zijn. Dit doorgedreven scepticisme gaat uit van absolute en elkaar wederzijds uitsluitende tegendelen. Dit is jezelf een rad voor de ogen draaien, aldus Hegel. Vandaag herkennen we dit denken in slogans als 'er is geen waarheid' of 'ieder zijn eigen waarheid'. Niet volgens Hegel. Ik zie een boom en ik weet dat dit een boom is, punt. Dit is waarheid, voor iedereen.[10] Hegel wil met zijn systeem het denken behoeden voor de sceptische inertie, waarbij de wereld het strijdtoneel is van evenwaardige en onderling concurrerende tegenstijdigheden, door eenvoudig aan te tonen dat elke positie of vorm van bewustzijn impliciet zelf-contradictorisch is. Maar daarmee houdt het niet op. Omdat alles in beweging is en door middel van opheffing de tegendelen bewaart en op een ander niveau tot hun wezen brengt om vandaar opnieuw deze kringloop te volbrengen – waardoor een circulaire continuïteit ont-

[10] Hegel behandelt het scepticisme als één van de drie historische vormen waarin het zelfbewustzijn haar vrijheid van geest tot uitdrukking brengt. De eerste vorm is het stoïcisme, waarbij de tegenstellingen overwonnen lijken, omdat men zich onttrekt aan de dagelijkse werkelijkheid. De tweede vorm is dus het scepticisme, waarbij de vrijheid van denken wordt ervaren door zich polemisch tegen al het andere te richten. Tenslotte schetst Hegel het 'ongelukkige' bewustzijn, waarin men de wereld als een plek beschouwt waaruit het absolute zich heeft teruggetrokken. Zie H. van van Erp, *Hegel*, Amsterdam/Leuven, Boom/Lanoo Campus, 2013, 38.

staat, als een wenteltrap – kan het denken niet stoppen tot het absolute weten is bereikt.

2. Redelijk bewustzijn

De drijvende kracht om waarheid en zekerheid te bekomen is de rede. De rede begon met het rationalisme aan een tweede leven. Bij haar eerste geboorte in het oude Griekenland werd de rede spontaan en primair verbonden met de zintuiglijke waarneming: zien is weten dat iets is. Zoals we pas zagen ontstaat deze zekerheid in het natuurlijk bewustzijn. Maar Hegel geeft er zich vervolgens rekenschap van dat de zichtbare werkelijkheid sinds Descartes in de problemen is gekomen. Volgens Descartes gaat het denken vooraf aan de werkelijkheid en moet men zich bijgevolg methodologisch verantwoorden voor de kennis die men proclameert. Het gevolg is dat de rede niet alleen een instrument tot het verwerven van zekerheid en waarheid is, maar tevens de inzet van geloof in haar methode. Daarom voerde men vanaf Descartes een strikte scheiding door tussen rede en geloof. De rede is *selfcontained* en dus onafhankelijk van geloof. Deze redenering domineert de filosofie van Descartes tot Kant.[11] Het is in dit terrein en onmiddellijk na de kantiaanse voltooiing van de Verlichting dat Hegels denken wortelt.

We zagen zopas dat tijdens de zintuiglijke waarneming de instrumentele rede zekerheid geeft dat het waargenomene is. Deze zekerheid wordt bekomen door uitsluitsel of negatie: wat ik zie is geen huis, auto, enz. Het verstand maakt op spontane of natuurlijke wijze scheiding tussen het zijn van wat men ziet en tussen een zijn van wat men niet ziet. Het filosofische probleem is volgens Hegel dat men vanaf Descartes tot Kant het verstand of het denken gelijkstelt met het zijn. *Cogito ergo sum*, schreef Descartes, waardoor de werkelijkheid een primair cognitieve connotatie kreeg. Hegel spreekt in dit verband over de 'cartesiaanse metafysica', waardoor de Verlichting ten aanzien van het absolute wezen met zichzelf in dezelfde strijd verwikkeld raakt, zoals ze eerder met het geloof had.[12] Deze totalitaire gelijkschakeling van denken en zijn heeft als gevolg dat men de werkelijkheid als louter perceptie kan zien, zeg maar subjectivisme, of de gelijkschakeling van mijn werkelijkheid met dè werkelijkheid. Het 'ik' kwam centraal in

---

[11] T. Rockmore, Hegel on raison, fait and knowledge, W. Desmond, E.O. Onnasch and P. Cruysberghs (ed.), *Philosophy and Religion in German Idealism* (Studies in German Idealism Vol. 3), Dordrecht/Boston/ London, Springer, 2004, 128.

[12] *Über jenes absolute Wesen gerät die Aufklärung selbst mit sich in den Streit, den sie vorher mit dem Glauben hatte, und teilt sich in zwei Parteien (...) ein siegende und ein bekämpfte (...). Das Interesse, das sich zwischen ihr und der anderen teilte, fällt nun ganz in sie und vergißt der anderen, weil es in ihr selbst den Gegensatz findet, der es beschäftigt.* Hegel, *Phänomenologie*, 425.

het wereldbeeld te staan, 'ik denk' werd het hart van de filosofie. Deze copernicaanse omwenteling van het denken – alles draait rond het 'ik' zoals ons melkwegstelsel rond de zon – werd door Kant voltooid door de begrenzing van onze kennis aan te geven en de wereld te herleiden tot wat we kunnen kennen. De scheiding tussen geloof en rede werd daarbij definitief voltrokken, want Kant maakte van de beperkingen van de rede gebruik om plaats te maken voor geloof. Hij herleidde de inhoudelijke proposities van religie tot symbolische representatie van de algemeen geldende ethische plicht en niet als voorwerp van geloof zelf.[13] De zekerheid die de rede geeft is wel voorwerp van zichzelf. Kant stelt dat we weten en tegelijk weten dat we weten, voorbij twijfel. Waar Descartes nog een rechtvaardige God nodig had – de enige die ons niet *kan* bedriegen en dus als enige grond van het zijn geldt – heeft Kant deze metafysische noodgreep niet meer nodig en plant hij zekerheid alleen in de zuivere rede.[14]

Hegel verwerpt de idee van zuivere kennis die Kant als grondslag gebruikt. Methodisch verwerpt hij het transcendentale denken, omdat epistemologisch geloof niet tegengesteld maar intrinsiek is aan de epistemologische rede. De rede is niet zelf-rechtvaardigend in meer dan in verhouding tot de werkelijkheid. Volgens Hegel is het onmogelijk om algemene condities voor de kennis van alle rationele wezens op te stellen. We kunnen wel concrete condities voor eindige wezens in een bijzondere situatie opstellen. De strikte scheiding tussen geloof en rede, waardoor de Verlichting een inwendige verscheurdheid ondergaat tussen het eigene en het absolute, creëert een afgrond van niet-weten. Hegel constateert dan dat de rede zich de waarheid toe-eigent, op basis van het totalitaire dictaat van de eenheid van denken en zijn, om vervolgens deze waarheid in de afgrond van niet-weten te storten. Wat overblijft is 'ik ben', maar op de vragen wie ik ben, vanwaar ik kom en waartoe ik ben, is geen antwoord te geven. De enige respons op de grote vragen is hun echo die in de lege afgrond uitsterft. De grote verdienste van Hegel is dat hij dit constateert en vervolgens een epistemologie opstelt waarmee de grote vragen wel beantwoord kunnen worden. Deze methode is geen poging om het verstand speculatief te buiten te gaan door alle redelijkheid te laten varen, maar door ons verstand te gebruiken.[15] Het geloof voltooit de rede niet, maar is er de intrinsieke

---

[13] J. Temmerman, *Profetie en Moderniteit*, Gent, Bola ed., 2012, 168-18.

[14] T. Rockmore, *Hegel on raison, fait and knowledge*, 129.

[15] Vanuit de kerkvaders (*credo quia absurdum* dixit Tertullianus) nam de middeleeuwse Scholastiek de rede op in het geloof (*ratio fide illustrata*) en werd dienstmaagd van de theologie. Door middel van dogma's ging het geloof de rede speculatief te buiten. Op godsdienstwijsgerig vlak volgt Hegel de lijn van Anselmus en zijn *fides quarens intellectum*, een geloof dat nadenkt over zichzelf en de wereld en een eigen epistemologie ontwerpt. Anders dan bijvoorbeeld Karl Barth, die tegen de idealistische en existentialistische theologieën van de 19e en de 20e eeuw van leer trok – er is geen sprake van een *analogia entis* waardoor we God filosofisch niet kunnen verstaan en verklaren, er is alleen de

kwaliteit van om het absolute als voorstelling te percipiëren. Het is dan ook noodzakelijk om eerst na te gaan hoe het verstand werkt en wat het wezen van de rede is.

Op dit terrein ligt Hegels grootste verdienste voor de filosofie. Kant wees de grenzen van de rede aan en schreef dat we over God, eeuwigheid en onsterfelijkheid niets zinnigs kunnen zeggen. Hegel wendde daarop zijn denkrichting 'naar binnen' en ging op zoek naar de aard of het wezen van ons verstand. Het wezen van de rede is wel degelijk kenbaar. Daarover kunnen we zekerheid bekomen en spreken. Daartoe schetst Hegel, conform aan het natuurlijke bewustzijn, de werking van het verstand als een dialectische beweging. We zagen hierboven dat de werkelijkheid onmiddellijk voor de zintuigen gegeven is. Deze verhoudingsvorm duidt Hegel aan met 'bewustzijn'. Maar zoals de zintuigen gebonden zijn aan het zichtbare, is het bewustzijn gebonden aan vooronderstellingen. De gegeven werkelijkheid is echter een veelheid, die zich als eenheid aan het subject presenteert. Van deze, als eenheid gepercipieerde, veelheid, is het 'ik' de substantie. Deze substantie noemt Hegel het 'zelfbewustzijn'. Op het vlak van het denken en dus op het niveau van de rede kunnen we naar onszelf kijken als van buitenaf en tegelijk van binnenuit weten dat we onszelf beschouwen. Vanuit deze 'transcendente' positie ziet Hegel een ontdubbeling van het zelfbewustzijn, zijnde wel en niet onderscheiden van de objectief gegeven werkelijkheid. Als eigen substantialiteit onderscheidt het zelfbewustzijn zich van de werkelijkheid. Tegelijk herkent het zich in de werkelijkheid omdat deze zich in haar substantialiteit niet van het zelfbewustzijn onderscheidt. Dit laatste, zagen we zopas, omdat het 'ik' de substantie van de veelheid als één werkelijkheid is. Om deze ontdubbeling binnen het zelfbewustzijn op te heffen, denkt Hegel de substantie als *Geist*. De ontwikkeling van de rede gaat dus over in de ontwikkeling van de geest. Paul Cobben vat het treffend samen als hij schrijft:

> *In de geest wordt de eenheid van de eenheid en het onderscheid van beide substantievormen gearticuleerd. De als geest gedachte substantie is zowel*

---

openbaring die geen conclusie van het denken is maar 'lijnrecht van boven komt' en waarop de mens moet antwoorden -, draait Hegel het perspectief om en vertrek vanuit de rede: *Alles Wirkliche ist vernüftig, alles Vernüftige ist wirklich.* God en *Vernüft* worden nauw op elkaar betrokken of vallen zelfs samen. Ontologisch uitgedrukt ziet Hegel de ontwikkeling van het denken afstevenen op een uiteindelijke, dynamische en dialectische identiteit van het zijn. Heering schrijft: 'Het zijn bij Hegel is de zich ontvouwende Idee, de rede is het zichzelf bewust wordende Zijn. H.J. Heering, *Inleiding tot de godsdienstwijsbegeerte*, 98-99.

> *subjectief als objectief. De geest is het proces waarin de subjectieve substantie zich als objectieve substantie verwerkelijkt.*[16]

In dit proces van zelfbewustwording werkt het verstand door middel van negatie. Allerhande aandoeningen en verlangens of wat ons aankleeft door natuurlijke en biografische gegevenheden – als uiterste geldt volgens Hegel angst en wel angst voor de dood – wordt door het verstand gepercipieerd als ‘niet ik’. Deze werking stelt het zelfbewustzijn in staat het ‘ik’ te verheffen tot de waarheid: ‘ik ben ik’. Deze verheffing maakt de mens tot redelijk wezen. In dit redelijk wezen treedt menselijkheid naar voor. Daarin verschijnt dan de werkelijkheid van de *Geist*. Hegel schetst deze dialectische beweging op meesterlijke wijze in de heer-knechtverhouding.

3. Heer en knecht

Met de heer-knechtverhouding wil Hegel de substantie als geest begrijpen. Dit begrip ontstaat in het zelfbewustzijn. Het gaat daarbij om een zelfbewustzijn dat inziet dat zijn substantialiteit niet tegenover de substantialiteit van de uiterlijke (natuurlijke) werkelijkheid staat.[17] Het zelfbewustzijn is daartoe in staat als het niet alleen een louter theoretische verhouding tot de natuur aanneemt, door een subjectief interpretatiekader op te stellen met als gevolg verlies van zelfstandigheid en dit zowel van natuur als van het zelf, maar praktisch het leven te beschouwen. Deze praktische beschouwing houdt een erkenning van de eigen zelfstandigheid van de natuur in, die in wezen afhankelijk is (gebonden aan vergankelijkheid) maar toch blijft bestaan, zij het niet als particuliere entiteit maar als soort. Alle leven is sterfelijk, de soort (hèt leven) blijft bestaan.[18] In deze praktische beschouwingswijze is het zelfbewustzijn dat zich als soort begrijpt *Geist* of zelfbewust geworden leven. Hegel spreekt in dit verband ook over een ‘in het leven verzonken zijn’. Maar hoe verhoudt zich dit zelfbewuste leven met het natuurlijke lichaam?

---

[16] P. Cobben, De heer-knechtverhouding. Hegels grondmodel voor de bemiddeling van het gemeenschapsdenken en het kritische subject, A. Leijen & A. Verbrugge (red.), *Hegel. Een inleiding*, 161.

[17] Ik leg de nadruk op het niveau van het zelfbewustzijn waarop de heer-knechtverhouding primair van toepassing is. Latere historisch-maatschappelijke implicaties, waarop ook Hegel zelf alludeert en door Marx zijn uitgewerkt, laat ik in dit artikel links liggen. Voor een uitgebreide analyse, waarin de auteur de heer-knechtverhouding schetst als ‘het meest elementaire model van de vrije samenleving’, zie Paul Cobben, De heer-knechtverhouding, Leijen & Verbrugge (red.), *Hegel. Een inleiding*, 158-185.

[18] Het gaat hier niet om het verdwijnen van of overgaan in andere soorten, maar om het beginsel van reproductie die elke soort typeert. Ook de vraag naar het uitsterven van het leven op aarde is niet relevant, omdat daarin elke vraagstelling verdwijnt.

De hierboven geschetste ontdubbeling van het zelfbewustzijn – we zien de vorm en weten inhoudelijk wat we zien – toont de ideële vorm als absoluut en de inhoud als een beweging van het organisme en dus tijdsgebonden. Dit zelfonderscheid is boventijdelijk, dit wil zeggen dat een zuiver zelfbewustzijn zich ervaart als vorm van het organisme of een 'in het leven verzonken zijn'. De eenheid van het zelfbewustzijn en het organisme wordt dan ervaren als de eenheid van de soort als soort. De heer-knechtverhouding illustreert vervolgens wat er gebeurt als de natuurlijke strijd op leven en dood, de organische worsteling van individueel zelfbehoud, het zelfbewustzijn bedreigt. Ter bescherming van de onmiddellijke doodsbedreiging en door het besef van een niet tijdsgebonden voortbestaan van de soort, roept men een boventijdelijke vorm in het leven: de onafhankelijke wet. Dit 'hogere' of absolute is naar inhoud steeds relatief, want niemand kan bepalen welke tijd-ruimtelijke inhoud ze moet krijgen. Van belang is echter dat volgens Hegel het handelen omwille van de wet de strijd op leven en dood vervangt. Dit is de weg van de *Geist* in de tijd. De representant van deze wet is de 'heer'. Het zelfbewustzijn dat zich als vorm van het organisme ervaart, onderwerpt zich aan de heer. Dit is de knechtgestalte van het zelfbewustzijn. Het is door deze dienstbaarheid of zelfonderwerping dat de overgang van natuur naar cultuur en recht wordt gemaakt. Dan begint de beweging opnieuw.

We zagen tot nu dat zelfkennis de eerste stap is om de liefde tot het weten te ontwikkelen tot werkelijk weten. Volgens Hegel loopt de weg van zelfkennis van het natuurlijke naar het redelijke bewustzijn. Het menselijke verschijnt als het wezen van de rede en toont alles wat is – het zijn – als een dynamiek van wording. Hegel vat dit samen in zijn gekende drieslag of dialectische verheffing: er is de werkelijkheid waarna, in het redelijk bewustzijn het wezen van de werkelijkheid naar voor treedt door uitsluitsel van wat het niet is en vervolgens tot zichzelf komt, zijnde de geest van de werkelijkheid of de werkelijke geest.

4. Vervreemding

Wat is nu deze *Geist*? Hegel stond op de schouders van de klassieke Griekse filosofen. Met name Aristoteles en zijn begrip van de werkelijkheid als wording, *entelecheia*, inspireerde Hegel om het wezen van deze wording te benoemen als *Geist*. Het wezen van de werkelijkheid is haar wording of veruitwendiging. Om kennis van deze *Geist* te bekomen, geldt in Hegels systeem dezelfde dialectiek als in het natuurlijke en redelijke bewustzijn. De geest, die voor het eerst verschijnt in het morele bewustzijn, veruitwendigt zich in de cultuur als vervreemding. Hoe?

Met 'vervreemding' doelt Hegel op het absolute dat in de cultuur onbevredigd blijft.[19] Dit is in de eerste plaats een morele ervaring of een ethische crisis. Wat houdt dit in? Het redelijke bewustzijn voedt ons met haar wezenlijke beweeglijkheid, zijnde het menselijke of de kennis van wat absoluut goed is. In de zedelijke wereld van wetten en instituten ervaren we echter het tegendeel. Het morele bewustzijn constateert dat de culturele instellingen die het goede en rechtvaardige veruitwendigen, het tegendeel bewerkstelligen. Politieke macht en rijkdom gelden er als hoogste waarden, waardoor jurisdictie helemaal niet beantwoordt aan de rechtvaardige status die ze claimt. Het besef dat rechtspraak niet altijd rechtvaardig is, is de vonk die de morele crisis van vervreemding aanvuurt. Het morele bewustzijn ervaart dan negatie in de constatering dat het voorgeschreven goede of rechtvaardige niet volkomen goed en rechtvaardig is. Deze vervreemding is het zuivere bewustzijn of het wezen, omdat het tot het bewustzijn spreekt en zegt: wees voor jezelf wat je in jezelf bent: redelijk.[20] Het gevolg is dat de geest zich niet één maar een verdubbelde wereld vormt. Hegel schrijft:

> *Dieser Geist bildet sich daher nicht nur eine Welt, sondern eine gedoppelte, getrennte und entgegengesetzte aus.* [21]

Het gevolg van de splitsing die zich door deze vervreemding voordoet, is dat het absolute of volkomen goede zich in de gedachte terugtrekt. We weten wat goed is en door de confrontatie met het tegengestelde in de veruitwendigde vervreemdende cultuur, verschijnt het wezen van de geest in het morele zelfbewustzijn. Het is op dit terrein – de verschijning van de absolute geest in het morele bewustzijn – dat Hegel de dialectiek van de religie werkzaam ziet. Anders dan zijn grote voorganger Kant en latere leerling Nietzsche, herleidt Hegel de religie niet tot morele voorschriften, hetzij als symbolische representatie van de algemeen geldende zedenwet,

---

[19] In de *Phänomenologie* besteedt Hegel ruimschoots aandacht aan *Der sich entfremdete Geist* die wij 'cultuur' (*Bildung*) heten. Hij beschrijft daarin dat de geest in zijn culturele veruitwendiging onbevredigd blijft, dit wil zeggen: niet langer bij zichzelf in de ander is. Hegel, *Phänomenolgie*, 359-390. Ludwig Heyde schrijft dat Hegel het historisch paradigma van een wereld van de zichzelf vervreemde geest ziet in het prerevolutionaire Europa van de 17[e] en 18[e] eeuw: *'It is a world that is socially divided and economically and politically marked by a great instability.* Ludwig Heyde, The unsatisfied Enlightenment, W. Desmond, E.O. Onnasch and P. Cruysberghs (ed.), *Philosophy and Religion in German Idealism* (Studies in German Idealism Vol. 3), 72-73.

[20] Hegel gebruikt in dit verband het gevleugelde woord (*Wahlspruch*) van Kant over de Verlichting, waarmee zijn essay *Was ist Aufklärung?* opent: *Sapere aude!* Durf te denken en bevrijd je van de onmondigheid die je aan jezelf hebt te danken door niet zelf te denken. I. Kant, *Kleine werken. Geschriften uit de periode 1784-1795* (ingeleid, vertaald en geannoteerd door Bernard Delfgauw en met een Ten Geleide van J.M.M. de Valk en J. De Visscher), Kampen/Kapellen, Pelckmans, 2000, 57.

[21] Hegel, *Phänomenologie*, 361.

hetzij als ressentiment die ontstaat door de onderdrukking van instincten en verlangens. Net als die van Luther is Hegels visie op religie – in de woorden van Emil Fackenheim – 'postmoreel'. Hegel ziet de rol en functie van religie in de bewustwording van de absolute geest als voorstelling. Dit wil geenszins zeggen dat Hegel het morele bewustzijn verwerpt. Ze speelt wel degelijk een rol in religie. Stephen Houlgate vat het mooi samen:

> *In Hegel's view, the postmoral Christian faith that we are the subjects of God's grace and forgiveness, whatever we do, itself presupposes that we first recognize moral obligations. In part, this is because only those who know that they should do well can feel forgiven for failing to do so.*[22]

Hoe kunnen we ons nu een postmoreel christendom als moderne religie voorstellen?

5. Religie

We begonnen deze tekst met Hegels visie op religie te kaderen in de Verlichting en de 19e eeuw. Het uitgangspunt dat een godsdienstfilosoof geen verhouding met het absolute of God moet hebben, omdat gelovig of niet-gelovig zijn geen rol speelt bij het onderzoek naar religieuze levenshoudingen, won steeds meer veld. Op dit terrein dacht Hegel anders. Hij veronderstelt uitdrukkelijk het bestaan van God in zijn godsdienstfilosofisch onderzoek omdat, volgens Hegel, 'religie een verhouding tot het absolute is en dit is alleen mogelijk wanneer het absolute zelf in die verhouding aanwezig is'.[23] In deze relationele aanwezigheid ziet Hegel een systematische positie en een historische ontwikkeling. Systematisch gaat het in de religie over wetenschappelijk weten of kennis van God. Hegel ziet dit begrip van religie zich historisch ontvouwen in de tijd – van natuurreligie tot de absolute religie van het christendom – in de ontwikkeling van de gestalten van het ware dat wij God noemen. De wetenschappelijke kennis van God is het terrein van de speculatieve filosofie, maar dit is niet voor iedereen weggelegd en richt zich op het erudiete of geleerde bewustzijn van zijn tijd.[24] De zich historisch ontwikkelende

---

[22] S. Houlgate, Religion, Morality and Forgiveness in Hegel's Philosophy, W. Desmond, E.O. Onnasch and P. Cruysberghs (ed.), *Philosophy and Religion in German Idealism* (Studies in German Idealism Vol. 3), 83.

[23] A. Leyen, *Hegel en de religie,* Leijen & Verbrugge (red.), *Hegel. Een inleiding*, 240.

[24] Laurence Dickey schrijft dat Hegel de speculatieve filosofie een integraal deel van het christendom wilde maken, *'so that it could participate in the "intelligent expansion" of the "contents" of "modern religiosity"*. Dickey plaats Hegel in dit verband in de lijn van Alexandrijnse Vaders en Origenes die filosofie als een instrument zagen om christelijke geloof (*pistis*) uit te breiden tot christelijke kennis

gestalten van het ware komt tot ons in een geloofstaal die voor iedereen in alle tijden te begrijpen is. In religie is het ware weten geloof, in filosofie heet het absoluut weten.

Hegel maakt dit onderscheid in de colleges over *Religionsphilosophie* die hij tussen 1821 en 1831 geeft en veel later werden gepubliceerd, eerst door Marheinecke (1907) die ze aanvulde met notities van studenten. Pas in 1966 verschenen de notities van Hegel zelf. In de *Phänomenologie* zijn beide benaderingen (nog) niet onderscheiden. Na een analyse van het zintuiglijke, redelijke en morele bewustzijn, beschrijft Hegel de werking van de geest. Hij concludeert dat het bewustzijn tot begrip van de geest komt als van zichzelf en wel als de verzoening met zijn eigen tegendeel. Met een theologische knipoog kunnen we deze gecompliceerde redenering samenvatten met 'de heer nam de gestalte van dienstknecht aan om waarlijk heer te worden.' Hij schrijft aan het einde van het hoofdstuk *Der Geist*:

> *Das versöhnende Ja, worin beide Ich von ihrem entgegengesetzten Dasein ablassen, ist das Dasein des zur Zweiheit ausgedehnten Ichs, das darin sich gleich bleibt und in seiner vollkommenen Entäußerung und Gegenteile die Gewißheit seiner selbst hat; - es ist der erscheinende Gott mitten unter ihnen, die sich als das reine Wissen wissen.*[25]

De religie heeft, als kennis van het ware en als gestalte ervan, zijn plaats in de werkelijkheid. Het gaat daarin om de ontwikkeling van de Idee of *Vorstellung*. In deze voorstelling van de religie is het begrip gegeven van wat in zichzelf het wezen is.[26]

In het hoofdstuk onmiddellijk volgend op *Der Geist* beschrijft Hegel de dialectische beweging van *Die Religion*, die in essentie veruitwendiging van het absolute wezen voorstelt. Hij doorloopt drie delen: de natuurlijke religie, de kunstreligie en de geopenbaarde religie. In de natuurreligies van het antieke Perzië, India en Egypte maakt men gebruik van de lichtsymboliek en ziet in de zon een veruitwendiging van het innerlijke licht van de geest. Het absolute wezen heeft hier

---

(*gnosis*). L. Dickey, Hegel on religion en philosophy, F.C. Beiser (ed.), *The Cambridge Compagnion to Hegel*, Cambridge 1993, 310.

[25] Hegel, *Phänomenologie*, 494.

[26] Voor Hegel is dit expliciet het geval in de christelijke openbaring, omdat daarin de eindigheid van de mens en de oneindigheid van God met elkaar worden verzoend. De voorstelling van de christelijke openbaring is absoluut omdat het eindig subject zich weet opgenomen in de goddelijke oneindigheid en daarin zichzelf wordt. Leijen schrijft dat 'in het christendom de Geest van God aanwezig is in het zelfbewustzijn, en het zelfbewustzijn zichzelf kent als moment van de Geest". A. Leyen, *Hegel en de religie* in Leijen & Verbrugge (red.), *Hegel. Een inleiding*, 256.

nog geen subjectieve gestalte. In de kunstreligie, die Hegel voornamelijk bij de Grieken herkent, krijgen de goden een menselijke gestalte. Met esthetische artefacten maakt de kunstenaar het absolute los van het natuurlijke en proclameert hij de macht van de geest over de materie. De bekwaamheid van de beeldhouwer/dichter maakt hem tot een bijzonder individu. Hier breekt volgens Herman van Erp de individuele vrijheid en subjectiviteit door, maar dit betekent tegelijk haar ondergang.[27] In de geopenbaarde religie wordt de geest geboren als zelfbewustzijn. In de gestalte van het zelfbewustzijn betreedt de geest het er-zijn (*Dasein*). Jezus is de religieuze voorstelling van dit eenvoudige zuivere begrip. Dit betekent dat de religie alleen tot begrip komt op het niveau van de voorstelling en nog niet het begrijpen van het begrip zelf inhoudt. Opnieuw Herman van Erp:

> *De heilsgeschiedenis is in wezen een uitdrukking van de identiteit van God via een proces, waarin de op zich zijnde geest uit zichzelf treedt en zich verbijzondert in het andere van zichzelf (achtereenvolgens de schepping, zondeval, menswording van God en geschiedenis van verlossing). Hierna verzoent hij zich met zichzelf in de gemeente. Pas op het niveau van het absolute weten wordt dit geheel daadwerkelijk begrepen als de in zichzelf ontvouwde en voltooide eenheid van de geest.*[28]

Het religieuze bewustzijn ziet dit geheel enkel als voorstelling. Het is dan ook zaak om van de voorstelling tot zelfbegrip komen. Volgens Hegel doet de religiekritiek in de Verlichting, op basis van het zuivere weten, de religieuze voorstelling af als willekeur. Maar dan gaat ook de inhoud verloren, men wierp het kind met het badwater weg. Openbaring is echter geen abstractie, maar verwerkelijking. De christelijke openbaring stelt deze verwerkelijking voor als verzoening van leven en dood. Het is de verwerkelijking van het eenvoudige als het wezen en niet van een voor-zich-zijn (*Fürsichsein*). De veruitwendiging behelst de negatie – gaat de dood in – waardoor het zelfbewustzijn zich met het absolute wezen verzoent. In deze beweging stelt het zich present als *Geist*. De zintuiglijkheid wordt teruggenomen en opgeheven tot algemene tegenwoordigheid. Hegel besluit:

---

[27] De ondergang van individuele vrijheid toont zich uit het feit dat de kunstreligie haar hoogtepunt bereikt wanneer de Griekse samenleving op het punt staat van zijn substantiële zijnswijze afscheid te moeten nemen. In de cultus rond het kunstwerk – expliciet in het epos of de tragedies – neemt het volk de gestalte aan van een zelfbewuste eenheid. In de krijger en de sportheld viert het volk niet zozeer de eigen individuele bijzonderheid, maar het algemene menselijke bestaan. H. van Erp, *Hegel*, Amsterdam/Leuven 2013, 88-90.

[28] H. van Erp, *Hegel*, Amsterdam/Leuven 2013, 92.

> *Dadurch ist das Wesen in ihr sich selbst geworden, das unmittelbare Dasein der Wirklichkeit hat aufgehört, ein ihm fremdes oder äußerliches zu sein, indem es aufgehobenes, allgemeines ist; dieser Tod ist daher sein Erstehen als Geist.*[29]

Met deze gedachte betreedt Hegel al het niveau van het absolute weten. Het zoeken naar elementen in Hegels *Phänomenologie* om de contouren van een moderne religie te beschrijven, is hiermee ten einde. Met het besef dat er nog veel onderzoek in dit markante boek moet gebeuren, waag ik mij aan enkele conclusies.

6. Conclusies

Anno 2015 is denken en spreken over God naar de marginaliteit verbannen. In het verlengde van de religiekritiek van de Verlichting gooit de Westerse seculiere cultuur de mogelijkheid om het absolute te kennen, samen met het religieuze badwater, weg. Daarbij komt dat het fundamentalisme, sinds het begin van de 19ᵉ eeuw, steeds meer aan terrein wint. Men misbruikt religies om de verkrampte pogingen te legitimeren waarmee men vooruitgang op basis van wetenschappelijke inzichten wil afremmen en – in het geval van radicalisten – met geweld wil terugdraaien. Een golf van nieuw-atheïsme voorin de 21ᵉ eeuw, met als woordvoerder R. Dawkins, hanteert dezelfde fundamentalistische methode om een pleidooi ter afschaffing van religie te onderbouwen. In dit dovenmensgesprek is het de opdracht van de theologie om gelovigen en ongelovigen – wat is (on)geloof? – te inspireren tot een vruchtbare dialoog, verdeeldheid te overwinnen en het bewustzijn te ontwikkelen, met het oog op een vrije en rechtvaardige samenleving voor iedereen. Ik licht daartoe enkele elementen uit Hegels denken over religie in de *Phänomenologie des Geistes* op.

Het is van primair belang dat de theologie zich realiseert dat, sinds de Verlichting, waarheid en zekerheid het resultaat zijn van een beweging die het bewustzijn doormaakt. Deze dynamiek of dialectische beweging toont een ontdubbeling van het bewustzijn in een moreel besef en de negatie ervan in de door de rede gestructureerde culturele instituties. Het resultaat is de opheffing van beide tot waarheid en zekerheid. Dit is het bewustzijn dat tot zichzelf komt in de erkenning van het absolute wezen van de werkelijkheid. Als de theologie in deze moderne seculiere tijden over God spreekt, doet ze er goed aan duidelijk te maken dat ze het heeft over een voorstelling van het absolute heeft, zijnde louter geest. Dit

---

[29] Hegel, *Phänomenologie*, 566.

maakt een moderne religie compatibel met wetenschappelijke verlichting en kan ze deze laatste zelfs voorgaan in de erkenning van de noodzaak aan zelfkritiek en het herkennen van vervreemdende normeringen van buitenaf. Een moderne religie doorbreekt de mantra van vooruitgang op louter economische gronden – met inbegrip van de institutionalisering van ongelijkheid – door zichzelf op te heffen tot het wezen van we ze is: verbondenheid in geest.

Dit betekent concreet dat God zich openbaart aan het bewustzijn. Deze openbaring wordt bemiddeld door de Schrift en niet omgekeerd. Bijbel en Koran zijn geen openbaring, maar zijn instrumenten waarmee het absolute in het bewustzijn verschijnt. Integrisme, zowel religieus als seculier, verzet zich tegen de dynamiek van bewustwording en vervreemdt zodoende de mens van zichzelf. In de christelijke theologie blijkt het evangelicalisme – dat een sacralisering van de letter 'van kaft tot kaft' voorstaat – eerder een uitdrukking te zijn van egocentrisch modernisme dan van religieuze bewustwording. Moderne theologie is de wetenschap van de openbaring en ontvouwing van de geest van de letter.

Johan Temmerman

Verbeelding van archè en eschaton: Een inleidende verkenning van beeld-denken in mythologie en Bijbel

Het uitgangspunt is de volgende constatering: het doel (*telos*) van individu en geschiedenis is sinds het laatste grote filosofische project van Hegel[1] gaandeweg afgebrokkeld en, mede door toedoen van een aantal rake mokerslagen van Nietzsche, sinds de Tweede Wereldoorlog zo goed als verdwenen. We ervaren het leven als wording zonder bestemming, behoudens de wording zelf. Ook de geschiedenis is een wentelgang in het grote niets. De bovenbouw (metafysica), die de westerse cultuur eeuwenlang zin heeft gegeven, is weggevallen. De christelijke pelgrim is een doelloze zwerver geworden. Deze constatering richt onze blik op het beeld van de *homo viator*, de onderweg zijnde mens.

De complicaties van deze verschuiving werden treffend verwoord door de Duitse romanschrijver Hermann Hesse (1877-1962). In zijn parabel *Die Morgenlandfahrt* (1927)[2] beschrijft hij het wedervaren van een pelgrim die samen met anderen op weg gaat. Ze gaan, in de richting die het kompas van de verbeelding aanwijst, op zoek naar de eeuwigheid:

> *Ons morgenland was immers niet slechts een land of een geografisch gegeven, het was het vaderland en de jeugd van de ziel, het was het Overal en Nergens, de versmelting van alle tijden.*[3]

De groep pelgrims trekt door mythische tijden en streken en ontmoet gestalten die ontspruiten aan de verbeeldingskracht. Maar dan verdwijnt Leo, de man die als dienaar van de pelgrims fungeert. Hij heeft de statuten, die van de groep pelgrims een Broederschap maakt, met zich meegenomen. Er ontstaat grote twijfel en onenigheid:

---

[1] Zie voor een uitvoerige analyse en interpretatie van Hegels visie op religie in de *Phänomenologie des Geistes* het artikel *Het verschijnen van de Geist in het bewustzijn* in deze bundel.

[2] Hesse, H., *Reis naar het morgenland* (vertaling M. en L. Coutinho), Amsterdam, De bezige Bij, 2007.

[3] Hesse, H., *Reis naar het morgenland*, 23.

> *Die twijfel is ontstaan tijdens het zoeken naar Leo in het dal van Morbio. Die twijfel stelt niet alleen de vraag: is je geschiedenis eigenlijk te vertellen? Hij stelt bovendien nog de vraag: was ze eigenlijk te beleven.*[4]

Door het verdwijnen van de statuten van de Broederschap – het zingevend fundament van de hele onderneming – valt de gemeenschap uit elkaar. De ik-persoon, het individu, komt alleen te staan. Deze eenzaamheid confronteert de pelgrim met de afgrond van scepsis, terwijl vertwijfeling hem als een zengend moeras opslorpt. De pelgrim die zijn doel kwijt is zwerft doelloos rond, op de vlucht voor de eenzaamheid die hij met zich meedraagt. Hij ziet dat de pelgrimstocht niets meer is dan een dappere poging om het leven zin te geven. Als hij enige tijd later – de tocht is al lang gestaakt en de Broederschap is een vage herinnering – Leo opnieuw ontmoet, herkent deze laatste hem niet. De ik-persoon begrijpt dat alle zin voorgoed verdwenen is en valt in een diepe wanhoop:

> *Alsof ik als een verdwaalde pelgrim was aangeland op de buitenste rand van de wereld en mij nu niets anders meer te doen stond dan toe te geven aan het laatste verlangen: je van de rand van de wereld in het niets te laten vallen, de dood in.*[5]

Tot 'ik' uiteindelijk bij de leiders van de Broederschap, de zogenaamde 'Hoge Stoel', wordt ontboden. Deze confronteren hem met zichzelf. Omdat hij zichzelf veroordeelt – niets heeft zin in dit leven – wordt hij vrijgesproken. De uitspraak komt uit de mond van Leo, de verdwenen dienaar. 'Ik' leert begrijpen wat hem vrijspraak bezorgde: een verschuiving van verheven idealisme en vaste overtuiging (de pelgrim) naar meesterlijke dienstbaarheid en kinderlijke speelsheid (de zwerver). De figuur van Leo is het alter-ego van de pelgrim. Tijdens zijn reis naar het morgenland bereikt 'ik' evenwicht:

> *Leo. Hij moet wassen, ik moet minder worden.*[6]

---

[4] Hesse, H., *Reis naar het morgenland*, 39.
[5] Hesse, H., *Reis naar het morgenland*, 59.
[6] Hesse, H., *Reis naar het morgenland*, 89.

Dan gaat 'ik' opnieuw op weg om een plaats te zoeken waar hij zijn hoofd kan neerleggen om te rusten.

Deze parabel illustreert de dialectische eenheid van de tegendelen en gebruikt het beeld van de *homo viator* om de samenhang van bestemming en doelloosheid voor te stellen. In dit artikel onderzoeken we het beeld-denken waaraan de *homo viator* ontspruit.

1. De redelijke grondslag van de werkelijkheid

Het samenvallen van de tegendelen is een concept dat door de Griekse oorspronkelijke filosoof Heraclitus werd geijkt.[7] Heraclitus vertrouwt op de rede, zowel wat betreft kennisleer als ethiek. Verantwoord handelen is volgens hem slechts mogelijk als gevolg van een redelijk inzicht in het geheel der dingen. Dit inzicht is de uitdrukking van een alles doordringende en bestierende rationele grondstructuur: de zogenoemde eenheid der tegendelen.[8] Inzicht is een ervaring van deze grondstructuur, die zich overigens op de meest uiteenlopende manieren manifesteert. Heraclitus noemt dit 'de god'.[9]

We mogen niet in de verleiding komen deze aanduiding te verbinden met het Joodse godsbegrip dat we uit de Bijbel kennen. Het inzicht of de leer van Heraclitus (hij gebruikt het Griekse woordje *logos*) moge dan de rationele grondstructuur van de werkelijkheid zijn, het is geen grootheid met een wil, belofte of bestemming, maar een lukrake dynamiek, vergelijkbaar met een stroom. De ervaring dat 'alles stroomt' (*panta rhei*) of het inzicht van 'stroming' is eeuwigheid. De enige bestemming is de actualiteit van deze ervaring.

---

[7] Heraclitus leefde en werkte rond 500 v. Chr. in Efeze (in Jonië, de westkust van het huidige Turkije). Uit de weinige fragmenten die van zijn hand zijn bewaard, blijkt dat Heraclitus zocht naar een overkoepelende synthese van de verschillende gebieden van kennis. Net als zijn tijdgenoten de pythagoreeërs, Xenophanes en Parmenides, zocht hij een antropologische (ethische) aanvulling op de heersende mythologische kosmogonie. Ik duid deze 'eerste' denkers aan met de term 'oorspronkelijke filosofen', omdat zij zich allen bezig hielden met het zoeken naar de oorsprong (*archè*) te verklaring van de werkelijkheid. De term 'natuurfilosofen' is niet afdoende, gezien ze nadachten over meer dan de natuur alleen. 'Presocratici' is nog minder accuraat, alsof ze enkel met iemand die na hen kwam kunnen worden gekenmerkt. Zie voor een heldere en bondige schets van Heraclutis' denken en situering de inleiding van J. Mansfeld in: *Aldus sprak Heraclitus. De Fragmenten* (bezorgd, vertaald en toegelicht door J. Mansfeld), Groningen, 2006, 9-24.

[8] "Er is slechts één wijsheid: op voet van vertrouwdheid te staan met het inzicht, dat overal alles bestiert" (fragment 41).

[9] "De god: dag nacht, zomer winter, oorlog vrede, verzadiging honger – alle tegendelen, dat is de bedoeling – en hij neemt andere gestalten aan: zoals [vuur], wanneer het zich met reukstoffen verbindt, zijn naam ontleent aan het aroma van ieder daarvan" (fragment 44)

> *Het eeuwige leven is een kind: spelend als een kind, schakend [als een kind]; het koningschap is als een kind. Van wat lukraak is verstroomd [of: is uitgestort casu quo opgehoopt] is volgens Heraclitus de ordening het schoonst.*[10]

De eenheid van de tegendelen verklaart de steeds weerkerende gang van de natuur (dag/nacht, zomer/winter, heet/droog, koud/nat), het is er tevens de oorsprong van en heeft zichzelf tot doel.

In de eeuwen voorafgaand aan de oorspronkelijke filosofen is er in Griekenland sprake van mythe en cultus. De oudste Griekse literatuur staat op naam van Homerus (*Homēros* is een equivalent van 'anoniem'), waarvan twee epische dichtwerken zijn overgeleverd: de *Ilias* en de *Odyssee.* Het ontstaan van deze werken, waaraan mogelijk meerdere schrijvers hun pen leenden, moet tussen 750 en 650 v. Chr. zijn geweest.[11] De twee verhalende gedichten vertellen over heldenmoed en rechtvaardigheid. De *Ilias* heeft het einde van de tienjarige oorlog tussen Grieken en Trojanen als decor. De *Odyssee* sluit daarbij aan met het verhaal over de omzwervingen en thuiskomst van een oorlogsheld. Het opmerkelijke in deze literatuur is dat de goden op een eigengereide manier, vol jaloersheid en willekeur, te werk gaan en het lot van mensen bepalen. De helden zelf komen nooit tot overleg, laat staan overeenkomst. De oorspronkelijke filosofen argumenteerden dat, indien de mensen tot redelijke samenspraak met elkaar zouden komen, de (bepalingen van de) goden zouden verdwijnen als sneeuw voor de zon. Pas dan kan de *polis* rechtvaardig worden ingericht.[12]

Dezelfde rationele kritiek vallen de natuurgoden van de mysterieculten te beurt. Sinds de 7e eeuw v. Chr. – de discussie over de datering van de mysteriegodsdiensten is in volle gang, waarbij oudere datering wordt weersproken door jongere (Hellenistische) – voltrok men rituelen, waarbij de seizoenwisselingen op basis van mythen werden geduid. De meest gekende culten zijn deze van Eleusis en Dionysus/Bachus. Eleusis was een dorp niet ver van Athene. Na de oogst trok men in processie naar Eleusis, waar in een grote hal het mysteriespel van Demeter (de god van het graan) en haar dochter Persephone of Korè werd opgevoerd. De dochter

---

[10] Fragmenten 122 en 123.

[11] M.I.Finley, *De wereld van Odysseus* (vertaald door Lydia Belinfante), Utrecht/Antwerpen, 1960, Prisma, 10.

[12] "Heraclitus duidt het de dichter [:Homerus] euvel, dat hij schreef: 'Moge tweedracht onder de goden en mensen geheel verdwijnen' (fragment 12). Tweedracht is volgens Heraclitus juist onontbeerlijk voor het voortbestaan van de dingen: "Men hoort te weten dat echte oorlog iets universeels is en recht tweedracht, en dat alles in tweedracht en noodzakelijkheid tot stand komt" (fragment 50). Oorlog of tweedracht zijn de tegendelen-in-eenheid. De organisatie van de *polis* en andere ethische overwegingen moet met dit inzicht rekening te houden.

werd door Hades naar de onderwereld ontvoerd, maar Demeter haar redt. Deze jaarlijkse samenkomst cirkelde rond twee mysteriën: vruchtbaarheid (de verborgen kracht van het graan) en de dood (wat er in de onderwereld gebeurt). Dionysus of Bachus was de god van de roes en extase. De feesten duurden een week en draaiden op rituele wijze de gangbare orde om. De mysterieculten in het oude Griekenland waren initiatierituelen van vrijwillig, persoonlijk en geheim karakter met het oog op de verandering van de geest door ervaring van het inzicht in het groter geheel.[13] Het is juist tegen de inhoud van het in de mysteriën geboden 'groter geheel' (Burkert spreekt van *the sacred*) dat Heraclitus van leer trekt:

> *Tot wie richt Heraclitus van Ephesus zijn profetie? Tot 's nachts in vervoering ronddolenden, magiërs, bacchanten, maenaden, mysten. Deze zijn het die hij dreigt met wat na de dood komt, aan deze profeteert hij het vuur. Want onder de mensen in zwang zijnde mysteriën worden op onheilige wijze gecelebreerd.*[14]

Voor het redelijke inzicht heb je alleen je verstand nodig, aldus Heraclitus. Burkert merkt op dat het ontstaan van de mysterieculten gelijktijdig – hij hanteert geen oude datering - met de ontdekking van het individu en de constituerende rede plaatsvindt. In de 6ᵉ eeuw v.Chr. verandert het wereldbeeld en komt de mens centraal te staan. De kritiek van Heraclitus treft vooral het perspectief dat aan de geïnitieerde wordt geboden: een voorkeursbehandeling in het hiernamaals (Hades). Dit is de 'onheilige wijze van celebreren' en blijkt voornamelijk voor de Eleusisrite te gelden.

> *Als het niet Dionysus was ter ere van wie zij hun processie hielden en het lied op de schaamdelen zongen, zou wat bedreven is het meest schaamteloze zijn. Dionysus, ter ere van wie zij hun verstand opzij zetten en het feest der bezetenheid vieren, is immers dezelfde als Hades.*[15]

---

[13] W. Burkert, *Ancient Mysterie Cults*, Cambridge/London, Harvard University Press, 1987, 10-11.
[14] Fragment 21.
[15] Fragment 22.

De aanhangers van Dionysus betuigen, zonder het zelf te weten, respect aan de eenheid der tegendelen, want ze vieren het leven (Dionysus) en tegelijk de dood (Hades).

De natuur en het nadenken over haar wetmatigheid bracht in Griekenland de voorstelling van een altijd stromende rationele grondstructuur van het bestaan voort. De mens die er kennis van krijgt en op voet van vertrouwdheid mee leeft, is tot bestemming gekomen. De goden worden gaandeweg weggeredeneerd want de redelijke mens heeft zijn leven in eigen handen. De mens in het oude Griekenland is een zwerver met een doel. Odysseus zwerft over de zeeën, maar is eigenlijk op weg naar huis. De aanhangers van Dionysus zwerven door bossen en velden, met het oog op een inzichtelijke ervaring. Met hun rationele revolutie nodigen oorspronkelijke filosofen de mens uit om, in plaats van te dwalen als een slaapwandelaar, wakker te worden en tot inzicht te komen. De Griekse *homo viator* is pelgrim en zwerver.

2. Verbeelding van oorsprong

De mysteriegodsdiensten hechtten volgens Burkert geen dogmatisch geloof aan het overwinnen van de dood. Er was tevens geen sprake van een devaluatie van het aardse leven ten voordele van het bestaan in het hiernamaals.[16] Er werden geen beloften uitgesproken en als er tijdens de rituelen allusie werd gemaakt op voordelen, dan betrof het een verandering van sociaal-maatschappelijke status die mogelijk werd dankzij het aangereikte inzicht. De aberraties die bijvoorbeeld Heraclitus signaleert – 'de onheilige wijze van celebreren' – kon evengoed slaan op mensen die uit ambitie grote sommen doneren aan het heiligdom om zich maatschappelijk beter te positioneren. Het leven na de dood was echter nooit een centraal thema. Over de oorsprong van het leven werden wel dichtwerken gemaakt.

In *Theogonia* beschrijft Hesiodus[17] dat de aarde (*Gaia*) ontstond uit chaos en meteen de hemel (*Oeranos*) voortbracht, maar ook bergen, zeeën en nimfen. Daaruit kwamen titanen, cyclopen en reuzen voort, zeer tot ergernis van de hemel die hen verstopte in de schoot van de aarde. Aarde werd woedend en beval haar

---

[16] W. Burkert, *Ancient Mysterie Cults*, 30-65.

[17] Hesiodus leefde tussen 750 en 650 v. Chr. op het vaste land van Griekenland, nadat hij met zijn vader en broer Perses vanuit Cyme in Aeolis (huidig Turkije) was geëmigreerd naar Askra. Hesiodus was een herder. Hij schreef twee grote dichtwerken: *Theogonia* en *Werken en dagen*. In het eerste werk ordent hij de Olympische godenwereld en vertelt over het ontstaan ervan, in het tweede overgeleverd werk van zijn hand wijst hij zijn broer terecht omdat deze zich een onbehoorlijk groot deel van de erfenis toe-eigende na de dood van hun vader. A.R. Burn, *The World of Hesiod: A Study of the Greek Middle Ages, c. 900-700 B.C.*, New York, Benjamin, Ayer Co Pub, 1966, 23-25.

kroost de 'kwaadaardige vader' te straffen. Ze reikte hen daartoe een snoeimes. Kronos was gehoorzaam en castreert zijn vader als deze moeder aarde dronken penetreert. Kronos werpt vervolgens de afgehouwen penis van zijn vader in zee. Zo ontstaat Aphrodite. Kronos huwt dan zijn zuster Rhea. Ze baart vijf kinderen, maar Kronos, gedreven door de angst dat zijn kinderen hetzelfde met hem zullen doen zoals hij met zijn vader deed, slikt de kinderen onmiddellijk na de geboorte in. Bij de zesde zoon is Rhea verstandig. Ze geeft de kleine Zeus aan grootmoeder Gaia en stopt haar man Kronos een steen in de mond om door te slikken. Zeus voert daarop zijn vader dronken, geeft hem vervolgens een braakmiddel zodat de vijf broers en de steen tevoorschijn komen. Volgens Hediodus is de steen te bezichtigen in Delphi, op de plaats waar het orakel zetelt. Zeus loot met zijn broers Poseidon en Hades voor de heerschappij over hemel, zee en onderwereld. Daarop verbant hij zijn vader Kronos naar het rijk van Hades. Grootmoeder aarde brengt mensen voort die leefden als goden. Van dit 'gouden geslacht' is de mensheid afgegleden naar een tijdperk vol ellende en onrecht. Dit is de tijd waarin we leven. Het 'gouden geslacht' leeft verder als beschermende *daimones*.

Heraclitus verwijst naar Hesiodus om te stellen dat veel geleerdheid nog geen begrip oplevert.[18] De redelijke grondslag van de werkelijkheid is de hefboom waarmee Heraclitus zich boven alle anderen verheft.

> *Leermeester der meesten is Hesiodus; van hem zijn ze overtuigd dat hij het meeste weet, terwijl hij nota bene dag en nacht niet eens kent: die zijn immers één.*[19]

Deze houding oogstte al in de oudheid kritiek. Diogenes Laërtius, die aan het einde van de 2e eeuw n. Chr. een boek schrijft over het leven en de leerstellingen van de voornaamste Griekse filosofen, noemt Heraclitus "de hoogmoedigste van alle mensen die op alles en iedereen neerkeek". Hij verwijt hem ook inconsequentie, want dezelfde Heraclitus beweert dat hoogmoed moet geblust worden, "meer dan een brand".[20] Heraclitus ging voorbij aan het feit dat religie en mythe voorzagen in meer behoeften dan alleen weetgierigheid. De godenmythologie werpt ook licht op gevoelsmatige, relationele en morele kwesties. De vraag of de wetenschappelijke attitude, die alles herleidt tot een redelijke grondslag, niet met een zekere

---

[18] "Veel geleerdheid [alleen] leert nog niet begrip te hebben: anders had zij dat wel aan Hesiodus bijgebracht en aan Pythagoras, en verder aan Xenophanes en Hecataeus" (fragment 15).

[19] Fragment 16.

[20] Diogenes Laërtius, *Leven en leer van beroemde filosofen* (vertaald, ingeleid en van aantekeningen voorzien door Dr. Rein Ferwerda), Budel, Damon, 2008, 363.

verschraling gepaard gaat, werd al van bij de aanvang ervan gesteld. De mythe heeft een praktisch belang en beschrijft tendensen die nog steeds het gedrag van mensen en de structuur van de samenleving bepalen.[21] Wat in de oorsprongsmythe wordt verteld, is nog steeds werkzaam en ervaarbaar. De Griekse mythologie en oorspronkelijke filosofie liggen wel degelijk in elkaars verlengde. De rode draad is de verbeelding van een doorgaande dynamiek of 'stroming' die de werkelijkheid tot werkelijkheid maakt. De mens is een in duisternis vertoevende ziel die, eens hij de grot verlaat en in het licht van inzicht treedt, zich bevrijdt weet van de aardse ketenen die hem binden. Met de grotvergelijking in *Politeia* vat Plato het Griekse mens- en wereldbeeld treffend samen.[22] In de wereld geworpen zwerft de mens tot hij inzicht bekomt en beseft dat zijn zwerftocht een pelgrimstocht was.

Of Plato was beïnvloed door andere tradities dan de Griekse, is een onderwerp van voortdurend onderzoek. Men spreekt van Egyptische, Sumerische, Babylonische en Perzische invloeden. Een feit is dat in het vruchtbare Tweestromenland tussen Tigris en Eufraat reeds heel vroeg oorsprongsmythen ontstonden. Men vond spijkerschrifttabletten die dateren uit de 12^e^ eeuw v. Chr. Het Babylonische scheppingsverhaal, genoemd naar de eerste twee woorden *enuma elisj* ('toen daarboven'), werd uit verschillende tekstvondsten samengesteld.[23] Elke streek en stad had een eigen versie. Sommigen weken behoorlijk van elkaar af. De Sumerische oorsprongsmythen zijn de oudste. Allen beginnen met een soort oer-oceaan. Wateren mengen zich en uit het water rijst een reusachtige kosmische berg, met als top de hemel (*An*) en als basis de aarde (*Ki*). Top en basis waren echter in innige liefde verstrengeld, waardoor *Enlil* voortkwam, dit is de god van de wind. . De beide geliefden *An* en *Ki* bleven met elkaar verenigd waardoor *Enlil* zich buiten gesloten voelde en amper ruimte had om vrij te kunnen ademen. Daarom scheidde de wind hemel en aarde. Zo kon in de hemel de godengeslachten en op aarde mensen en dieren ontstaan.

De Egyptische oorsprongsmythen kenden een gelijkaardige ontwikkeling. Langs de Nijl ontstonden de voornaamste tradities in de vier grote steden Heliopolis, Hermopolis, Memphis en Thebe. In tegenstelling tot de Babyloniërs hebben

---

[21] R.A. Segal, *The Myth and Ritual Theory. An Anthology*, Oxford, Blackwell,1998, 18-34. Segal stelt met zijn comparatieve methode de mythe voor als 'poly-paradigma', dat oorsprong en belang van rituelen verklaart. Het ritueel reikt, door middel van initiatie, een cyclische interpretatie van het leven aan, waarbij de mens steeds op eenzelfde punt terugkeert maar op een inzichtelijker niveau. Volgens Segal duidt deze antropologische benadering nog steeds het belang van mythe en ritueel vandaag aan.

[22] Plato, *Constitutie. Politeia* (vertaald door G. Koolschijn), Amsterdam, Athenaeum – Polak & Van Gennep, 1995, 170-173.

[23] S. Schepel, *Enuma elisj. Het Babylonische scheppingsverhaal*, Deventer, Ankh-Hermes, 2002. De Babyloniërs slaagden erin de vele verhalen en mythen te codificeren tot een officiële versie. Deze eenheidsversie, de *Enuma Elisj*, bevat elementen uit verschillende Sumerische tradities.

Egyptenaren nooit een overkoepelende eenheidsmythe ontwikkeld. In Heliopolis ontstaat alles uit het oerwater *Nun* dat, alleen zijnde, plots de zonnegod (*Atum-Re*) ziet verschijnen. Ook deze is eenzaam – *Nun* weerkaatst alleen maar het licht – en maakt uit het zaad van verlangen lucht- en warmtegoden. Ondanks de grote verschillen zijn alle Egyptische oorsprongsmythen gepreoccupeerd met de zon en de jaarlijkse Nijloverstroming. Gelijklopend met de Griekse en Sumerische ontstaansmythen zoeken de verhalen naar een verklaring van de werkelijkheid op aarde en de onbegrijpelijke kosmos erboven. Het ontstaan leert de altijd doorgaande dynamiek. In tegenstelling met de Grieken ontwikkelt men in Egypte geen historische of topografische verklaringen, noch heldenfiguren.[24]

Alle oorsprongsmythen wijzen naar een 'eerste keer' die zich steeds herhaalt. Het begin markeert een zich onophoudelijk vernieuwende cyclus, waaraan de mens deelachtig is. Maar de mens zelf blijft helemaal buiten het grote begin. Nergens treffen we de uitdrukking van de gedachte dat de mens de kroon is van de schepping en de aarde (in bruikleen) ontvangt. De vondst van de oudste literaire tekst ter wereld slaat de brug tussen de antieke oorsprongsmythen en het Bijbelse scheppingsverhaal.

3. Gilgamesj' zoektocht naar onsterfelijkheid

Het Gilgamesj Epos wordt gedateerd in de 12^e^ eeuw v. Chr. Een twaalfde en laatste tablet – de tekst is overgeleverd in Akkadisch spijkerschrift – werd toegevoegd in de 7^e^ eeuw v. Chr. De meeste tabletten zijn teruggevonden in de bibliotheek van Assoerbanipal te Ninive, toen men midden 19^e^ eeuw opgravingen in Mesopotamië uitvoerde. Koning Assoerbanipal was heerser van het Assyrische Rijk tussen 668 en 627 v. Chr. In de jaren 60 van de 19^e^ eeuw werd het spijkerschrift ontcijferd. Het elfde tablet vertelt over Gilgamesj die het water des doods oversteekt. De tekst veroorzaakte commotie door de treffende parallellen met het verhaal van Noah en de ark in de Bijbel. Het kon toch niet zijn dat de Heilige Schrift gebeurtenissen ontleende uit heidense culturen? Maar tijden veranderen, waardoor we zonder schokkend effect kunnen stellen dat deze en andere passages uit de Bijbel geïnspireerd zijn op mythen en legenden van omringende volken van het Bijbelse

---

[24] M. Reynders, *Onder het oog van de zonnegod. 3000 jaar Oud-Egyptische beschaving*, Leuven, Davidsfonds, 2005, 43-54. Volgens Reynders "verklaren Egyptische mythen het heden maar spelen zich af in het verleden, in een oertijd. Wat zij over het verleden vertellen is altijd bedoeld als een verklaring van het heden. Omdat ze de permanente modellen vertegenwoordigen van een eeuwig geldende toestand, hebben ze begin noch einde. Ze gebeuren overal en nergens."

Israël. Daarbij komt dat we nu een vrijwel compleet beeld van het Gilgamesj-epos voorhanden hebben.[25]

Gilgamesj (zijn naam betekent 'de oude man is een jonge man') was de zoon van de godin *Ninsun* en Lugalbanda, de koning van Uruk. Het epos stelt hem als volgt voor:

> *Geen koning kan met hem vergeleken worden. Geen die als Gilgmesj kan zeggen: 'Ik ben koning.' Sinds de dag van zijn geboorte is zijn naam bekend. Twee derde aan hem is goddelijk, een derde menselijk.*[26]

Het is dat derde menselijke gedeelte dat hem parten speelt, omdat hij sterfelijkheid van zijn vader erfde. Ondanks de kracht en wijsheid die hij van zijn moeder kreeg, heerst Gilgamesj over zijn onderdanen als een tiran. Het volk klaagt en de goden beslissen om een mens te maken die in alle opzichten aan de wrede koning gelijk is. Enkidu, de wilde, die met de kudde op de steppe meetrekt, wordt uit klei geboetseerd. Een jager uit Uruk treft hem bij de drinkende kudde en bericht de koning van diens verschijning. Gilgamesj geeft opdracht om Enkidu binnen de muren van de stad te lokken. Met behulp van een tempelhoer wordt Enkidu meegetroond naar Uruk. De beide protagonisten meten zich tijdens een geweldig gevecht en herkennen uiteindelijk elkaar als gelijken. Vervolgens beleven ze samen een aantal avonturen en veroveren de bewoonde wereld. Ze wanen zich uiteindelijk oppermachtig. Zoals in de Griekse mythen wordt ook in het epos hoogmoed afgestraft. De dramatische wending treedt in als Enkidu ziek wordt en sterft. Ontroostbaar weigert de koning eerst zijn vriend te begraven tot de wormen uit zijn neus kruipen en Gilgamesj zich moet schikken in zijn eenzaam lot. Hij besluit om de oude verre voorvader Utnapisjtim te raadplegen, want van hem wordt verteld dat hij de grote vloed heeft overwonnen. Gilgamesj wil van deze Babylonische Noah het geheim van leven en dood vernemen. Hij steekt de zee des doods over op een vlot dat hij met een dak voorziet omdat het doodswater ook uit als regen uit de lucht valt. Gilgamesj raakt aan de overkant waar hij verneemt en ervaart – hij moet zeven dagen en nachten wakker blijven hetgeen hem, vermoeid als hij is, niet lukt – dat het hem niet toekomt kennis van de dood op te doen. Omdat hij niet onverricht ter zake naar zijn stad zou moeten weerkeren, laat Gilgamesj zich op aanraden van Utnapisjtim naar de bodem van de zee zakken en plukt er de plant die hem opnieuw jeugdig kan maken. Maar op de terugweg, als hij een rustpauze inlast bij een

[25] Zie voor een recente vertaling met uitvoerige inleiding: *Het Gilgamesj-epos* (vertaald, ingeleid en van aantekeningen voorzien door Theo de Feyter), Amsterdam, Bulaaq, 2008 (vierde druk).

[26] Eerste tablet 46-49.

meertje, steelt een slang de plant, slikt ze meteen door en verandert van huid. Met lege handen keert Gilgamesj terug. De mens blijft in zijn zoektocht naar onsterfelijkheid gefrustreerd achter. Een twaalfde en later toegevoegd tablet verlegt de focus van het epos van zoeken naar onsterfelijkheid naar wat de mens te wachten staat in de andere wereld na de dood. Enkidu licht Gilgamesj tijdens een droomvisioen in en vertelt over het ijdel streven van de mens die slechts "vol stof is, zoals een kier in de vloer". Wijsheid is aanvaarding van de dood die bij het leven hoort.

Moderne exegeten van het epos onderstrepen de ideologische functie van het geschrift, dat ze interpreteren als een Bildungsmythe over het opgroeien tot een volwaardig mens.[27] Meer cultuurhistorisch geduid kan men het epos lezen als het gevolg van de overgang naar stedelijke beschavingen, waaraan de zogenaamde neolithische revolutie ten grondslag ligt (de overgang van jagen en verzamelen naar landbouw). Belangrijk voor ons onderwerp is de wijziging in oriëntering van het levensbesef. De nomadische mens die tijdelijk op aarde onderworpen is aan de grote natuurlijke cyclus, blijkt in zijn 'beschaafde' sedentaire gestalte een lineaire opwaarts gerichte tendens te ontwikkelen, zij het bij Gilgamesj nog als gefnuikt verlangen naar onsterfelijkheid. Rizutto ziet in het epos de eerste tekenen van de overgang van horizontale naar verticale eschatologie.[28] Dit prille verticale streven van Gilgamesj markeert tevens het begin van differentiëring van verlangen, zoals blijkt uit het later toegevoegde slot (twaalfde tablet): verlangen naar (het geheim van) onsterfelijkheid wordt verlangen om de dood te aanvaarden. Tevens blijkt de verjongende plant de onrust te verdrijven. Het is in deze passage dat Gilgamesj zijn naam, als levensprogramma, spelt:

> *Deze plant is een middel tegen onrust. Door haar komt een mens weer op krachten. Ik zal haar naar Uruk van de schaapskooien brengen. Ik zal haar aan de oude mensen te eten geven en zo de plant uitproberen. Haar naam zal zijn: 'de oude man wordt weer jong!' Ik zal er zelf van eten en weer terugkeren naar mijn jeugd.*[29]

---

[27] H.Vanstipthout, *Het epos van Gilgames*, Nijmegen, Sun, 2001, 30-34.

[28] G. Rizutto, *De reis van Gilgamesj. Over dood en eschatologische verbeelding*, Brussel, ASP, 2011, 163-188. De verandering van eschatologische oriëntering van neerwaarts naar opwaarts is, volgens Rizutto, bij de Griekse mysteriegodsdiensten volkomen. Daarin komt tot uiting dat in de mens (de ingewijde) een geestelijk element aanwezig is dat door het ritueel wordt gewekt. Dit element is de voorfase van de onsterfelijke ziel die in het sterfelijke lichaam gevangen is (Plato).

[29] Elfde tablet, 315-321.

Gilgamesj' queeste om het geheim van leven en dood te ontdekken, gaat over in verlangen om dit leven te blijven leven en eindigt met aanvaarding van de dood. Tegen deze achtergrond kunnen we ons tot de Bijbelse verbeelding wenden.

4. Beeld-denken en het Woord

Het profetisme, dat tussen de 8e en 6e eeuw v. Chr. in het Joodse volk ophef maakt, ligt aan de basis van de Mozaïsche traditie. Jesaja's roepingsvisioen voltrekt zich in 739 v. Chr. in de tempel te Jeruzalem. Dit 'gezicht' van de profeet geldt als opschrift van het ganse boek. Bij de roeping worden hemel en aarde opgeroepen om te luisteren. Het volk van God (het Bijbelse Israël) krijgt de kans om, door gehoorzaamheid en toewijding aan het Woord van de Heer, deel te hebben aan de nieuwe hemel en de nieuwe aarde.[30] De literaire benadering van de roeping van Jesaja toont verder aan dat deze gebeurtenis het begin markeert van de vernieuwing van de schepping, waarbij de trouwe maar kleine rest en de aangekondigde Immanuël een beslissende rol spelen.[31] De strakke verkondiging om compromisloos de Heer toegewijd te zijn, resulteert in felle kritiek op sociale misstanden en verzet tegen de Judese koningen die hun zeil steeds naar de wind hangen door bondgenootschappen aan te gaan met machtige buitenlandse volken. Dit is de reden dat de elite profeten naar het leven staat.[32] Het 'Woord van de Heer' dat de profeten verkondigen, moet het volk tot leidraad dienen in alle facetten van het leven. Een andere grote naam in de profetische traditie is Jeremia. Hij leefde rond 627 v. Chr. Van hem is geweten dat hij met een schrijver werkte, een assistent of secretaris die zijn profetieën noteerde, Baruch genaamd. Ook Jeremia uitte scherpe kritiek tegen de koning en andere leiders van het volk en stelde de ondergang van stad en land in het vooruitzicht. Zijn leven werd meermaals bedreigd.[33]

Toen in '598 v. Chr. de Babylonische troepen onder leiding van Nebukadnezar II voor de poorten van Jeruzalem verschenen en koning Jojakin zich vrijwel onmiddellijk over gaf, werd een eerste deportatie naar Babel een feit. Nebu-

---

[30] B.G. Webb, *De boodschap van Jesaja. Op arendsvleugels*, Hoenderloo, Novapres, 2003, 25-26.

[31] U. Berges, "Jesaja", J. Fokkelman en W. Weren (red.), *De Bijbel literair. Opbouw en gedachtegang van de Bijbelse geschriften en hun onderlinge relaties,* Zoetermeer/Kapellen, Meinema, 2003, 208.

[32] Jesaja zou door Amos zijn beïnvloed. Volgens de legende (*Martyrium van Jesaja*) zou hij met een boomzaag zijn doorgezaagd, hoewel deze overlevering weinig betrouwbaar is. Naast Amos en Hosea vertoont ook Micha, die tussen 720-700 v. Chr. in Juda en Jeruzalem profeteerde, verwantschap met Jesaja. Allen hekelden onrecht en uitbuiting een pleitten voor een neutraliteitspolitiek. Micha verkondigt als eerste nadrukkelijk de verwoesting van Jeruzalem en de tempel (3:12). Zie: H. Jagersma, *Geschiedenis van Israël in het oudtestamentische tijdvak*, Kampen, Kok, 1978, 225-227.

[33] Th. Vriezen en A. van der Woude, *De literatuur van Oud-Israël*, Wassenaar, Servire, 1973, 229.

kadnessar stelt Sedekia als koning over Juda aan, een koning met twee gezichten die zich aanvankelijk als vazal opstelt, maar in '588 een opstand tegen de Babyloniërs leidt. Nebukadnessar kent geen genade, doodt de zonen van Sedekia voor zijn ogen en maakt de koning zelf blind. Daarop vernietigt hij de muren rond de stad, het paleis en de tempel. Een groot aantal inwoners wordt naar Babel gebracht. De ballingschap van het Joodse volk in Babel zal duren tot in '539 v. Chr., wanneer de Perzische koning Cyrus de stad verovert en de ballingen toestaat naar hun streek terug te keren. De betekenis van de periode van de ballingschap voor de ontwikkeling van het Jodendom kan niet worden overschat. Het markeert het einde van een eeuwenlange onafhankelijkheid van het volk (het davidische koningschap, waardoor de figuur van koning David symbool wordt van de verwachting van een komende heilstijd), het profetische aspect van het culturele leven in Israël won aan belang (de profeten hadden immers gewaarschuwd voor het nakende onheil) en de cohesie onder de gedeporteerden nam enorm toe. Het volk mocht zich in Babel in een toenemende welstand verheugen, waardoor velen er voor kozen in '539 niet terug te keren naar Jeruzalem. Reflectie en bezinning in deze periode ligt aan de basis van de redactie van de profetische literatuur, Thora en andere geschriften. Hoe beeld-denken en het Woord van de Heer samengaan, blijkt uit het boek Ezechiël. Deze priester behoorde bij de eerste groep ballingen die in '598 naar Babel werden gebracht. Zijn roepingsvisioen greep mogelijk vijf jaar later plaats, als hij bij de oever van de rivier Kebar te Babel de hemelse troonwagen van de Heer aanschouwt. Het visionaire aspect en het gegeven dat de profeet met zijn ganse wezen bij zijn verkondiging is betrokken (hij eet een boekrol en ligt lange periodes op zijn zij terwijl hij voedsel bereid op uitwerpselen) treedt op de voorgrond. De heropbouw van de tempel en het herstel van de cultus zijn de ingrediënten van het toekomstbeeld. Het beeld van een gezuiverde cultus in een vernieuwd Jeruzalem, een volk samengebracht door de ene God die bij hen woont, correspondeert met de creatie van de ideale voorfase van de geschiedenis van Israël, voorgesteld als 'de wittebroodsweken' van de Uittocht. Het profetische beeld-denken onderstreept de kracht van het verkondigende woord.

Inhoudelijk putten schrijvers die de redactionele arbeid van Israëls geschiedenis op zich nemen, uit de rijkdom van de Babylonische en Perzische cultuur. Elementen zoals de oer-oceaan, de mens uit klei geboetseerd, de torenbouw en de zondvloed bijvoorbeeld, maar ook het dualistische wereldbeeld en de strakke scheiding tussen goed en kwaad die de Perzische profeet Zoroaster introduceerde,[34] worden aan de

---

[34] Zoroaster leefde in Perzië tussen de 14e en de 12e eeuw v. Chr. Volgens zijn leer was de wereld het toneel van de strijd tussen de goede god (*Ahura Mazda*) en een kwade god (*Angra Mainyu*). De mens is geroepen om aan de zijde van de goede god te strijden tegen het kwaad. Hij kan dit doen door zich op het goede te concentreren in spreken en handelen, Zie: P. Clark, *Zoroastrianism. An Introduction*

kapstok van het profetische woord gehangen en geduid als de wil van de ene Heer. De teruggekeerde ballingen slagen erin om de tempel te Jeruzalem op relatief korte tijd opnieuw op te bouwen, want in '515 wordt de Tweede Tempel feestelijk ingewijd. Naast het feit dat deze tempel er anders uitzag dat het bouwwerk dat Ezechiël in zijn visioen voor ogen had, neemt vanaf dat ogenblik het belang van de priesterklasse weerom toe. Jagersma onderstreept dat de zalving van de priesters pas in de literatuur van na de ballingschap voorkomt en dat de priesters van de Tweede Tempel geleidelijk aan de functies van de vroegere koningen waarnemen.[35] De profeten Haggai en Zacharia drukken de mogelijkheid die deze nieuwe start biedt uit en pleiten om de dienst aan de ene Heer als centrale aandachtspunt van het leven van het volk te bewaren. Maar ook de profeet deelt het lot van de koning en vermindert in belang ten voordele van de priesterlijke politieke leiders zoals Ezra. De kloof tussen Juda en het noordelijke Israël ontkiemde al na de dood van koning Solomo, maar werd in de periode onmiddellijk volgend op de ballingschap definitief. Het kwam tot een breuk tussen Juda en Samaria. De berg Gerizim nabij de oude stad Sichem fungeerde als centrale cultusplaats voor de Samaritanen.[36] De geschiedenis van het volk wordt in deze periode, op basis van oud materiaal, geïnterpreteerd en beschreven. Met de val van het Perzische rijk en de komst van Alexander de Grote begint in de 4^e eeuw v. Chr. een nieuwe periode. Het fundament van de Bijbel, het samengaan van beeld-denken en verkondiging van het profetische woord, is definitief gelegd. Daarin is sprake van correspondentie van verbeelding van oorsprong en bestemming.

4. De Hellenistische synthese en verwerping ervan

De Griekse cultuur verspreidt zich over de gehele bewoonde wereld rond de Middellandse Zee door toedoen van de veroveringstochten van Alexander de Grote. Op hun tocht naar Egypte ontwijden de Griekse troepen de Tweede Tempel van Salomo door het heilige der heiligen te betreden. Tijdens de regering van Ptolemeüs II in de 3^e eeuw v. Chr. vraagt men vanuit Alexandrië aan de hogepriester Eleazer te Jeruzalem om een aantal geleerden te sturen, met het oog op de vertaling van de Joodse geschriften ten behoeve van de bibliotheek aldaar. Volgens de legende stuurt

---

to an Ancient Faith, Brighton, Sussex Academic Press, 1998. "Ik stel je heden het goede en het kwade voor", zegt Mozes tot het volk tijdens de Uittocht, "kies het goede."

[35] Jargersma, *Geschiedenis van Israël in het oudtestamentische tijdvak*, 275-276.

[36] Sommige studies wijzen erop dat de tempel te Sichem pas na de Perzische periode werd gebouwd. Dat het Perzische bewind de tempel te Jeruzalem ondersteunde – naast Ezra onderhield ook Nehemia nauwe banden met het Perzische hof – wordt door niemand betwijfeld. Zie: Jagersma, *Geschiedenis van Israël in het oudtestamentische tijdvak*, 298 en de literatuur daar vermeld.

de hogepriester 72 mannen (6 uit elke stam van Israël) met kostbare Thorarollen naar Alexandrië. In 72 dagen komen de 72 vertalers, onafhankelijk van elkaar met dezelfde tekst voor de dag: de zogenaamde Septuaginta.[37] Deze Griekse tekst maakte het zowel voor niet-Joden als voor Joden die in de diaspora leefden en het Hebreeuws niet meer machtig waren, om de Tenach te bestuderen.

In en om het Alexandrijnse Jodendom komen in de laatste eeuwen voor het begin van onze jaartelling de verschillende religieuze en filosofische tradities, die in de Hellenistische wereld de ronde deden, samen. Een uitstekende illustratie van de synthese tussen Griekse filosofie en Joodse openbaring is het werk van Philo van Alexandrië. Deze diplomaat en filosoof werd ongeveer in 15 v. Chr. te Alexandrië geboren in een bemiddelde Joodse familie. Zonder de Septuaginta was de Tenach voor Philo een gesloten boek gebleven, gezien hij vermoedelijk geen kennis van de Hebreeuwse taal bezat.[38] Philo hanteert de vergeestelijkende ('allegorische') methode. Het intellectuele inzicht en de Bijbelse openbaring van God zijn twee kanten van dezelfde medaille. Zo komt hij er toe om in *De Opificio Mundi* een synthese tot stand te brengen tussen het Bijbelse scheppingsverhaal (Genesis) en het relaas van het ontstaan der wereld van Plato (*Timaeus*). Hij interpreteert het scheppingsverhaal uit de Bijbel volgens het paradigma van de tweevoudige oorzaak die volgens Plato aan de oorsprong van de wereld ligt: een actieve een passieve causaliteit.[39] De actieve oorzaak is in platoonse zin het absolute transcendente

---

[37] W. Aalders, *De Septuagint: brug tussen synagoge en kerk*, Herenveen, Damon, 1999, 18-23. Nauwkeurig onderzoek van de tekst heeft aangetoond dat de Septuagint geen uniforme vertaling is, maar een verzameling van vertalingen waarin een verscheidenheid aan technieken, kennis en stijl van de Hebreeuwse grondtekst is te herkennen. Daarnaast draagt de Septuaginta duidelijk de sporen van de Hellenisering van het Jodendom te Alexandrië in de 3e eeuw v. Chr. Zie: E. Würthwein, *Der Text des Alten Testaments. Eine Einführung in die Biblia Hebraica*, Stuttgart, Deutsche Bibelgesellschaft, 1988, 62.

[38] D.T. Runia, *Philo in Early Christian Literature. A Survey*, Assen/Maastricht, Van Gorcum, 1993, 3 – 17. Sinds het monumentale werk van Wolfson uit het midden van vorige eeuw, is de betekenis van Philo voor het onderzoek van Jodendom, Christendom en Islam alleen maar toegenomen. Bij Philo, aldus Wolfson, begint de traditie om filosofie ondergeschikt te maken aan de theologie. Deze methode zal 16 eeuwen het Westerse denken domineren. H.A. Wolfson, *Philo. Foundations of Religious Philosophy in Judaism, Christianity and Islam. Two Volumes,* Cambridge, Harvard University Press,1947.

[39] "Maar omdat Mozes waarlijk de toppen van de filosofie had bereikt en bovendien in de meeste en meest essentiële problemen van de natuur dank zij godspreuken goed onderlegd was, kwam hij natuurlijk tot het inzicht dat er in de concrete wereld slechts twee oorzaken zijn: de werkzame en de passieve; ook dat het intellect de volmaakte zuivere, absoluut onvermengde, universele werkzame oorzaak is, transcendent aan de deugd, transcendent aan de [ware] kennis, transcendent aan het goede zelf en het schone zelf; dat het passieve element echter – dat van zichzelf uit zonder ziel en onbeweeglijk is, maar zijn beweging vorm en ziel van de geest ontvangt – in het meest volmaakte product verandert, te weten: de kosmos waarin wij leven." Philo, De Opificio Mundi (8-9), T.H.

Intellect die de intelligibele wereld of de *logos* tot stand brengt. Deze intelligibele wereld beschrijft Philo als 'een gedachte van God', waarna de zichtbare wereld en de mens naar het voorbeeld van deze *logos* ontstaan.[40] Een schepping in twee fasen: eerst de geestelijke en dan de materiële wereld. Ook het meest kernachtige motief van de Pentateuch, de Uittocht uit Egypte, duidt Philo als een geestelijk proces. Deze (geestelijke) bevrijding is te vergelijken met de steile weg omhoog uit de grotvergelijking van Plato. Deze 'uittocht' tot inzicht heeft als hoogtepunt de zelfopenbaring van God, die begint bij de roeping van Mozes waarbij de Heer zich openbaart als 'de waarlijk zijnde'. Gods openbaring in de Bijbel vertelt hetzelfde als de Grieks filosofische zijnsleer.[41]

Ten aanzien van de verbeelding van oorsprong en bestemming volgt Philo de Griekse filosofie. De zwervende mens komt tot inzicht en ziet zijn leven als een voortschrijdende pelgrimstocht op weg naar waarheid. De zwervende Arameër Abram wordt de pelgrimerende Abraham.

Deze overweldigende vergrieksing van het Jodendom wekte ook hevige weerstanden op. Als reactie ontstaat een bloeiende apocalyptische literatuur, die vaak gepaard gaat met isolement en ascese. In de periode van de 2^e^ eeuw v. Chr. en de 1^e^ eeuw n. Chr. ontstaat een groot aantal werken die zich expliciet in de profetische traditie van Israël plaatsen. Volgens sommige onderzoekers heeft de apocalyptiek te maken met het historische feit dat zich al lang in Israël geen profeten meer hadden voorgedaan.[42] Evenzeer aan de orde van de dag was de verwachting dat de Messias zou weerkeren. Voorafgaand aan deze wederkeer zou een opleving van profetie plaatsgrijpen, mede gestimuleerd door de goddeloosheid van de omgeving. Opmerkelijk is dat de meeste bekende vertegenwoordigers uit deze literatuur (IV Ezra, Apocalyps van Baruch en Jozef en Aseneth) als decor de verwoesting van de eerste Tempel gebruiken om de gebeurtenissen van '70 (de

---

Jansen (red.), *Heel de wereld beschreven. Lucretius, Philo en anderen over kosmos, aarde en mens*, Amsterdam, Boom, 2000, 51.

[40] "Wanneer Mozes het ontstaan van de mens beschrijft, bevestigt hij met zoveel woorden dat hij naar Gods beeld gemodelleerd werd. Maar als het onderdeel een beeld van een beeld is, moet dat kennelijk ook voor het geheel gelden; en als die zintuiglijk waarneembare wereld – iets wat groter is dan het beeld van een mens – in zijn geheel een nabootsing van het goddelijke beeld is, moet kennelijk het [in de ziel] afgedrukte model (dat volgens ons de intelligibele wereld is) ook Gods logos zelf zijn." Philo, *De Opificio Mundi*, 55.

[41] A.P.Bos, "Philo van Alexandrië en de Griekse filosofie", R.W. Munk (red.), *Filosofie, Jodendom en Joodse filosofie*, Budel, Damon, 2005, 13. Het probleem, aldus Bos, is dat Philo God als absoluut Zijnde transcendent voorstelt en hem tegelijk als voorzienig bestuurder van de kosmos ziet, terwijl Plato's Ideeën een abstractie van onze materiële werkelijkheid zijn en de godheid bij Plato eerder immanent moet worden gedacht.

[42] Zie M. de Goeij in het voorwoord van *De Pseudepigrafen, Psalmen van Salomo, IV Ezra, Martyrium van Jesaja* (vertaald, ingeleid en toegelicht door M. de Goeij), Kampen, Kok, 1980, 14.

verwoesting van de Tweede Tempel door de Romeinen) te interpreteren. Deze zogenaamde *pseudepigrafen* (geschriften onder een valse naam) waren doorgaans niet gericht tot een breed publiek, maar tot een cirkel of groep van ingewijden, getuige de veelheid aan mysterieuze woorden en beelden in de teksten. Meestal betrof de gemeenschap waarin apocalyptische teksten ontstonden vrome Joden die, omringd door toenemende onderdrukking en vervolging, zich uit de roerige wereld terugtrokken en het spoedige einde van de wereld verwachtten. Over zo'n beweging zijn we goed geïnformeerd na de tekstvondst te Qumran. De meeste onderzoekers gaan ervan uit dat de gemeenschap te Qumran tot stand kwam na een afsplitsing binnen de derde grote groep van het toenmalige Jodendom, gekend als Essenen (naast Sadduceeën en Farizeeën).[43] Deze breuk zou rond 130 v. Chr. plaats hebben gegrepen, waarna het afgesplitste deel, dat zich als volgelingen van de 'Leraar der gerechtigheid' profileerde, zich bij de Zoutzee terugtrok. Tijdens de Joodse opstand in '68 n. Chr. moesten ze het onderspit delven tegenover de Romeinse overmacht.

Met de apocalyptische literatuur en de ascetische groeperingen tussen de 2^e^ eeuw v. en de 1^e^ eeuw n. Chr zijn we te midden het klimaat van het ontstaan van het christendom terechtgekomen. Daarbij komt dat ook het oudste overgebleven canonieke Evangelie volgens Marcus, voor een niet onbelangrijk deel een reflectie op en interpretatie van de verwoesting van de Tweede Tempel in '70 is. De naderende eindtijd met de komst van de Messias en de heropleving van het profetisme zijn eveneens essentiële componenten van de christelijke verkondiging.

5. Einde en nieuwe begin

Aan het ontstaan van het christendom gaat een evolutie van 12 eeuwen en meer vooraf. Hierboven beschreef ik de eerste tekenen van een verschuiving van het wereldbeeld in de laat neolithische periode, waarbij een natuur gebonden circulariteit gaandeweg vervangen werd door een lineair tijdsbesef. De vroegste oorsprong mythologieën gingen gepaard met de eerste beschrijvingen van het leven na de dood. Dit bracht de natuurgoden, die garant stonden voor de cyclus van het organische leven op aarde, dichter bij de mens. Helden of mensen van deels goddelijke en deels menselijke afkomst, bevolkten de mythologische voorgeschiedenis van de eerste stedelijke beschavingen. Deze verschuiving toont het ontluikend zelfbewustzijn in de mens.

---

[43] De gedachte dat de gemeenschap te Qumran het resultaat is van een interne scheuring binnen de religieuze groepering van de Essenen wordt de 'Groninger hypothese' genoemd. F.G. Martinez en A.S. van der Woude, *De rollen van de Dode Zee* (ingeleid en in het Nederlands vertaald), Deel 1 en 2, Kampen/Tielt, Ten Have, 1994.

Een rijpe vrucht van deze verschuiving is de verkondiging van de profeten van Israël. Het ontluikend profetisch zelfbewustzijn maakt de mens niet alleen bewust van de actualiteit, maar ook van het groter verband waarvan het nu evenzeer uitdrukking is. Het profetische godsbegrip, de onuitspreekbare naam, omwelft de werkelijkheid en geeft er meteen oorsprong en bestemming aan. De godsnaam (het vierletterwoord *jod-he-wav-he*) is een uitdrukking van pure transcendentie die een gevolg is van de 'opwaartse' tendens waarmee de inherente circulariteit van het organische bestaan werd overstegen.

Onder invloed van de vergeestelijking in de Hellenistische periode ontstond een consequente lineariteit. Differentiëring van de 'opwaartse' of overstijgende tendens eigen aan het zelfbewustzijn (godsverlangen) trad in. Ik onderscheid twee modellen. Enerzijds het zoeken naar synthese en anderzijds het streven naar voltooiing. Het synthetische model vindt haar neerslag in de wijsheidsliteratuur, het paradigma van voltooiing komt tot uitdrukking in de apocalyptiek. Het vroege christendom in de eerste eeuw van onze jaartelling combineert beide. De combinatie van vergeestelijking van het profetische godsbegrip met een consequent lineair tijdsbegrip, resulteert in de verkondiging dat de volkomen transcendente God van Israël mens is geworden met het oog op het einde van de wereld. Dit einde is evenwel een nieuw begin.

Jack McDonald

British and French philosophical approaches to the abolition of the death penalty: a comparison of Albert Camus' Réflexions sur la guillotine and Arthur Koestler's Reflections on Hanging (1957)

Introduction: the ongoing significance of the debate about the death penalty[1]

In 2015, the death penalty is abolished in 103 countries. It was abolished for murder in the United Kingdom in 1973 and for all crimes in 1998. It was abolished for all crimes in France in 1981, and this abolition was written into the French Constitution in 2007. Article 2 of the *Charter of Fundamental Rights* of the European Union (2000, ratified by the Treaty of Lisbon 2009) prohibits the death penalty. Five times this millennium, most recently in 2014, the United Nations General Assembly adopted non-binding resolutions calling for a moratorium in the use of the death penalty with a view to eventual universal abolition. According to its own External Action Service (in effect its foreign office), “[t]he European Union holds a strong and principled position against the death penalty”, and no country can be considered for admission to the European Union unless it has abolished capital punishment.[2]

But the issue of the death penalty, although an increasingly distant memory in Europe, where the only country on the continent which still practises it is Belarus, remains very much a live issue elsewhere. Capital punishment is still practised in 36 countries, leaving over 50 countries where the death penalty is retained on the statute-book but never used in practice. 21 countries regularly perform the death penalty, the vast majority of executions being performed in China, Iran, Saudi Arabia, Iraq, the USA and Yemen. Over 60% of the world's population live in countries where the death penalty is practised, chiefly because it is still used in the four most populous countries in the world, China, India, the United States and Indonesia. By a vast margin, China and North Korea execute the most criminals. These countries do not release official figures, but Amnesty International estimates put the annual total for these two countries at well over 3,000 deaths, leaving Iran a long way back in third place with under 400 executed per year.[3]

The only Western democracy which still uses the death penalty is the United States, where 35 people were executed in 2014. In the USA, the death

---

1 This article assumes knowledge of English and French, and in particular citations from Camus' work are given in French without translation.

2 See: http://eeas.europa.eu/human_rights/adp/index_en.htm (all websites for this article were checked on 30 October 2015).

3 See: https://www.amnesty.org/en/what-we-do/death-penalty/

penalty was suspended by the Supreme Court in 1967, but reinstated by the Supreme Court in 1976 and by the federal government in 1988. 19 of the 50 states (plus Washington DC) do not have an enforceable death penalty law[4] Of the 30 states which practise the death penalty, Texas (10 executions in 2014) habitually executes as many people as all the other states combined, although Missouri also executed 10 people in 2014, a "one-off" high.[5] The numbers of people executed in the USA are nonetheless in sharp decline: in his period as governor of Texas from 1995-2000, George W. Bush (later president of the United States) executed 155 people, more than any other elected official in American history. But from 2000-2014, Texas executed 319 people. The death penalty remains a prominent theme in American politics and culture, with strongly polarised opinions frequently voiced.[6]

Of interest to European readers are the reasons why this highly polarised American debate is now absent in Europe, where abolition is an accepted and unchallenged part of the political landscape. To analyse the history here, I have selected two texts both published in 1957, Albert Camus' *Réflexions sur la guillotine* and Arthur Koestler's *Reflections on Hanging.* Albert Camus (1913-1960) is *par excellence* a French existentialist philosopher. Arthur Koestler (1905-1983) is not at first sight a striking example of the British Establishment – he was born in Hungary and educated in Austria. But from 1940 until his death 43 years later, he lived in Britain and only wrote in English from that point onwards, becoming naturalised as a British citizen in 1948, and never afterwards wavering in his patriotism and loyalty.[7] He has thus come to represent a typical British thinker. Camus and Koestler published their texts against capital punishment by agreement at the same time, and they are still published inside the same covers today.[8]

---

4 The death penalty is abolished in Alaska, Connecticut, Hawaii, Illinois, Iowa, Maine, Maryland, Massachusetts, Michigan, Minnesota, Nebraska, New Jersey, New Mexico, New York, North Dakota, Rhode Island, Vermont, West Virginia and Wisconsin. No executions have taken place in Kansas or New Hampshire since 1976.

5 See: http://www.deathpenaltyinfo.org/number-executions-state-and-region-1976

6 An excellent and balanced treatment of American attitudes to the death penalty is *Dead Man Walking* (1995), a film by Tim Robbins, based on the 1993 non-fiction book of the same title by Sister Helen Prejean CSJ. The film relates a conflation of two true stories about Helen Prejean's accompanying of death row inmate Matthew Poncelet in his final days before execution in the Louisiana State Penitentiary. The film was critically acclaimed and Susan Sarandon won the Oscar for best actress in 1996 for her portrayal of Helen Prejean, who herself had a minor cameo role in the film. Of permanent interest is Capote, 2000, *passim*.

7 Ironically, given his immense love of the English language, he remains most famous for a novel he originally wrote in German, *Sonnenfinsternis/Darkness at Noon* (1940).

8 For example: Koestler – Camus, 2002. Koestler's book is currently unavailable in print in English. There is a Kindle edition: http://www.amazon.co.uk/Trail-Dinosaur-Reflections-Hanging-ebook/dp/B00I3DWN4M/ref=sr_1_2?s=books&ie=UTF8&qid=1446053812&sr=1-2&keywords=koestler+reflections+hanging Koestler wrote his book in November 1955, but delayed publication until Camus' text was ready: see Koestler – Camus, 2002, pp. 37-39.

When Camus and Koestler were writing, both Britain and France employed the death penalty, even if only rarely.[9] What both authors attempt to do is to undermine the death penalty by erecting a practical and philosophical case against it. We remark that the construction of a philosophical case is strikingly different in the two cases, with different arguments against the death penalty being employed by the two writers. We will examine Koestler first, since his arguments are the simpler of the two.

Koestler's arguments against the death penalty

In essence, Koestler's *Reflections on Hanging* is simply a sustained, sardonic attack on the ineptitude of the British judiciary touching its overly enthusiastic use of the death penalty.[10] Koestler has one argument against hanging, backed up by one philosophical observation and one programme for reform.

His argument is that the British judiciary cannot, as its behaviour is assessed over history, be trusted with such momentous decisions as whether to condemn a convicted criminal to death. The behaviour of the judiciary is basically barbarous, with a knee-jerk willingness to send convicts to the gallows. The entire English and Scottish judicial systems – what we know as Common Law – have a historic barbarism in relation to the death penalty which is irreconcilable with modern sensibilities. Koestler advances numerous eye-watering examples of this barbarity which are destined to surprise, amaze and dismay a reader accustomed to imagining that the British legal system is the oldest, fairest and most compassionate in existence. Such romantic views are exploded by the fact, say, that until 1836, criminals on capital charges were deprived in English law of the right to access to a barrister to defend them.[11]

Koestler's philosophical assertion is that human beings are completely responsible for their own actions, blessed with an absolute and all-encompassing free-will.[12] This is not really an argument against the death penalty, since it is a philosophical position more often employed by the death penalty's supporters, on the grounds that if someone is wholly responsible for a

---

9 Between 1900 and 1950, 632 people were executed in the United Kingdom, see: https://en.wikipedia.org/wiki/Capital_punishment_in_the_United_Kingdom The figures in France are much larger, largely due to the Régime de Vichy's (1940-1944) strong affection for the use of the guillotine, as well as its frequent use during the *Epuration* following the liberation of France from Nazi rule in 1944.

10 Koestler's book is entitled “Reflections on Hanging” because England had used hanging as the preferred form of execution since Anglo-Saxon times, and almost universally since the 1360s. France adopted the guillotine (hence Camus' title) as the sole form of execution in France in 1791, at which point the number of crimes for which the death penalty could be used was reduced from 115 to 32: see: Costa, 2007, ch 1, and Le Naour, 2011, *passim* – Le Naour gives an exhaustive and informative history of every aspect of the process leading to abolition in France.

11 See Koestler – Camus, 2002, p. 47f.

12 See Koestler – Camus, 2002, p. 112f.

heinous and vile crime, then no mitigating factors (social, psychological, educational, psychiatric...) can be brought to bear on that guilt, which may thence be seen as compelling even to the extent of meriting the death penalty.[13]

Koestler then wraps up his book with the position that a *softening* of the British position on the death penalty is desirable, even if this softening falls short of complete abolition.[14]

Whilst Koestler's book was a significant milestone in the long march to the abolition of the death penalty in the United Kingdom,[15] we see that it does not leave the traditional Anglo-Saxon philosophical territory of pragmatism. Koestler's essential argument is that the death penalty is *ineffective* – it does not practically dissuade potential murderers from killing their victims; it is expensive to administer; it involves too many irreversible miscarriages of justice where innocent people are hanged for crimes they did not commit. This is a traditional British empiricist approach to an ethical problem: analyse it through its practical effects. So if the death penalty were statistically proved to reduce the murder-rate substantially, and if there were no recorded cases of miscarriages of justice involving innocent people being hanged by error, and if the process of hanging were economically cheap, then its use would be expedient and justified. Because none of these conditions is met in practice, Koestler opposes the death penalty. Because these conditions are flagrantly breached in every particular, Koestler feels entitled to be vehement in his advocacy of abolition.

Camus' arguments against the death penalty

Camus' *Réflexions sur la guillotine* is a short work, roughly 50 pages to the 100 pages of Koestler's *Reflections on Hanging.* It is, however, an immensely complex and dense work of ethics. Camus sits at the end of a long French

---

13 For an extreme exposition of this view, see Louis P. Pojman "In defense of the death penalty" in: Hugh LaFollette, 2007, p. 544f. In enthusiastically pursuing this line of argument, Pojman is led to allocate quantifiable 'utility-values' to people's lives, with innocent people being given the utility-value of '10' and murderers the utility-value of '5'. This calculus allows Pojman to argue for the death penalty even if some innocent people are executed mistakenly. As Camus will draw out in his analysis of arguments in favour of the death penalty, this conclusion rests on arbitrary allocations of utility-values in areas where a utility-value cannot properly be ascribed. Pojman: "[A]ll things being equal, the life of an innocent person is at least twice the value of the murderer's life. My own sense is that the murderer has forfeited most, if not all of his worth, but if I had to put a figure on it, it would be 1000 to 1." Hugh LaFollette, 2007, p. 548. This bizarre and unquantifiable analysis is what passes for academic ethics in some Anglo-Saxon circles.

14 See Koestler – Camus, 2002, p. 140. This is the final paragraph of Koestler's book and he uses it not to argue for any fundamental and basic objection to hanging but for a softening of the judiciary's approach.

15 *Reflections on Hanging* was published in 1957. Hanging was suspended in Great Britain (but not in Northern Ireland) in 1965 and abolished in the United Kingdom in 1973 for murder and in 1998 for all crimes.

tradition of comment on the death penalty, almost all of it critical.[16] He avails himself of *five* distinct arguments against the death penalty, which we will consider in turn. We note at once that this is a more intricate treatment of the issue than Koestler's.

Camus' first argument coincides with Koestler's, a pragmatic consideration that the death penalty is *practically ineffective*, expensive and undissuasive.

Examples of this assertion of the death penalty's practical ineffectiveness are littered throughout the text:

> On sait que le grand argument des partisans de la peine de mort est l'exemplarité du châtiment. [...] Cet argument serait impressionnant si l'on n'était obligé de constater :
>
> 1. Que la société ne croit pas elle-même à l'exemplarité dont elle parle ;
> 2. Qu'il n'est pas prouvé que la peine de mort ait fait reculer un seul meurtrier, décidé à l'être, alors qu'il est évident qu'elle n'a aucun effet, sinon de fascination, sur des milliers de criminels ;
> 3. Qu'elle constitue, à d'autres égards, un exemple repoussant dont les conséquences sont imprévisibles.[17]
>   [...]
>
> Une statistique, établie au début du siècle en Angleterre, montre que sur 250 pendus, 170 avaient, auparavant, assisté personnellement à une ou deux exécutions capitales.[18]
>
> [...]
>
> Pour que la peine capitale soit réellement intimidante, il faudrait que la nature humaine fût différente et qu'elle fût aussi stable et sereine que la loi elle-même. Mais elle serait alors nature morte.[19]
>
> [...]

---

16 Under the Second Republic, France abolished the death penalty in 1848 at the same time as it abolished slavery, but this abolition lasted only a few months before the death penalty was reinstated, although political crimes were exempted. In 1908, the Third Republic debated the death penalty extensively and nearly achieved abolition. The 1970s saw numerous parliamentary attempts from the Left and the Right to abolish the death penalty, but all were blocked by governments nervous of the opinion polls which remained staunchly in favour of the guillotine for the vilest classes of murder. Full abolition was achieved in 1981.

17 Camus, 2008, pp. 11-12. All citations from Camus are taken from this edition.

18 Camus, 2008, pp. 20-21.

19 Camus, 2008, p. 22.

> Les hommes de notre génération, qui ont vécu l'histoire de ces dernières années, ne s'étonneront pas de cette information. Ils savent que, derrière les visages les plus paisibles, et les plus familiers, dort l'instinct de torture et de meurtre.[20]
>
> [...]
>
> Si la justice se sait infirme, ne conviendrait-il pas qu'elle se montrât modeste, et qu'elle laissât autour de ses sentences une marge suffisante pour que l'erreur éventuelle pût être réparée ?[21]
>
> [...]
>
> Il faut seulement éviter qu'ils [les « monstres »] recommencent et il n'y a pas d'autre solution que de les éliminer. Sur cette frontière, et sur elle seule, la discussion autour de la peine de mort est légitime.[22]
>
> [...]
>
> A ceux qui estiment, au contraire, que les travaux forcés sont une peine trop faible, on répondra d'abord qu'ils manquent d'imagination et ensuite que la privation de la liberté leur paraît un châtiment léger dans la seule mesure où la société contemporaine nous a appris à mépriser la liberté.[23]

Thus far, Camus is at one with Koestler in underlining the empirical futility of capital punishment: Camus claims that it simply doesn't work as a deterrent, and if we wish to argue for its use given its practical inefficacy, we are left in uncomfortable "vindictive retribution" territory, which has a tenuous link to justice.

But this is just the beginning of Camus' attack. His second argument is that the death penalty is *historically outdated*, a primitive throw-back to earlier, more brutal and more brutalising historical times. Again, examples of this argument litter Camus' text:

> On tue le criminel parce qu'on l'a fait pendant des siècles et, d'ailleurs, on le tue dans les formes qui ont été fixées à la fin du XVIIIe siècle. Par routine, on reprendra donc des arguments qui avaient cours il y a des siècles, quitte à les contredire par des mesures que l'évolution de la sensibilité publique rend inévitables. On applique une loi sans plus la

[20] Camus, 2008, p. 28.
[21] Camus, 2008, p. 46.
[22] Camus, 2008, p. 48.
[23] Camus, 2008, pp. 59-60.

raisonner et nos condamnés meurent par cœur, au nom d'une théologie à laquelle les exécuteurs ne croient pas. S'ils y croyaient, cela se saurait et surtout se verrait. Mais la publicité, outre qu'elle réveille, en effet, des instincts sadiques dont la répercussion est incalculable et qui finissent un jour par se satisfaire dans un nouveau meurtre, risque aussi de provoquer révolte et dégoût dans l'opinion publique.[24]

[...]

Le châtiment, qui sanctionne sans prévenir, s'appelle en effet la vengeance. C'est une réponse quasi arithmétique que fait la société à celui qui enfreint sa loi primordiale. Cette réponse est aussi vieille que l'homme : elle s'appelle le talion. Qui m'a fait mal doit avoir mal ; qui m'a crevé un œil, doit devenir borgne ; qui a tué enfin doit mourir. Il s'agit d'un sentiment, et particulièrement violent, non d'un principe. Le talion est de l'ordre de la nature et de l'instinct, il n'est pas de l'ordre de la loi.[25]

[...]

Laissons de côté le fait que la loi du talion est inapplicable et qu'il paraîtrait aussi excessif de punir l'incendiaire en mettant le feu à sa maison qu'insuffisant de châtier le voleur en prélevant sur son compte en banque une somme équivalente à son vol. Admettons qu'il soit juste et nécessaire de compenser le meurtre de la victime par la mort du meurtrier. Mais l'exécution capitale n'est pas simplement la mort. Elle est aussi différente, en son essence, de la privation de vie, que le camp de concentration l'est de la prison. [...] Il n'y a donc pas d'équivalence. Beaucoup de législations considèrent comme plus grave le crime prémédité que le crime de pure violence. Mais qu'est-ce donc l'exécution capitale, sinon le plus prémédité des meurtres [...] ?[26]

[...]

Telle est, dira-t-on, la justice des hommes et, malgré ses imperfections, elle vaut mieux que l'arbitraire. Mais cette mélancolique appréciation n'est supportable qu'à l'égard des peines ordinaires. Elle est scandaleuse devant les verdicts de mort.[27]

[...]

---

[24] Camus, 2008, p. 18.
[25] Camus, 2008, pp. 28-29.
[26] Camus, 2008, p. 30.
[27] Camus, 2008, p. 45.

> Pour simplifier, disons que notre civilisation a perdu les seules valeurs qui, d'une certaine manière, peuvent justifier cette peine et souffre au contraire de maux qui nécessitent sa suppression. Autrement dit, l'abolition de la peine de mort devrait être demandée par des membres conscients de notre société, à la fois pour des raisons de logique et de réalisme.[28]

Camus' argument here is that the death penalty relies on doctrines of vengeance, which are cheap and nasty, and of passing the criminal to a higher, divine justice, which is a specifically religious claim which has no purchase in a modern religiously-neutral state. It is a perversion of the *lex talionis*, whose biblical doctrine of "an eye for an eye"[29] can only lead to cruelty upon cruelty, in which the criminality changes sides from the accused to the judicial system, once the death penalty is pronounced.

His third argument is that the death penalty is *morally degrading*, leading to mutual brutalisation and trauma for both convict and executioner, and indeed for all involved in the process. Examples of this again litter the text:

> Aujourd'hui, je partage absolument la conviction de Koestler : la peine de mort souille notre société et ses partisans ne peuvent la justifier en raison.[30]
>
> [...]
>
> Que restera-t-il alors de ce pouvoir d'exemple, s'il est prouvé que la peine capitale a un autre pouvoir, bien réel celui-là, et qui dégrade des hommes jusqu'à la honte, la folie et le meurtre ?[31]
>
> [...]
>
> Appelons-la par son nom qui, à défaut d'autre noblesse, lui rendre celle de la vérité, et reconnaissons-la pour ce qu'elle est essentiellement : une vengeance.[32]
>
> [...]
>
> La peur dévastatrice, dégradante, qu'on impose pendant des mois ou des années au condamné, est une peine plus terrible que la mort, et qui n'a pas été imposée à la victime.[33]

---

28 Camus, 2008, p. 49.
29 See: Exodus 21:24.
30 Camus, 2008, p. 11.
31 Camus, 2008, p. 26.
32 Camus, 2008, p. 28.

> [...]
>
> Le crime impuni, selon les Grecs, infectait la cité. Mais l'innocence condamnée, ou le crime trop puni, à la longue, ne la souille pas moins. Nous le savons, en France.[34]

We see here that Camus employs three variations on the same argument of moral degradation. All involved in executions are brutalised and traumatised. The fact of a judicial execution makes society's crimes worse than the criminal's, because they are reflected and premeditated. There is an inherent hypocrisy in the blood-lust of a public opinion devoted to the maintenance of the guillotine when the members of the public are themselves removed from all direct contact with the process of execution.

We also note that these three arguments – practical ineffectiveness, outdatedness and moral degradation, have been current in the debate about the death penalty since Antiquity. Here Camus does little beyond re-stating familiar ancient positions.[35]

Camus' fourth argument is that the death penalty *fundamentally damages the individual* as a concept, and it is here that he makes an original contribution as an existentialist. This argument is developed towards the end of the *Réflexions sur la guillotine:*

> Elle [la justice] ne peut, dans son essence même, se séparer de la compassion. [...] Elle n'exclue pas le châtiment, mais elle suspend la condamnation ultime. Elle répugne à la mesure définitive, irréparable, qui fait injustice à l'homme tout entier puisqu'elle ne fait pas sa part à la misère de la condition commune.[36]
>
> [...]
>
> Et la vraie justice est avec eux, dans la mesure, justement, où la logique ne l'est pas.[37]
>
> [...]
>
> Ce droit de vivre qui coïncide avec la chance de réparation est le droit naturel de tout homme, même le pire.[38]

---

33 Camus, 2008, pp. 30-31.

34 Camus, 2008, p. 45.

35 See Carbasse, 2002, chapter 1 for an excellent summary of approaches to the death penalty in Antiquity.

36 Camus, 2002, p. 46.

37 Camus, 2002, p. 47.

[...]

Mais prononcer le jugement définitif avant la mort, décréter la clôture des comptes quand le créancier est encore vivant, n'appartient à aucun homme. Sur cette limite, au moins, qui juge absolument se condamne absolument.[39]

[...]

Les siècles éclairés, comme on dit, voulaient supprimer la peine de mort sous prétexte que l'homme était foncièrement bon. Naturellement, il ne l'est pas (il est pire ou meilleur). Après vingt ans de notre superbe histoire, nous le savons bien. Mais c'est parce qu'il ne l'est pas que personne parmi nous ne peut s'ériger en juge absolu, et prononcer l'élimination définitive du pire des coupables, puisque nul d'entre nous ne peut prétendre à l'innocence absolue. Le jugement capital rompt la seule solidarité humaine indiscutable, la solidarité contre la mort, et il ne peut être légitimé que par une vérité ou un principe qui se place au-dessus des hommes.[40]

[...]

Devant le crime, comment se définit en effet notre civilisation ? La réponse est simple : depuis trente ans, les crimes d'Etat l'emportent de loin sur les crimes des individus.[41]

[...]

Interdire la mise à mort d'un homme serait proclamer publiquement que la société et l'Etat ne sont pas des valeurs absolues, décréter que rien ne les autorise à légiférer définitivement, ni à produire de l'irréparable.[42]

[...]

Il faut donc donner un coup d'arrêt spectaculaire et proclamer, dans les principes et dans les institutions, que la personne humaine est au-dessus de l'Etat.[43]

[...]

---

38 Camus, 2002, p. 50.
39 Camus, 2002, p. 50.
40 Camus, 2002, pp. 50-51.
41 Camus, 2002, p. 55.
42 Camus, 2002, p. 56.
43 Camus, 2002, p. 57.

> Des idylles humanitaires du XVIIIe siècle aux échafauds sanglants, la route est droite et les bourreaux d'aujourd'hui, chacun le sait, sont humanistes. [...] Au contraire, l'abolition me paraît nécessaire pour des raisons de pessimisme raisonné, de logique et de réalisme.[44]

We see here Camus' absolute repudiation of the ideas of Pojman:[45] for Camus, the individual is always and invariably more important than the State and the State's concerns. The individual, moreover, transcends values declared to be "rational" by the State. The individual's right to life is a universal right, applying even to individuals who exhibit even the most abject and heinous of behaviours. We should inculcate a common human solidarity against death, rather than wallowing in manufacturing judicial deaths of our own. These are arguments absolutely in the tradition of French existentialism, and it is interesting to see them applied to this practical example of judicial killings.

But Camus does not quite finish there, because his final argument against the death penalty is all the more surprising from someone held to be an agnostic or atheist – and indeed someone who declared himself to be an agnostic. Camus finds the death penalty *religiously offensive* from a Christian perspective. The example of Jesus Christ, a man judicially murdered who is held to be the Son of God by Christian believers, ought to be compelling to Christians in their struggle against the death penalty:

> Le bourreau se trouve alors investi d'une fonction sacrée. Il est l'homme qui détruit le corps pour livrer l'âme à la sentence divine, dont nul ne préjuge. [...] Et sans doute, pour qui s'en tient à l'enseignement de Jésus, cette belle épée est un outrage de plus à la personne du Christ.[46]
>
> [...]
>
> L'incroyant ne peut non plus s'empêcher de penser que les hommes qui ont mis au centre de leur foi la bouleversante victime d'une erreur judiciaire devraient se montrer au moins réticents devant le meurtre légal. On pourrait aussi rappeler aux croyants que l'empereur Julien, avant sa conversion, ne voulait pas donner de charges officielles aux chrétiens parce que ceux-ci refusaient systématiquement de prononcer des condamnations à mort ou d'y prêter la main. Pendant cinq siècles,

---

44 Camus, 2002, p. 58.
45 See note 13 above.
46 Camus, 2002, p. 52.

> les chrétiens ont donc cru que le strict enseignement moral de leur maître interdisait de tuer.[47]

This final argument is all the more striking coming from an agnostic, and leads some to wonder to what extent Albert Camus really was an agnostic: there is plenty of latent religious philosophy in his oeuvre.[48]

Camus' opposition to the death penalty as practical existentialism

We have seen that Camus' opposition to the death penalty operates at a more sophisticated and more absolutist level than Koestler's. Whereas Koestler sees practical issues in the historic willingness of British judges to send convicts to the gallows, Camus builds an entire philosophy of the individual as a monolithic argument against the guillotine. We might call Camus' work here a form of "practical existentialism", where – to adopt the vocabulary of Emmanuel Mounier[49] – Camus takes the abstract postulates of existentialism and concretises them against the death penalty. Thus for Camus, a common human complicity against death and respect for life become the corner-stones of a practical refusal of the death penalty in all circumstances.[50]

Comparisons of Anglo-Saxon and Continental philosophy and theology are liable to descend into parody and caricature, with Anglo-Saxon approaches characterised by pragmatism and a desire to see empirical evidence and results, whereas Continental approaches favour elaborate metaphysical theories, what-

---

47 Camus, 2002, p. 52.

48 For an excellent and extended discussion of this aspect of Camus' thought, see: Faes/Basset, 2012, *passim*.

49 See Mounier, 2010, p. 121 for chapter headings which postulate existentialism as a form of existence plus freedom plus transcendence which connects to Camus' arguments against the death penalty. These are the relevant headings:

l'impuissance de la raison
le bondissement de l'être humain
la fragilité de l'être humain
l'aliénation – la finitude – l'urgence de la mort – solitude, secret, néant
la conversion personnelle
l'engagement
l'autre
« le royaume de l'être est parmi nous ».

50 For more recent continuations and extensions of Camus' practical existentialist approach, see Girard, 1982 (which sees the violence of the death penalty in structuralist terms as a feature of organised society, and which openly echoes Camus' use of the example of Jesus' death as an argument against the death penalty), and Derrida, 2012 (which opposes the death penalty not on any religiously-motivated grounds, which Derrida seeks to avoid, but via a version of Kantian ethics). There is a very accessible review of Derrida, 2012 in English here: https://lareviewofbooks.org/review/jan-mieszkowski-derridas-death-penalty.
There is an excellent treatment of Camus' doctrine of *l'absurde* as practical existentialism in Enthoven, 2010, ch. 1.

ever their practical consequences. Nonetheless, the books published simultaneously against the death penalty in 1957 by Koestler and Camus do seem to lend some credence to this caricature: the British citizen concentrates his opposition to the death penalty on the practical considerations of the many miscarriages of justice and the statistical inefficacy of hanging; the French citizen agrees, but goes on to develop several additional arguments culminating in a fundamental argument in favour of the basic priority of the individual, with a second-tier argument that the example of Christ adds extra weight to the abolitionist position. We see this distinction as an interesting example of comparative ethics across the English Channel. We further see Camus' position as evidence for his open and non-hostile attitude towards Christianity, as well as firm evidence of his desire to construct a truly practical existentialism with a preponderant focus on the inalienable rights and priority of the human individual.[51]

This is not to argue that Camus' concerns were unmirrored in British social comment, but it is to argue that Camus' approach is typically French and typically existentialist, as well as a form of latent religious argumentation.

Bibliography

Badinter, 1973 : Robert Badinter, *L'exécution,* Paris, Grasset, 1973.

Badinter, 2000 : Robert Badinter, *L'abolition,* Paris, Fayard, 2000.

Badinter, 2006 : Robert Badinter, *Contre la peine de mort,* Paris, Fayard, 2006.

Camus, 2008 : Albert Camus, *Réflexions sur la guillotine* [1957], Paris, Gallimard, Folioplus philosophie, 2008.

Capote, 2000 : Truman Capote, *In Cold Blood* [1966], London, Penguin, 2000.

Carbasse, 2002 : Jean-Marie Carbasse, *La peine de mort,* Paris, Presses universitaires de France, Que sais-je ?, 2002.

Costa, 2007 : Sandrine Costa, *La peine de mort : de Voltaire à Badinter,* Paris, Flammarion, 2nd ed 2007.

Derrida, 2012 : Jacques Derrida, *Séminaire La Peine de mort : Volume I (1999-2000),* Paris, Galilée, 2012.

Enthoven, 2010 : Raphaël Enthoven (ed), *L'absurde,* Paris, Fayard, 2010.

Faes – Basset, 2012 : Hubert Faes – Guy Basset (eds), *Camus, la philosophie et le christianisme,* Paris, Cerf, 2012.

Girard, 1982 : René Girard, *Le bouc émissaire,* Paris, Grasset, 1982.

---

[51] It is only fair to note that in the actual political process of the abolition of the guillotine in France, the leaders of that movement lent more on Koestler's arguments than on Camus'; that is, they made their case to the French public on practical, utilitarian grounds, rather than by building a metaphysical case. This "Anglo-Saxon" empiricism suffuses the considerable abolitionist work of Robert Badinter, the law professor who, as Minister of Justice, introduced to the Assemblée Nationale the legislation to abolish the death penalty in France in 1981. See especially: Badinter, 2000 and Badinter 2006, *passim.*

Koestler – Camus, 2002 : Arthur Koestler – Albert Camus, *Réflexions sur la peine capitale* [1957], Paris, Gallimard, Folio, 2002.

LaFollette, 2007 : Hugh LaFollette (ed), *Ethics in Practice,* Oxford, Blackwell, 3rd ed 2007.

Le Naour, 2011 : Jean-Yves La Naour, *Histoire de l'abolition de la peine de mort : deux cents ans de combats,* Paris, Perrin, 2011.

Mounier, 2010 : Emmanuel Mounier, *Introduction aux* existentialismes [1947], Rennes, Presses universitaires de Rennes, 2010.

Léonard Rwanyindo

La présence historique et theologique de la Faculté Universitaire de Théologie Protestante de Bruxelles et son impact en Afrique Centrale

Introduction

La présence historique et théologique de la Faculté universitaire de théologie protestante de Bruxelles en Afrique centrale est liée à la géopolitique et aux Sociétés missionnaires dans cette région. C'est pourquoi nous abordons ce sujet par le contexte géopolitique et missionnaire du protestantisme belge en Afrique centrale.

1. Le contexte geopolitique

a. L'Etat indépendant du Congo

Pour mieux comprendre le sujet qui nous occupe, il faut remonter à la création de l'Etat indépendant du Congo à l'époque du roi Léopold II. Dès son jeune âge, celui-ci s'intéressait beaucoup à la géographie. Encore prince, il regrettait que la Belgique soit un si petit pays et pensait à acheter un Royaume en Abyssinie. Son ambition de bâtir l'honneur de la Belgique se résume ainsi :"Petit pays petites gens".[1] La proximité avec les Pays-Bas qui avaient des colonies ne faisait que renforcer son ambition d'en offrir une à son pays.

En 1865, Léopold II monte sur le trône. Il tentera d'acheter les Philippines à l'Espagne en 1875 mais son projet se solde par un échec. Déçu, il se tourne vers l'Afrique. La tâche était ardue. Un petit pays de la taille du Royaume de Belgique devait éviter de fâcher les grandes puissances coloniales, la France et la Grande Bretagne en tête mais aussi l'Allemagne moins active dans ce domaine mais malgré tout intéressée.

En septembre 1876, le souverain belge décide d'organiser une conférence internationale de géographie à Bruxelles. L'initiative aboutit à la création de l'Association Internationale Africaine qui conduira à la création de l'Etat Indépendant du Congo ayant Léopold II comme souverain propriétaire, reconnu par le Congrès de Berlin de 1884-1885. Suite à cette initiative, le Royaume de Belgique s'installe dans la Région des Grands Lacs. L'obtention de cet immense territoire a été facilitée par les talents diplomatiques du roi Léopold II et par le

---

[1] Rwanyindo, L., Le protestantisme belge dans la région des grands lacs, Editions Publibook, 2009, p. 68.

fait que la Belgique est un petit pays ne pouvant inquiéter l'appétit des Grandes puissances coloniales en concurrence des territoires à occuper sur le sol africain. Chacune faisait tout pour soigner ses bonnes relations avec ce petit Royaume dans l'espoir que, en cas d'échec de la petite Belgique dans la gestion de cet immense territoire, celui-ci lui reviendrait.

Le fait déterminant a été l'attitude favorable des Etats Unis d'Amérique qui pensaient que le Congo pouvait accueillir les Noirs Américains devenus encombrants chez eux. Le sénateur sudiste, John Morgan disait : "Dans le bassin du Congo, nous trouverons le meilleur type de race nègre et le nègre américain peut y trouver là le champ de ses efforts."[2] L'autre argument présenté par les personnalités de la politique américaine était que la présence occidentale dans cette région allait aider à mettre fin à la traite des Noirs qui faisait rage et était une honte de l'humanité.

b. La gestion de l'Etat indépendant du Congo

Rappelons que l'Etat Indépendant du Congo était la propriété privée du roi Léopold II ayant obtenu sa reconnaissance officielle par les Grandes puissances lors du congrès de Berlin de 1884-1885. Aucune des Grandes puissances coloniales ne croyait au succès de la gestion d'un aussi grand pays, le Congo, par le monarque d'un si petit pays, la Belgique. C'est pourquoi aucune ne pouvait s'opposer au roi de peur de faire tomber le Congo entre les mains d'une autre Puissance rivale dans cette course folle à l'hégémonie coloniale.

En reconnaissant l'Etat Indépendant du Congo, le Congrès de Berlin a posé quelques conditions qui auront des conséquences graves dans la gestion à long terme. On a imposé la liberté absolue du commerce sur tout le territoire du bassin du Congo et de ses affluents sans droit de douane. Le roi reçoit là un cadeau empoisonné qui l'obligera à recourir à des méthodes qui seront critiquées et désapprouvées par les Sociétés missionnaires protestantes, par les mouvements humanistes, surtout ceux des pays anglo-saxons, et en définitive par toute la communauté internationale. Léopold II avait besoin d'argent et il en cherchait par tous les moyens au point qu'un jour son épouse, la reine Marie-Henriette, lui dit : "Léopold, tu vas nous ruiner avec ton Congo."[3]

Les contestations des méthodes développées dans l'Etat Indépendant ont fait grand bruit en Belgique et presque partout en Europe. Le gouvernement belge fut divisé jusqu'au parlement. Les pressions internes et externes à la Belgique ont forcé le roi à céder le Congo au Royaume de Belgique en 1908, une année avant son décès. Dès lors le Congo devient une colonie belge jusqu'au 30 juin 1960, date de son indépendance.

---

[2] Hochschild, A., Les Fantômes du Roi Léopold, un holocauste oublié, Editions Belfond, 1998, p. 100.

[3] Rwanyindo, L., op. cit., p. 78.

c. L'administration belge au Rwanda

La guerre de 1914-1918 a changé tous les plans des Grandes puissances dans le secteur colonial. L'Allemagne ayant perdu la guerre, il fallait se répartir les pays qu'elle occupait. Le Rwanda et les cinq autres pays : le Togo, le Cameroun, la Tanganyika, le Sud Ouest africain (Namibe actuelle) et le Burundi passent sous la gestion d'un organe mondial, la Société des Nations (SDN) qui introduit des régimes connus sous le nom des pays sous mandat.

Au mois de mai 1916, le dernier soldat allemand quitte le Rwanda qui devient un territoire occupé militairement par la Belgique jusqu'en 1923 quand il devient un pays sous mandat belge. Par le traité de Versailles en 1919, le Royaume de Belgique obtient le Ruanda-Urundi en plus du Congo Kinshasa. Elle l'administrera jusqu'au 01 juillet 1962, date de l'indépendance du Rwanda et du Burundi qui deviendront deux pays séparés dès lors dans leur gestion et leur gouvernance.

2. La présence missionnaire protestante Belge en Afrique Centrale

a. La création de la Société belge des Missions protestantes au Congo

Les dénonciations de la gestion de l'Etat Indépendant du Congo par les Sociétés missionnaires protestantes et par les mouvements humanistes ont entraîné l'Eglise protestante belge à la réflexion pour la création d'une Société missionnaire qui devait aller travailler au Congo. Les responsables des églises protestantes (Eglise chrétienne missionnaire belge et l'Union des Eglises protestantes évangéliques de Belgique) créent un Comité des Missions chargé de préparer la création de la Société belge des Missions protestantes au Congo (SBMPC)[4] . L'objectif de cette initiative était double : sauver l'honneur de la Belgique en se rendant compte objectivement de la réalité sur le terrain et sauver, en Belgique, la mauvaise image des Sociétés missionnaires protestantes. C'était un travail de justice et de réconciliation. La plupart des Belges accusaient les Sociétés missionnaires protestantes au Congo d'être des marionnettes de leurs pays qui souhaitaient juste que le Congo tombe entre leurs mains. Les synodes de l'Union des Eglises protestantes évangéliques de Belgique et de l'Eglise chrétienne missionnaire belge décidèrent donc de créer une Société missionnaire en 1910.

---

[4] Ibid, p. 102.

b. Installation missionnaire

Cette Société missionnaire qui, à sa création, se destinait à travailler au Congo n'y mettra jamais le pied mais travaillera au Rwanda à cause des changements politiques dus à la guerre de 1914-1918. Elle œuvrera au Congo, indirectement, pour assurer de bonnes relations entre les Sociétés missionnaires protestantes anglo-saxonnes et le gouvernement belge car celui-ci se méfiait des Missions protestantes depuis leurs contestations à l'encontre de la gestion de l'Etat indépendant du Congo.

La présence de l'Allemagne au Rwanda, au Burundi et en Tanganyika, dans ce qui s'appelait l'Afrique orientale allemande, avait fait naître une Mission luthérienne au Ruanda-Urundi à partir de Tabora. Empéchée de revenir en Afrique suite aux mesures prises par les Alliés, les Missions luthériennes devaient céder les stations créées au Ruanda-Urundi à une autre Société missionnaire de confession protestante tel que stipulé par l'article 438 du traité de Versailles. Le Ruanda-Urundi étant sous la gestion du gouvernement belge, le roi Albert II demande aux protestants belges de reprendre cette responsabilité avec la promesse d'un financement. C'est la période pendant laquelle les protestants belges sont sortis de l'ombre aussi bien sur le plan interne qu'international. Originaire de Metz, en France, Von der Heyden, le premier missionnaire protestant belge, est installé sur l'ancienne station allemande de Kilinda, dans le nord ouest du Rwanda, en 1921 par Henri Anet, secrétaire général de la SBMPC. Cette présence protestante belge ne se limitera pas au Rwanda mais sera chargée de coordonner toutes les Missions protestantes étrangères vis-à-vis du gouvernement belge qui ne souhaitait pas revivre les difficultés de l'époque de l'Etat indépendant du Congo. Autrement dit sa mission s'étendra directement et indirectement sur tout le territoire des trois pays de la Région des Grands Lacs.

c. La formation

Les protestants belges, quoique minoritaires, auront une gestion intelligente et parviendront à organiser et à coordonner leurs activités avec une ambition affichée pour la formation des responsables dans l'Eglise à travers les écoles. Etre un petit pays, une petite Eglise et une petite faculté de théologie est une faiblesse mais en même temps une force. Une faiblesse parce qu'on est une minorité, qu'on connaît des problèmes de financement et que les moyens en ressources humaines et financières sont limités. Une force parce qu'en général les membres d'une minorité vont se rassembler et mobiliser toutes leurs forces, se souder et devenir créatifs pour pouvoir résister, travailler et avancer en croissance dynamique. La minorité cherche des relations avec l'extérieur et se dote d'un esprit d'ouverture qui attire souvent de la sympathie pour ne pas dire de la convoitise. C'est cela qui a toujours été la force du protestantisme belge en interne et externe sur son champ missionnaire dans la Région des Grands

Lacs. Les Eglises de Suisse et des Pays Bas ont joué un grand rôle dans ce domaine. Tous les missionnaires (enseignants, médecins, infirmiers, etc.) devaient passer par la Belgique pour une courte formation avant de s'embarquer vers l'Afrique centrale. C'était de règle : tout missionnaire devait connaître la Belgique avant d'avoir l'autorisation de s'envoler pour aller travailler dans cette partie du monde considérée comme un territoire belge. Cette connaissance sur le plan géographique et civique du Royaume de Belgique était un préalable à tout expatrié projetant de travailler dans l'un des trois pays, le Congo, le Burundi et ou le Rwanda. La formation des responsables autochtones a été une grande préoccupation de la SBMPC depuis 1949 et a bénéficié de cet esprit d'ouverture.

3. La création de la Faculté universitaire de théologie protestante de Bruxelles

Il existe un lien étroit de collaboration missionnaire et théologique entre la Faculté universitaire de théologie protestante de Bruxelles et l'Eglise protestante belge. La création de la Faculté remonte à 1942, la période critique et difficile dans l'histoire du monde. La deuxième guerre mondiale a secoué l'humanité entière. Les jeunes belges intéressés par les études théologiques éprouvaient des difficultés énormes à trouver des visas pour se rendre à l'étranger (France, Suisse) et y suivre leurs études. Cette situation a forcé la réflexion sur les possibilités de formation théologique en Belgique. C'est dans ce contexte que l'idée de créer une faculté de théologie protestante est née. Le pasteur Matthieu Schyns, en collaboration avec ses deux collègues Emile Hoyois et William Thomas, élabore un programme qui sera approuvé par les doyens de Paris et de Genève. Encouragées par cet accord, les Eglises mettent alors en place un comité des études constitué par les représentants de l'Union des Eglises protestantes évangéliques de Belgique, de l'Eglise évangélique méthodiste et de l'Eglise chrétienne missionnaire belge. Les cours débutent en octobre 1942. Malgré toutes les difficultés matérielles dues à la guerre, les cours sont donnés et suivis avec succès.

A la fin de la guerre, un débat s'est engagé pour savoir s'il fallait continuer la formation théologique en Belgique ou s'il fallait envoyer les étudiants en Suisse et en France. Une question importante a été celle de la formation des étudiants dans leur contexte socioculturel. Tout le monde sait combien le contexte socioculturel est important dans la vie de tout homme et joue un grand rôle dans la formation scolaire et universitaire. Cette ligne socioculturelle défendue surtout par l'Eglise méthodiste a fini par l'emporter. La section néerlandophone a été ouverte à ce moment. Ce qui a permis de bénéficier du soutien du synode de l'Eglise réformée des Pays-Bas.

La reprise des cours a eu lieu en 1950. Cette initiative a bénéficié de la collaboration des professeurs de l'université de l'Etat à Gand, de l'université libre de Bruxelles et de l'université de Liège. Ce contact avec l'extérieur est la force de la minorité dont nous avons déjà parlé. La rigueur scientifique de la Faculté universitaire de théologie protestante de Bruxelles s'affirmait petit à petit. En 1963, un arrêté royal reconnaît les grades de la théologie protestante. La faculté est habilitée à conférer les grades de licence et de docteur en théologie protestante. Cette reconnaissance traversera les frontières jusque dans la Région des Grands Lacs.

4. La création de la Faculté de théologie protestante de Butare, sud du Rwanda

Dans sa constitution, la Faculté de Bruxelles avait pour but de contribuer à la formation des théologiens et des futurs pasteurs appelés à propager l'Evangile en Belgique, au Congo et au Ruanda-Urundi. Le besoin de pasteurs, de professeurs de religion, de responsables autochtones s'y faisait sentir au point que la Mission belge, responsable en Afrique centrale, envoyait des étudiants rwandais à Ndesha en République démocratique du Congo et à Ndoungé au Cameroun. Remarquons que cette formation des pasteurs avait été précédée par celle des évangélistes à Mwaya au Burundi, site de l'Eglise anglicane. Cela se déroulait dans un esprit de collaboration entre la SBMPC et les Missions anglicanes au Rwanda. Comme la question de contexte socioculturel des étudiants s'était posée en Belgique, elle s'est répétée de la même manière en terre missionnaire. Le besoin de former les futurs pasteurs rwandais et le coût élevé pour envoyer les étudiants à l'étranger ont poussé à la création de l'école de théologie de Butare le 11 septembre 1970. Tout comme la Faculté de Bruxelles, l'école de théologie de Butare est née grâce à la conjugaison des forces des différentes Eglises protestantes au Rwanda, notamment l'EPR (partenaire de l'EPUB) et l'Union des Eglises Baptises au Rwanda, partenaire des Eglises suédoises.

Depuis le 17 décembre 1987, l'école de théologie de Butare a conclu un jumelage avec la Faculté universitaire de théologie protestante de Bruxelles. Ce jumelage jouera un rôle très important dans la création de la Faculté protestante de Butare. La suite nous apprendra que sans la faculté de Bruxelles, la création d'une faculté protestante avec des diplômes reconnus par le gouvernement rwandais aurait été impossible.

L'objectif de la Faculté protestante de Butare se résume en trois points :

- former les cadres compétents (pasteurs, professeurs de religion) ;
- dispenser un enseignement scientifique en théologie et en d'autres disciplines (philosophie, sociologie, psychologie, anthropologie, etc.) ;
- attacher une grande importance à la « contextualisation » du message biblique dans la culture rwandaise et africaine parce que l'accueil des étudiants des autres pays de l'Afrique Centrale était prévu.

Cette tâche aurait été impossible sans les professeurs de la FUTPB.

La Faculté de théologie protestante de Butare ouvre ses portes en octobre 1990 dans des bâtiments de l'ancienne école de théologie de Butare avec l'aide de Marius Joosten, expert envoyé par la commission missionnaire de l'EPUB en collaboration avec cette FUTPB. L'inauguration a lieu le 20 janvier 1991 en présence du docteur Hugues Boudin, alors recteur de la Faculté universitaire de théologie protestante de Bruxelles, qui a prononcé un discours intitulé : L'histoire patiente et impatiente. Quatre émancipations majeures à gérer simultanément. Le rôle joué par la FUTPB dans la création de cette formation théologique de niveau universitaire à la proximité de l'Est du Congo et du Burundi demeure historique et incontestable.

5. La reconnaissance des diplômes par le gouvernement rwandais.

Le Ministre de l'éducation du Rwanda conditionnait la reconnaissance des diplômes à l'affiliation à une autre université ayant de l'expérience. Voici ce que le professeur W. R. Willems écrit à ce propos " *La réponse du ministère à ce projet sera la demande qu'une institution d'enseignement supérieur sur le continent se porte garant. C'est ainsi que notre faculté de Bruxelles s'est intéressée, puis engagée, dans une affiliation avec la faculté de Butare*"[5]

Ce rôle a été joué par la FUTPB qui a facilité les négociations avec le Ministère de l'éducation et qui deviendra la « marraine académique ». Les professeurs visiteurs qui partiront de Belgique assureront la visibilité de cette jeune faculté en Afrique centrale. Ce système de professeurs visiteurs, initié par Bruxelles, a ouvert les portes à une collaboration avec la Faculté de Yaoundé et les Instituts universitaires de l'Est du Congo parce que les professeurs visiteurs viendront aussi de cette partie du continent. Cette initiative est très importante quand on sait combien cette région est toujours victime des tensions ethniques. Non seulement les étudiants seront bien formés mais aussi les ponts de dialogue et de réconciliation seront posés par ces contacts humains et théologiques. Ceux qui ont pensé au rôle qui sera joué par la FUTPB lors de l'élaboration de sa constitution ne se sont pas trompés. Ils peuvent être considérés comme des visionnaires.

---

[5] Willems, W.R., L'Afrique, La Faculté de Théologie de Butare : une autre version de l'histoire, dans Analecta Bruxellensia, Revue annuelle de la Faculté universitaire de Théologie protestante de Bruxelles, n° 8, décembre 2003, p. 55.

6. Impact de la FUTPB au Rwanda

Le Rwanda était en guerre depuis le 1er octobre 1990. Cette situation de guerre n'a pas empéché la participation active de la FUTPB à la création de la Faculté protestante de Butare. Une similitude entre les deux facultés, une en Europe et une autre au coeur de l'Afrique, est à relever à savoir leur création pendant la période de guerre.

Autre fait très important, le rôle joué par la FUTPB après le génocide commis au Rwanda contre les Tutsi en 1994. Tout le monde sait que ce petit pays au cœur de l'Afrique a été victime de la barbarie humaine. Il y a eu énormément de victimes dont Faustin Rwagacuzi, doyen de la faculté de Butare à cette période. Beaucoup de pasteurs et théologiens ont été tués et d'autres envoyés en exil. Il fallait relancer la vie des Eglises et pour cela, la relance de la Faculté de théologie protestante de Butare devenait vitale et urgente. Avec l'intervention des professeurs de la FUTPB, un programme spécial a été mis en place et en 1995 la Faculté de théologie de Butare a repris ses activités grâce à l'envoi régulier de professeurs visiteurs.

Le fait d'être une petite Faculté n'a pas empéché la FUTPB de jouer un rôle international dans la formation des pasteurs, des théologiens des professeurs de Religion en dehors du Royaume de Belgique. Parmi les 224 mémoires présentés par des diplômés de la FUTPB depuis le 4 avril 1957 jusqu'au 4 novembre 2014, 64 sont l'œuvre de ressortissants de l'Afrique dont la majorité de la République démocratique du Congo. Les Rwandais occupent la deuxième place. Sur les 73 thèses soutenues depuis la première qui date du 11 mars 1974 jusqu'à la dernière du 25 mars 2013, 26 l'ont été par des étudiants de la Région des Grands Lacs. Celui qui s'arrêtera aux chiffres uniquement dira que c'est peu mais c'est beaucoup pour celui qui considérera la distance entre la Région des Grands Lacs et le Royaume de Belgique avec tout ce que cela comporte comme frais de voyage et de séjour. C'est beaucoup aussi pour celui qui sait que la première université publique en Afrique centrale date de 1954 en RDC et que la période de l'indépendance avec des responsables autochtones remonte à 1960 pour le Congo et à 1962 pour le Rwanda et le Burundi. C'est aussi beaucoup quand on connaît la taille de la Faculté de Bruxelles.

Le premier diplômé de la FUTPB de la Région des Grands Lacs, d'origine congolaise, l'a été le 18 octobre 1963 ; le premier diplômé rwandais le 29 juin 1972. Les deux deviendront présidents de leur Eglise. Ils marqueront l'histoire de l'Afrique centrale grâce à leur formation universitaire dispensée par cette Faculté de Bruxelles. Ils ont permis l'expansion et l'édification de leurs Eglises dans un contexte de transition entre l'époque de la direction missionnaire occidentale et de la responsabilité des Africains.

En date du 22 février 1983, une première femme théologienne burundaise[6] a obtenu son diplôme en théologie protestante grâce à cette faculté. C'est un fait qui a pu passer inaperçu mais pourtant très important quand on connaît la place de la femme dans la société et dans l'Eglise de certains pays africains voire du monde en général.

En 2010, l'œuvre commencée à Butare a connu un développement remarquable. Il y a eu l'acte officiel de reconnaissance de trois facultés par le Ministère de l'éducation du gouvernement rwandais- celle de théologie, des sciences de l'éducation et de développement qui comptent respectivement : 47, 780 et 207 étudiants.[7] Il faut signaler aussi le changement de nom. On ne parle plus de Faculté de théologie de Butare mais de l'Institut protestant des sciences sociales et des arts (PIASS) réparti sur deux campus, celui de Butare et de Karongi dans le nord-ouest du Rwanda. La FUTPB a ainsi contribué à la formation scientifique sans frontières par l'envoi de ses professeurs visiteurs.

7. Deux remarques

Nous formulons deux remarques qui nous paraissent significatives quant à cette présence de la Faculté de Bruxelles dans la Région des Grands Lacs. Le rôle joué par cette dernière est très important dans le développement de cette région parce que former un théologien africain, c'est donner à l'Eglise et au pays un pasteur, un enseignant, un agent de développement socioéconomique. Encore aujourd'hui, le théologien africain joue le rôle de missionnaire enseignant, pasteur, évangéliste, maçon-fondateur d'hôpitaux, médecin et conducteur spirituel. C'est une étape dépassée dans les Eglises d'Occident mais qui fut d'utilité publique pendant longtemps presque partout dans le monde.

Malgré sa petite taille, la Faculté de Bruxelles a travaillé avec audace et a joué un rôle remarquable dans l'histoire et en théologie sur la terre africaine. Il ne faut jamais l'oublier ni le sous-estimer. Certains africains formés à Bruxelles travaillent en Europe, en Amérique, en Australie, etc., ce qui marque l'universalité de l'Evangile dans un monde de diversité théologique. C'est aussi un point qui marquera l'histoire de la FUTPB au-delà de la Belgique.

8. Conclusion

Née dans une situation de monde brisé par la guerre de 1940-1945, ayant l'audace de contribuer à la création d'une Faculté de théologie dans un pays en guerre (le Rwanda) en 1990 et de relancer cette même Faculté mise à genou

---

[6] D'origine rwandaise réfugiée au Burundi

[7] Visite du site www.piass.ac.rw de ce nouvel Institut.

après le génocide, la Faculté de Bruxelles a une histoire et une providence (un parcours) démontrant que sa force se trouve dans son imagination. Son histoire témoigne que son esprit d'entreprendre est aussi son espoir dans la conjugaison des forces des hommes et des femmes d'Eglise qui l'ont toujours portée. Dans le monde actuel menacé par l'idéologie, par la religion des extrêmes et des positions fondamentalistes pour ne pas dire intégristes, la FUTPB est un outil à ne pas sous-estimer pour aider à former des hommes et des femmes utiles pour une société ouverte au dialogue aussi bien au nord qu'au sud.

Heye Heyen

Aanvaarden en getuigen: De postmoderne context als uitdaging en als kans voor pastoraal handelen

Als het erom gaat te beschrijven wat pastoraal handelen is en wat het inhoudt, worden de termen 'getuigen', 'getuige zijn' en 'getuigenis geven' over het algemeen maar zelden gebruikt, althans binnen de praktische theologie.

Dit in tegenstelling tot de term 'aanvaarding'. Enkele decennia geleden was dat voor vele vertegenwoordigers van het vak zelfs *de* centrale term. In het Duitse taalgebied is nog steeds de term 'annehmende Seelsorge', aanvaardend pastoraat dus, gebruikelijk voor het model dat vanaf rond 1970 het kerygmatisch pastoraat (waarvan Thurneysen de meest prominente vertegenwoordiger was) voor een groot deel is gaan opvolgen. Aanvaardend pastoraat was a.h.w. de Europese vorm van de Amerikaanse Pastoral Counseling Movement. Voor een groot deel heeft men impulsen en elementen uit de Amerikaanse beweging overgenomen, ze geïntegreerd en in de eigen context geïmplementeerd. Voor een deel heeft men, in het bijzonder aan de theologische reflectie op de grondslagen, ook een eigen bijdrage geleverd. Belangrijke vertegenwoordigers zijn in Nederland o.a. Wybe Zijlstra en Heije Faber en in Duitsland o.a. Joachim Scharfenberg, Hans-Joachim Thilo en last not least mijn promotor Dietrich Stollberg. De drie laatstgenoemden waren lutheranen, voor wie notie van de rechtvaardiging door het geloof alleen, zonder de werken der wet, het centrum van hun theologische denken vormde. Dat was voor hen de 'articulus stantis et cadentis ecclesiae': waar dit artikel geleerd wordt, waar aan dit artikel recht gedaan wordt, daar is kerk. Waar dat niet gebeurt, mag er van kerk geen sprake zijn.

Tegelijk hebben deze theologen het voorstel van Paul Tillich aangenomen om de Bijbelse term 'rechtvardiging' – die veelal zelfs door kerkmensen niet meer wordt verstaan – te vervangen door de term 'aanvaarding'.

Tillich schrijft: '*Aanvaarding betekent: Wij zijn door God aanvaard hoewel we volgens de criteria van de wet onaanvaardbaar zijn. Wij zijn geroepen om te aanvaarden dat wij aanvaard zijn.*'[1]

Zoals bekend slaat voor Tillich rechtvaardiging resp. aanvaarding niet alleen op de zondaar maar ook op de twijfelaar. 'Zonder de werken der wet' – daarmee zijn niet alleen morele maar ook intellectuele voorwaarden afgewezen. Het heil als de ultieme aanvaarding geldt dus niet alleen voor degene bij wie de goede daden niet te vinden zijn, maar in niet mindere mate voor degene bij wie het goede of het rechte geloof niet te vinden is.

Voor de praktijk van het pastoraat betekende dit voor de pioniers van het 'aanvaardend pastoraat': De pastorant onvoorwaardelijk aanvaarden zoals die

[1] P. Tillich, *Systematische Theologie Bd. III*, Stuttgart, Evangelisches Verlagswerk, 1966, 258.

nou eenmaal is – ook met zijn twijfel, met zijn ongeloof, met zijn verzet of zijn desinteresse. Concreet: met hem meegaan en delen wat hem daadwerkelijk bezighoudt – en niet hem te vertellen wat hem volgens de geloofsovertuiging van de pastor bezig zou moeten houden.

Het belangrijkste is dat de pastorant in het contact met de pastor de ervaring mag opdoen: ik word aanvaard – door de pastor en (ook al komt dat misschien niet expliciet ter sprake) door Hem in wiens naam de pastor naar mij luistert en met me spreekt.

Theologische bezwaren tegen het gebruik van de term 'aanvaarding' als synoniem met 'rechtvaardiging' in het aanvaardend pastoraat zijn met name door Helmut Tacke[2] ingebracht. Volgens hem is hier sprake van een misbruik van het 'pro me' omdat hij daarin de expliciete christologische onderbouwing en daarmee de verankering in het 'extra nos' mist.

Mijzelf hebben deze bezwaren van Tacke nooit kunnen overtuigen, en wel om theologische redenen.

Ik ben namelijk van mening dat het theologisch niet legitiem is om de aanwezigheid van Christus zo zeer als afhankelijk te beschouwen van de vraag of Hij expliciet met naam is genoemd. Kan de rechtvaardigende Christus niet evengoed in de aanvaardende medemens (in casu: pastor) worden ontmoet als in de 'minste broeder' van Mattheüs 25? En wat de onderscheiding van het 'extra nos' en het 'in nobis' betreft: secundum rationem essendi is het ongetwijfeld noodzakelijk om dit onderscheid te postuleren. Maar secundum rationem cognoscendi (resp. experiendi), in de volgorde van het herkennen en ervaren, is de ervaring: 'ik word aanvaard' het primaire. Daartegenover is het identificeren van het subject ('wie is degene die mij aanvaardt?') secundair. Alleen naar de opgeroepen gevoelens gekeken, is het verschil tussen een aanvaarding door mijzelf of door een ander of door de Ander niet van principiële aard.

In het Nederlandse taalgebied is het gebruikelijk om in plaats van 'aanvaardend pastoraat' de term 'therapeutisch pastoraat' te gebruiken. Een term waar de Duitse pioniers van het aanvaardend pastoraat het bepaald niet mee eens zouden zijn. De term refereert aan de eerste monografie van Stollberg[3] die weliswaar de titel heeft: 'Therapeutische Seelsorge.' Maar daarbij mag niet over het hoofd worden gezien dat de ondertitel luidt: 'Die amerikanische Seelsorgebewegung. Darstellung und Kritik.' En die kritiek is best wel stevig. Het gaat juist om de onvoorwaardelijkheid van de aanvaarding. Dat betekent concreet ook aanvaarding van degene die bijvoorbeeld om een of andere neurotische reden helemaal niet genezen wil worden. Hem toch te willen genezen, zou neerkomen op een vorm van wetticisme, om met een theologische term uit de lutherse traditie te spreken. 'Je bent aanvaardbaar zodra je je neurose

---

[2] H. Tacke, *Glaubenshilfe als Lebenshilfe. Probleme und Chancen heutiger Seelsorge*, Neukirchen Vluyn, Neukirchener Verlag, 1979, 137-146.

[3] D. Stollberg, *Therapeutische Seelsorge. Die amerikanische Seelsorgebewegung. Darstellung und Kritik.* München, Kaiser Verlag, 1969.

teboven gekomen bent.' Dat zou voor een aartslutheraan als Stollberg op een existentieel niveau uiteindelijk een manifestatie van ongeloof zijn: een ontkenning van het evangelie.

Bij het aanvaarden van de pastorant hoorde toen ook de – soms extreme – terughoudendheid van de pastor om bijvoorbeeld de Bijbel in het gesprek te brengen of op eigen initiatief expliciet over God te gaan spreken. Het was de core business van de pastor, de ervaarbaarheid van het evangelie als de boodschap van de ultieme onvoorwaardelijke aanvaarding te faciliteren. En het voelde voor hem als een verraad op deze core business en uiteindelijk als een verraad op het evangelie om ook maar van verre de indruk te wekken dat hij aan de pastorant wilde voorschrijven wat die moest geloven en wat die moest doen en laten.

Op langere termijn werd er uiteraard voor de aanvaardende pastores zelf een gebrek voelbaar – ook al ontkenden ze dat soms in de toen nogal polemisch gevoerde discussies met hun theologische tegenstanders. Want in het diepste van hun hart wilden zij het heel graag ook expliciet hebben over een God die de mens geschapen en verlost heeft, die van hem houdt, die met hem meegaat, die troost en bevrijdt. Wat in de Bijbelse verhalen ter sprake komt, dat wilden zij eigenlijk ook graag expliciet met hun pastoranten delen. Maar hoe kon dat – zonder daarmee direct weer te gaan lijken op het schrikbeeld, de karikatuur (het was uiteraard een karikatuur!) van de kerygmatische pastor die het weet en die aan zijn pastoranten uitlegt hoe het zit en hen oplegt wat zij moeten geloven.

Dat was het dilemma waar de eerste generatie van de aanvaardende pastores mee zat: Hoe kunnen we trouw blijven aan het evangelie (opgevat en ingevuld als de boodschap van de ultieme aanvaarding) zonder tegelijk de inhoud van het evangelie (de verhalen over Jezus en over God) prijs te geven?

Eén mogelijke weg om aan dit dilemma te ontsnappen meen ik als motief te herkennen in de biografie van D. Stollberg. Hij was negen jaar lang hoogleraar praktische theologie in Bethel geweest. Daar had hij onder andere het Seelsorgeinstitut opgericht, daar was hij begonnen met KPV-cursussen, toen door collega's en door kerkelijke instanties nog met grote argwaan bekeken, daar had hij de boeken geschreven die zijn naam als pionier van het aanvaardend pastoraat bekend hebben gemaakt. Maar opeens ging hij naar Marburg en aanvaardde daar het beroep op een leerstoel niet voor pastoraat of pastorale psychologie, maar voor liturgiek en homiletiek (in deze volgorde). Klaus Winkler, één van zijn vrienden en medestrijders, zijn latere leerstoel-opvolger in Bethel, heeft hierover ooit tegen mij gezegd: 'wij waren allemaal stomverbaasd en hebben niet begrepen waarom hij die stap deed.'

Achteraf gezien denk ik dat het juist hiermee te maken heeft: Als het pastorale gesprek steeds minder ruimte biedt om 'de werken des Heren te roemen' of ook maar te *noemen*, dan kun je uiteindelijk alleen maar gaan zwijgen – óf je zoekt een ander handelingsveld van de praktische theologie, waar dat *wel* kan. Liturgie is een manier om de werken des Heren te bezingen. Met woorden en melodieën die eeuwenoud zijn. Die niet door de pastor noch door de pastorant gemaakt zijn. Die daarom ook niet door hen 'verantwoord' hoeven te worden. Het gaat om 'vreemde' woorden of gebaren, die zij a.h.w. kunnen lenen, zich eigen maken voor zover het voor hen klopt. Waar in het pastorale gesprek geen ruimte meer voor was, dat maakten liturgische teksten en rituelen nu opeens weer mogelijk.

Ik denk dat dit één van de redenen was niet alleen voor de persoonlijke keuze van Stollberg. Maar ook voor het feit dat vanaf de jaren 80 pastores die in het aanvaardend pastoraat waren opgeleid en gevormd, in toenemende mate zich bezig gingen houden met rituelen, zoals bijvoorbeeld de herontdekte ziekenzalving. In het Nederlandse taalgebied zijn de boeken van Corja Menken-Bekius[4] over rituelen in het pastoraat één voorbeeld van deze trend.

Tot nu toe heb ik het gehad over aanvaardend pastoraat in de jaren 70: over wat toen de pioniers en de eerste generatie bezielde en over het dilemma waarin ze daarmee belandden.

Dat is nu 40 jaar geleden. De culturele situatie is inmiddels in verschillende opzichten veranderd. En dat zou bijvoorbeeld kunnen betekenen dat vandaag de dag – in een postmoderne context – wat de pastores toen bezielde, nu op een heel andere manier vorm kan en moet krijgen. En het zou ook kunnen betekenen dat het dilemma van toen zich nu in een veranderde situatie niet meer voordoet. We zullen zien.

Het grootste verschil tussen toen en nu, voor zover het voor mijn onderwerp van belang is, heeft met twee aspecten van het postmoderne denken en ervaren te maken, die nauw met elkaar samenhangen.

De 'grote verhalen', om deze term van Lyotard te gebruiken, zijn voor een groot deel hun algemene plausibiliteit kwijtgeraakt. Dat geldt ook voor het christendom. Voor vele mensen is dit niet meer een groot gesloten systeem dat de wereld als geheel verklaart. Het is in een zekere zin verbrokkeld. Er zijn delen die voor iemand plausibel lijken en andere delen waarvan dat in mindere mate of helemaal niet geldt. En voor iemand anders is het net omgekeerd. Er zijn fragmenten, kleine - soms persoonlijke - verhalen in de plaats getreden van het éne grote verhaal. En dat betekent ook dat die fragmenten als minder gezaghebbend, als minder autoritair en in mindere mate als potentieel bedreigend worden ervaren.

Daarmee hangt nauw samen dat de 'gevoelde' visie op waarheid is veranderd. Veertig jaar geleden was het voor vrijwel iedereen vanzelfsprekend dat er maar één waarheid kon bestaan. En die was ondeelbaar. Dus: als ik ergens van overtuigd ben en jij niet, dan heeft op z'n minst één van ons ongelijk. Dat is logisch. Daarom kan er ook maar één godsdienst waar zijn. Daar was men het over eens,

---

[4] C. Menken-Bekius, Rituelen in het individuele pastoraat, een praktisch-theologisch onderzoek, Kampen, Kok, 1998 en C. Menken-Bekius, Werken met rituelen in het pastoraat, Kampen, Kok, 2001.

ook al kon men het er levenslang oneens over zijn welke dat dan was. Hoe zeer dat vandaag de dag met name door jongeren vaak anders ervaren wordt, werd me enkele jaren geleden duidelijk in een discussie met een studente die godsdienstlerares wilde worden. Ze zei het volgende:
Ach, ik heb zo het idee dat de christelijke God en Allah en Boeddha samen in dezelfde flat wonen. Zelfs een leven na de dood kon zij zich moeiteloos zo voorstellen dat de christen naar de hemel gaat, dat de boeddhist na een aantal reïncarnaties uiteindelijk het nirwana ingaat en dat de atheïst gewoon dood blijft. Misschien een beetje voorbarig zei ik tegen haar: ja, maar vereist niet de logica om ervan uit te gaan dat er na de dood bijvoorbeeld óf de hemel óf het nirwana óf het niets is? Opmerkelijk genoeg en tegelijk typerend was dat zij mij niet kon volgen omdat ze wat ik zei gewoonweg niet plausibel vond.

Als 'waarheid' in duidelijk mindere mate dan 40 jaar geleden als ondeelbaar wordt gezien, dan betekent dat ook dat er minder de neiging bestaat om de ander van zijn eigen visie te overtuigen. Minder bekeringsijver. En het betekent dat een ander standpunt van de gesprekspartner als minder bedreigend wordt ervaren. Daarom voelt de éne gesprekspartner ook minder de neiging om het afwijkende standpunt van de ander te bestrijden. Ja, hij kan het zelfs interessant vinden.
Als iemand een geloofsuitspraak doet, betekent dat in mindere mate dan 40 jaar geleden:
Zo moet jij ertegen aan kijken. Maar veeleer: zo kijk *ik* ertegen aan.

Een voorbeeld:

'Uw vader is nu bij God in de hemel'. Wanneer 40 jaar geleden een pastor in een rouwgesprek deze zin tegenover de randkerkelijke nabestaanden uitsprak, was de kans groot dat zij zouden ervaren: wij worden nu geacht ons deze uitspraak eigen te maken. En als dat niet lukte of als ze dat gewoon niet wilden, ontstond er precies het probleem dat de vertegenwoordigers van het aanvaardend pastoraat wilden voorkomen: óf de pastor heeft gelijk met zijn geloofsuitspraak óf wij met onze twijfel. Maar hij oefent de 'definitiemacht' uit en verklaart in feite dat zijn standpunt goed is en het onze verkeerd.

Als vandaag de dag een pastor in een rouwgesprek zegt: 'Ik geloof dat jullie vader nu bij God in de hemel is', dan is de kans groot dat zij denken: 'Oh, dat is dus hoe de pastor er tegen aan kijkt. Wij kijken er weliswaar anders tegen aan. Maar interessant om te horen hoe hij er tegen aan kijkt – en misschien is het ook wel het overwegen waard.'

Dat betekent dat de conditio postmoderna een ruimte heeft geschapen die er zó 40 jaar geleden niet was: de ruimte voor wat met een traditionele term getuigenis wordt genoemd.

Dat deze term in de praktische theologie nauwelijks wordt gebruikt, heeft er misschien ook mee te maken dat de ruimte daarvoor er enkele decennia geleden nog niet was. 20 jaar geleden heeft de Amerikaanse homileet Thomas G. Long[5] deze term weer voor het eerst gebruikt in zijn bekende boek 'The witness of preaching'. Hij geeft daarin toe dat hij dat niet zonder enige schroom doet, dit vanwege de associaties die de term kan oproepen op grond van 'some more aggressive forms of evangelism'. – Dat kan weliswaar nog steeds gebeuren, al bedoel ik die invulling helemaal niet. En ik vind dat voor zo'n opdringerig spreken de naam 'getuigenis' ook niet past. Want een getuige – in de rechtszaal – is iemand die alleen maar spreekt wanneer hij gevraagd is. Hij spreekt ook niet strategisch met het doel om volgelingen te winnen. Hij doet ook geen uitspraken over de waarheid 'an sich'. Hij vertelt alleen wat hijzelf heeft gezien of gehoord of meegemaakt. Niet meer en niet minder dan dat. Zo gezien is dus de getuige een figuur die bijna geschapen lijkt voor een postmoderne cultuur.

Aanvaarden en getuigen. Ik ga nu tot slot beschrijven hoe dat er concreet kan uitzien in een op zich vrij ondramatische pastorale casus. Ik bedoel het gesprek van de predikant met 'randkerkelijke' ouders die hun kind willen laten dopen. Daarbij blijkt in de praktijk dat veel pastores in verschillende opzichten moeite hebben met het aanvaarden.

Dat heeft onder andere te maken met een krenking: voor de pastor zelf is de doop iets heiligs, iets kostbaars – en dan hoort hij de doopouders zeggen: 'Ja, dat hoort er gewoon bij, toch? Het kan geen kwaad, toch? In ons gezin is iedereen gedoopt'. Onbegrip, minachting, desinteresse. Voor de pastor betekent gedoopt worden lid worden van de kerk, van de gemeenschap van christenen met elkaar en met Christus. Voor die ouders daarentegen betekent de doop van hun kind geenszins dat ze nu meelevende gemeenteleden willen worden of dat zij ervoor willen zorgen dat hun kind dat straks wordt. De pastor voelt zich gekrenkt en machteloos. En zoekt naar wegen om deze gevoelens te boven te komen. Sommige pastores proberen dat door in het doopgesprek mini-preekjes in te voegen, hoewel ze aanvoelen dat de ouders daar echt niet op zitten te wachten. Anderen proberen een soort touwtrekken. Bijvoorbeeld: Voorwaarde van de doop van jullie kind is dat jullie een cursus van drie avonden volgen. En daarin probeert hij dan zijn best om de invloed uit te oefenen. Van een anglicaanse priester las ik onlangs dat hij als voorwaarde stelt dat de ouders voor een gesprek moeten komen dat nota bene plaatsvindt op zondag ochtend in de kerk, onmiddellijk na de dienst. Op die manier voelen de ouders zich moreel verplicht om tenminste op die ene zondag een keer de mis bij te wonen. En de priester kan het twijfelachtige succes boeken dat hij twee mensen over het jaar gerekend 2% meer tot kerkganger heeft gemaakt.

Deze mensen te aanvaarden, vereist dat de pastor zich bewust is van zijn eigen krenking en dat hij daar zó mee omgaat dat die niet zijn houding tegenover deze mensen gaat bepalen. Dat hij zich daar in het contact met hen

---

[5] Thomas G. Long, *The Witness of Preaching*, Westminster, J. Knox Press, 1989.

van vrij kan maken. Misschien helpt het hem daarbij ook om zich ervan bewust te zijn dat het niet zijn schuld is dat deze mensen in het geloof in het algemeen en in de doop in het bijzonder maar zo weinig waarde zien. En dat zijn eigen waarde en competentie als pastor er niet aan gemeten wordt in hoeveel gevallen hij erin slaagt om van randkerkelijke meelevende leden te maken.

Natuurlijk betekent aanvaarden niet: het standpunt van de doopouders juist of goed te vinden. Maar wel: te accepteren dat zij nou eenmaal zijn zoals ze zijn, as a matter of fact. En verder: Tegenover henzelf een houding in te nemen van belangstelling en acceptatie zonder hetzij met of zonder woorden te signaleren: Maar jullie hoorden eigenlijk anders te zijn.

Dat valt trouwens sommige pastores in het geval van het doopgesprek veel moeilijker dan bijvoorbeeld bij een ziekenhuisbezoek of in een rouwgesprek. Te vaak is – ook in het aanvaardend pastoraat – de rol van de pastor feitelijk zo ingevuld dat hij als een (zij het geestelijke) hulpverlener wordt gezien. Tegenover mensen die een probleem hebben of die naar troost verlangen, weet hij wat zijn rol is. *Weent met de wenenden.* Hier is de kritiek van Henning Luther in zijn bekende artikel “Alltagssorge und Seelsorge. Zur Kritik am Defizitmodell des Helfens”[6] van toepassing.

Maar *weest blijde met de blijden* – ook als die dat bepaald niet met God in verband brengen (zoals vele doopouders) – dat is hij niet gewend. De pastor heeft minder het gevoel: ze hebben me nodig. Hij voelt zichzelf en de boodschap waar hij als pastor voor staat qua tendens overbodig – en voelt zich niet prettig.

Maar wanneer de pastor erin slaagt om gewoon belangstelling te tonen, zonder enige strategische bedoeling, wanneer de pastoranten zich daarin geaccepteerd en gewaardeerd voelen zoals ze zijn, wanneer ze niet het gevoel hebben: daar zit iemand tegenover ons die een soort definitiemacht claimt over wat voor ons goed en juist is – en als de pastor daarom niet bedreigend overkomt, dan is de kans niet klein dat zij ook belangstelling zullen tonen voor wat de pastor zelf dan eigenlijk denkt en voelt en vindt. Mensen zijn best geïnteresseerd ook in de persoonlijke verhalen van de pastor.

Hierbij moet hij uiteraard op zijn hoede zijn voor de volgende valkuil.

Getuigenis als persoonlijk verhaal betekent niet dat hij dingen meedeelt die in zijn eigen privé sfeer (of in die van zijn gezin) thuishoren en die daarom bescherming verdienen. Hij blijft in de rol van de professional, hij is niet de persoonlijke vriend, en deze grens moet hij ook bewaken. Dus op voyeuristische vragen niet ingaan. Dat geldt niet alleen voor het seksuele leven van de pastor, daar spreekt het hopelijk vanzelf. Het geldt ook tenminste gedeeltelijk voor zijn geloofsleven. Ook dat verdient bescherming tegenover nieuwsgierige blikken van anderen.

---

[6] H. Luther, *Religion und Alltag. Bausteine zu einer Praktischen Theologie des Subjekts*, Stuttgart, Radius-Verlag, 1992, 224-238.

Ik geef een voorbeeld:

Aan een rooms-katholieke priester werd in zo'n gesprek gevraagd: Wat vindt u dan eigenlijk van het celibaat? Ik bedoel: ergens moet je met je hormonen terecht, toch?

Zijn antwoord was ontwapenend, was zelfbeschermend en bovendien nog een persoonlijke getuigenis. Hij zei: Ja, dat zijn voorschriften die ik niet gemaakt heb. En onze lieve Heer vast ook niet. Maar ik probeer om er zo goed mogelijk mee te leven. Dit omdat ik met hart en ziel priester ben. Ik zou niets anders willen zijn, want de boodschap van Gods liefde betekent voor mij alles.

Waar randkerkelijke doopouders op zitten te wachten, dat is zeker niet een minicollege over de theologie van de doop. Maar als ze in de pastor een mens herkennen die zelf iets met het geloof heeft, zonder hen te willen overtuigen, zullen ze naar zijn persoonlijke verhaal best benieuwd zijn.

Daarom lijkt het me wenselijk dat de pastor de competentie ontwikkelt en onderhoudt, om zijn persoonlijke authentieke verhaal te kunnen doen over wat hij met het geloof heeft en over wat hem bezielt.

Niet het verhaal van zijn eigen bekering. Want dat betekent maar al te vaak: Kijk, ik heb de stap al gedaan die jij nog moet doen. Maar zijn doelvrije, onopdringerige, authentieke verhaal, waar de gesprekspartner die zich aanvaard voelt, waarschijnlijk op zit te wachten.

Ik geef tot slot twee voorbeelden van hoe een pastor met weinig woorden vertelt wat hem bezielt. De voorbeelden liggen vrij ver uit elkaar. En dat kan ook nauwelijks anders, want het zal niet zo vaak gebeuren dat twee mensen door precies hetzelfde aspect of onderdeel van het geloof op precies dezelfde manier geraakt en bezield zijn. Ik weet ook niet eens of dat überhaupt wenselijk zou zijn.

Hoe kwam het dan dat u predikant bent geworden? – Op deze vraag van een doopouder gaf de pastor het volgende antwoord:

Ik heb me al in mijn middelbare schooljaren met mensenrechten beziggehouden. En ik werd geboeid toen ik teksten las uit de hoek van de bevrijdingstheologie in Latijns Amerika. Dat ben ik ook nog steeds. Een stem voor de armen, een stem voor de onderdrukten – dat kom ik bij christenen tegen. En daar wil ik aan meedoen.

Gelooft u echt dat God bestaat? – Daarop antwoordde een andere pastor als volgt:

Wat God betreft, zijn er zijn vele vragen waar ik ook geen antwoord op heb. Maar – het klinkt misschien raar en misschien vinden jullie dat ook wel vreemd – ik bid elke dag. Ik spreek tegenover God gewoon uit wat me bezighoudt. Dat geeft me soms meer helderheid en vaak rust. Dat zou ik niet willen missen.

Voor een getuigenisverhaal zoals ik het hier geschetst heb, is de sfeer van aanvaarding cruciaal. En daarvoor lijkt me het aanvaardend pastoraat zoals dat 40 jaar geleden is ontwikkeld, een bijdrage die nog steeds actueel is.

Zonder de attitude en de sfeer van aanvaarding dreigt een getuigenis onder de hand een manipulatieve onderneming te worden.

Zonder getuigenis dreigt aanvaardend pastoraat onder de hand ‘aanvaarding in plaats van pastoraat’ te worden.

Ik begrijp de postmoderne context als uitdaging en als kans om dat allebei te voorkomen.

Johan Temmerman

De aanspreking van de negatieve theologie
Over beeld-denken in mythologische gnosis en mystiek

In Lucas' *Handelingen* spreekt Paulus een befaamde rede op de Areopagus te Athene. Hij was er naartoe gebracht door 'enige epicureïsche en stoïsche wijsgeren' die hem over zijn ideeën wilden ondervragen. In de tekst stelt Paulus dat de ene God aan de Grieken onbekend is omdat de mensheid van tevoren toegemeten tijden en grenzen van hun woongebied kregen.[1] De bedoeling van deze condities van tijd en ruimte zijn, aldus Paulus, 'opdat zij de Heer zouden zoeken, of zij Hem misschien al tastend zouden mogen vinden, hoewel Hij niet ver is van ieder van ons, want in Hem leven wij, bewegen wij ons en bestaan wij; zoals ook enkele van uw dichters gezegd hebben.'[2] In Lucas' verdere uitleg laat hij Paulus eerst zeggen wat God niet is: Hij is niet gelijk aan goud, zilver of steen, geen artefact van kunstzinnigheid of gedachten van mensen. Wat God wel is, zegt hij niet, maar dat deze 'onbekende God' zich met de mensheid heeft verbonden, door wat voorbij de toegemeten tijden en grenzen is te openbaren. Voorbij de condities van tijd en ruimte ligt 'een dag van rechtvaardig oordeel'. God heeft dit geopenbaard door 'de man die Hij had aangesteld' uit de dood te doen opstaan. De verzamelde wijsgeren op de Aeropagus zijn niet overtuigd. Een buitenwerelds oordeel op basis van Jezus' opstanding is voor hen een brug te ver. Lucas sluit het tafereel over Paulus op de Aeropagus af met de melding dat een zekere Dionysius de Aeropagiet en de vrouw Damaris zich bij hem aansloten.

De naam Dionysius de Aeropagiet werd door een Syrische monnik in de 5^e^ eeuw gebruikt als auteursnaam. Zijn geschrift over mystieke theologie (*theologia mustikē*) geldt als grondlegging van de latere negatieve theologie. Pseudo-Dionysius spreekt daarin over de kennis van God in de diepste stilte van de menselijke geest. Pas in de 9^e^ eeuw werden de Griekse teksten van Pseudo-Dionysius vertaald in Latijn, waardoor zijn denkbeelden in het Westen ingang vonden en inspireerden tot de middeleeuwse mystiek van Meester Eckhart en Johannes van het Kruis. De methode om God te aanschouwen in je diepste zelf draagt het etiket 'negatieve theologie' en wordt een 'zijnsmystiek' genoemd.[3] Deze mystieke theologie wil God kennen langs de weg van ontkenning (*via negationes*). Door te zeggen wat God niet is, wil Pseudo-Dionysius alle kennis overstijgen om de geest in een toestand te brengen waarbij men God, zonder zintuiglijke bemiddeling, kan ervaren als het eeuwige en ware Zijnde. Deze ervaring is gesitueerd voorbij de condities van tijd en ruimte, als:

---

[1] Hand.17 : 15-34
[2] Hand. 17 : 27-28. Ik citeer uit de *Herziene Statenvertaling* (2010).
[3] B. Todoroff, *Laat heb ik je liefgehad. Christelijke mystiek van Jezus tot nu*, Leuven, 2002, 87-96.

> *een woordenloos schouwen van en verzinken in Gods oneindige diepte aan gene zijde van alle aardsheid, taal en verwijzing.*[4]

Het werk van Pseudo-Dionysius sluit dus aan bij de verkondiging van Paulus op de Aeropagus, waarin hij van de onbekende God de Ene maakt.[5] Naast de neoplatoonse *unio mystica* wordt de oproep van Paulus tot bekering om te anticiperen op het rechtvaardige oordeel, moeiteloos verbonden met ascese: afstand nemen van lichamelijke en materiële omstandigheden met het oog op geestelijke eenwording met God. De mogelijkheid tot eenwording met God veronderstelt een menselijke kwaliteit die daartoe in staat is. Plotinus noemde deze kwaliteit, in navolging van Plato, de rede. Het is dezelfde kwaliteit die aan de basis ligt van de negatieve theologie, zij het met de bedoeling er voorbij te gaan. In deze tekst wil ik de verstaanshorizon van de negatieve theologie verbreden, door enerzijds de christelijke gnostiek van de eerste eeuwen als voorfase te onderzoeken en door anderzijds de reflectie op de mystieke methode van Jacques Derrida in *Sauf le nom* (1993) in de discussie te betrekken.

1. Christelijke gnosis

Het *Apocryphon van Johannes* is de belangrijkste tekstbron van de mythologische gnosis. In de Nag Hammadi Geschriften (NHG) werden drie versies gevonden.[6] Samen met de tekst die gekend was uit de Berlijnse Codex hebben we dus vier tekstvarianten. Nauwkeurig vergelijk van deze bronnen leert

---

[4] Rico Sneller is zijn voorwoord bij de vertaling van *Sauf le nom*, een meditatie van Jacques Derrida over negatieve theologie aan de hand van teksten uit de *Cherubinischer Wandersmann* van de 17e eeuwse mystieke epigrammendichter Angelus Silesius (Johannes Scheffler, 1624-1677. J. Derrida, *'God', anonymus* (ingeleid en vertaald door Rico Sneller), Baarn, 1998, 13.

[5] De invloed van Plotinus (204-270) op de teksten van Pseudo-Dionysius in het bijzonder en op de mystieke theologie in het algemeen wordt door niemand ontkend. Plotinus beschouwde de/het Ene als alles omvattend en waaruit alles straalt. Het uiteindelijke doel van de mens is de *unio mystica* met de/het Ene. Zie verder: R.C. Solomon en K.M. Higgins, *Een andere geschiedenis van de filosofie* (vertaald door Ben Schomakers), Amsterdam, 1999, 154-156.

[6] De oudste vertalingen van de 52 Koptische handschriften die in 1945 nabij Nag Hammadi (Egypte) zijn gevonden is: J.M. Robinson (red), *The Nag Hammadi Library in English*, Leiden, 1988. Deze editie bevat, volgens de Nederlandse autoriteit inzake gnostiek G. Quispel, nogal wat fouten. Quispel en zijn collega R. van den Broek hebben vele teksten vertaald uit het Koptisch. De publicatie ervan is verspreid over verschillende boeken. Voor de integrale Nederlandstalige tekst van de NHG verwijzen we naar J. Slavenburg en W. Glaudemans, *De Nag Hammadi Geschriften. Een integrale vertaling van alle teksten uit de Nag Hammadi Codices en de Berlijnse Codex*, Deventer, 2004

dat een lange ontstaansgeschiedenis aan de basis van het *Apocryphon* ligt.[7] De tekst is in het Koptisch teruggevonden. Deze taal werd tussen 200 en 1000 n. Chr. in Egypte gesproken, voornamelijk onder christenen. De basis is het Griekse alfabet met toevoeging van een aantal demotische schrifttekens. De oudste gestandaardiseerde Koptische tekst is een Bijbelhandschrift uit circa 300 n. Chr. Onderzoek wees uit dat de NHG dateren uit de tweede helft van de vierde eeuw, toen de Griekse teksten in het Koptisch werden vertaald. Niet lang na de vertaling en onder druk van de triomferende orthodoxie, werden de teksen verboden. Een monnik van een klooster in Opper-Egypte, toegewijd aan Pachomius, verstopten de teksten onder het woenstijnzand en voorkwam op deze wijze de vernietiging ervan door orthodoxe ketterbestrijders.[8]

Het *Apocryphon van Johannes* begint met het verhaal van de ‘broer van Jakobus, zonen van Zebedeüs’, die door farizeërs op weg naar de Tempel te Jeruzalem wordt bespot. Johannes hoort het verwijt een bedrieger aan te hangen, want ‘de Nazoreeër’ brengt velen op een dwaalspoor. Johannes is bedroefd en ontvlucht de kritiek. In de woestijn verschijnt God aan hem met de woorden: “Ik ben de Vader, de Moeder en de Zoon. Ik ben de Onbezoedelde en de Onbevlekte.” Dan spreekt eerst de Vader:

De Monade is soeverein, met niets boven zich.
Hij is de God en Vader van het Al,
De Onzichtbare die boven het Al is,
Die in Onvergankelijkheid is,
Die zich in het zuiver licht bevindt,
Dat geen enkel oog kan schouwen.
Hij is de onzichtbare Geest. [9]

Deze beschrijving gaat nog even door. Hij is onbegrensbaar, onnaspeurlijk, onzichtbaar, onuitsprekelijk, onbenoembaar. De verklaring voor deze on-woorden stelt de dichter eveneens negatief: hij is oneindig omdat hij niets nodig heeft, oneindig omdat er niemand was om hem te begrenzen, onnaspeurlijk omdat er niemand was om hem te onderzoeken. Alleen in negatieve woorden kan men over God spreken, althans in zijn hoedanigheid als ‘Monade’, als

---

[7] Voor de synoptische editie van de Koptische teksten met Engelse vertaling, zie M. Waldstein & F. Wisse, *The Apocryphon of John. Synopsis of Nag Hammadi Codices II, 1; III, 1; and IV, 1 with BG 8502, 2*, Leiden, 1995. Ik maak gebruik van de Nederlandse vertaling van R. van den Broek (zie noot 45).

[8] H. Koester, *History and Literature of Early Christianity*, 231-245. Een handzame beschrijving van het belang van de NHG: E. Pagels, *De Gnostische Evangeliën*, Amerongen, 1985.

[9] *Apocryphon Joh.*, 6.

Soeverijn.[10] Deze methode gebruikte Pseudo-Dionysius en na hem de christelijke mystiek zoals we deze kennen van Eckhart, Johannes van het Kruis tot in vorige eeuw Dag Hammerskjöld. Over deze negatieve theologie reflecteert Jacques Derrida in *Sauf le nom*.

2. Deconstructie

De Franse filosoof stelt dat on-woorden evenzeer bevestigen: ze zeggen iets alsook het tegendeel ervan. Dit beantwoordt aan de term *apofase*, die zowel 'verklaring, uitleg' als 'negatieve of vragende vorm' betekent.[11] 'God is onbegrensd' is hetzelfde zeggen als 'God is binnen en voorbij elke grens.' Vervolgens verbindt Derrida de apofase met verlangen, waarbij de extreme consequentie van over God spreken in on-woorden enerzijds getuigt van een intens Godsverlangen (net als het zelfverklaard atheïsme) en anderzijds radicaal vreemd blijft aan elk verlangen. Dit samenvallen van bevestiging en negatie is, volgens Derrida, de kern van verlangen 'in zichzelf': opschorting of afzien van zijn eigen beweging van toe-eigening. Verlangen is dus steeds voorzien van een *apostrofe*. Dit is het teken van een dubbele genitivus, zowel objectivus als subjectivus. In de apofatische theologie betekent dit een 'verlangen van' en een 'verlangen naar', in vragende vorm: "komt het van God in ons, van God voor ons of van ons voor God?"[12] Mystieke theologie – Derrida illustreert met epigrammen van Angelus Silesius maar heeft het ook over Pseudo-Dionysius – is een uitdrukking van Godsverlangen waarbij men beseft dat de kern van dit verlangen eruit bestaat zich God niet toe te eigenen. Dit apofatische verlangen houdt een bekering in twee richtingen in: de beweging naar het andere en de beweging van het andere die God wordt. Deze bewegingen zijn dezelfde en niet zonder relatie tot de biografische belijdenis. Ik noem deze belijdenis een poging om de pre-text (de woordeloze ervaring van het bewegende leven) uit te drukken. Het probleem is dat het apofatische verlangen geen ken-ervaring is, geen informatie of onderricht. Hoe sterk men ook in religieuze zin dogmatisch denkt en de gedachten in pertinente voorschriften ter bevestiging giet, de opschorting eigen aan het verlangen, verzoekingen of aanvechtingen, dicteren dat de dogmatische belijdenis niet wezenlijk is. In de woorden van Derrida is de belijdenis steeds postscriptum en komt dus na de bewegingen waarvan ze getuigenis aflegt. De *via negativa* is een aanspreking waarvan de conclusie luidt (met een vers van Selesius):

---

[10] Van den Broek wijst op de Griekse woordspeling: de *monas* is een *monarchia*. R. Van den Broek, *Gnosis in de Oudheid*, 422.

[11] J. Derrida, *'God', anonymus* (ingeleid en vertaald door Rico Sneller), Baarn/Kapellen, 1998, 37.

[12] J. Derrida, *'God', anonymus*, 39.

Vriend, het is genoeg. Als je verder wilt lezen,
Ga, en word zelf het geschrevene en zelf het wezen.[13]

De lezer moet naar een punt voorbij het lezen, om aldus te schrijven. Dit is zelf wezen worden van het geschrevene, geen nieuw postscriptum. Worden (*Werden*), het schrift-worden (*Schrifft-werden*) en het wezen (*das Wesen*) zijn hetzelfde.

3. Gods eerste gedachte

Met deze analyse treft Derrida de reden van de orthodoxe verkettering van de gnostische geschriften in het hart: zelfwording is Godwording. Onwetendheid plaatst mens en God oneindig ver uit elkaar. Diegene die kennis (*gnosis*) heeft, weet dat God in hem is en hij in God. De christelijke apologeten en kerkvaders vanaf de tweede eeuw vergoddelijkten Jezus gaandeweg meer en meer, tot hij in wezen gelijk werd aan God. Het probleem was dat ze deze Godwording aan de gelovigen tijdens dit leven ontzegden. Eerst na de dood zal de getrouwe Gods Koninkrijk betreden. De voortreffelijke dichter en leraar Valentinus schreef voorin de tweede eeuw dat het Koninkrijk Gods al is gekomen (gerealiseerde eschatologie). Door de komst van Christus zijn mensen bewust geworden 'vaten' te zijn, die de volheid van God kunnen bevatten. Daartoe moeten we ons huis rein en stil bewaren.[14] Naar de verhouding tussen de valentiaanse gnosis van het *Evangelie van de Waarheid* en de mythologische gnosis die we in het *Apocryphon van Johanes* lezen, moet nog veel onderzoek worden gedaan. In de ideeënstrijd tussen de orthodoxe (apostolische) strekking en de heterodoxe (gnostische) bewegingen in de eerste eeuwen stond de visie op Christus centraal. Als Jezus God in het vlees was – een stelling uit het Johannesevangelie die Valentinus onderschreef – dan heeft hij ons de genade geschonken evenzeer het goddelijke te belichamen. Deze logische gevolgtrekking wordt in het *Apocryphon* mythologisch onderbouwd. De schepping van de Zoon in deze mythe kan ons bijgevolg zicht geven op de Godwording die als pre-text onder

---

[13] Freund, es ist auch genug. Im fall du mehr wilt lesen / So geh und werde selbst die Schrifft und selbst das Wesen. J. Derrida, *'God', anonymus*, 44.

[14] Valentinus schrijft in zijn *Evangelie van de Waarheid* dat de komst van Christus ook een grote verwarring teweeg heeft gebracht waardoor de dwaling – wij zijn niets, minder dan niets – opnieuw is toegenomen. Kennis van God/jezelf (*gnosis*) ontledigt de dwaling (en dus niet de mens): "Toen de Gnosis, die haar (dwaling, JT) ondergang is, met al haar emanaties haar benaderd had, was de dwaling leeg, er was niets meer in haar. De Waarheid is verschenen, al har geestverwanten hebben haar herkend." Ik gebruik de vertaling van het *Evangelie van de Waarheid* van Gilles Quispel uit: G. Quispel, *Valentinus de gnosticus en zijn Evangelie der Waarheid*, Amsterdam, 2003, 83-116 (citaat, 96).

bevestiging en ontkenning (vorige paragraaf) en het apofatische verlangen van de negatieve theologie ligt.

Na de zelfopbenbaring van de Vader als Monade en Soeverein vervolgt het visoen met de wording van de Moeder:

> *Want hij is het die zichzelf waarneemt in het licht dat hem omringt, dat de bron van levend water is. En hij geeft het alle tijden. Hij neemt zijn beeld geheel en al waar: hij ziet het in de bron van de Geest Hij wil wonen in zijn eigen licht, dat zich bevindt in de bron van het heldere lichtwater dat hem omringt. En zijn gedachte werd werkelijkheid: zij die tegenover hem verschenen was in de glans van zijn licht, trad tevoorschijn.*[15]

De werkelijkheidswording van de Moeder wordt hier verteld aan de hand van het Narcismotief. De Vader ziet zichzelf in het licht dat hem omringt, 'de bron van levend water'. Dit motief treffen we eveneens in de scheppingsmythe van de *Poimandres*, dat de opening van het Corpus Hermeticum vormt.[16] Van den Broek merkt op dat men dit motief gebruikt om de bewustwording van de hoogste God te verbeelden: "Hij ziet zijn spiegelbeeld en begrijpt dat hij dat zelf is. Meer filosofisch gezegd: hij denkt zichzelf."[17] Gods eerste gedachte betreft dus zichzelf en wel zichzelf als zelfstandige entiteit. Dit is volgens de mythologie van het *Apocryphon* de allereerste kracht, de oerkracht of 'zichzelf denken'. Een denken die met Narcismotief wordt gepreciseerd als 'beelddenken'.[18] Deze eerste en volmaakte kracht is "het beeld van de onzichtbare, maagdelijke, volmaakte Geest" en krijgt de naam Barbelo.[19] Deze oergedachte wordt tevens "de baarmoeder van het Al" genoemd. Nog steeds volgens de mythologische gnosis van het *Apocryphon* keek de Vader dan naar Barbelo en

---

[15] *Apocryphon Joh.*, 12.

[16] "De Vader van alle dingen, de Geest, die leven en licht is, bracht de Mens voort, die aan hem gelijk was. Hij beminde hem als zijn eigen kind, want de Mens was zeer schoon, daar hij het beeld van zijn Vader droeg. In feite beminde God dus zijn eigen schoonheid." De Mens breekt vervolgens door het hemelgewelf en toonde zich aan de natuur. "Toen zij zag dat hij onuitsprekelijk schoon was (…) en de gestalte van God bezat, glimlachte zij van begeerte, daar zij het spiegelbeeld van de allerschoonste gestalte van de Men in het water en zijn schaduw op het land zag. Toen hij nu in het water zag, dat zij een gestalte had die met die van hemzelf overen kwam, werd hij verliefd en wilde op die plaats wonen. Wens en realisering vielen samen, en hij verbleef in de redeloze vorm. De natuur, van haar kant, ontving haar geliefde en omvatte hem geheel en zij verenigden zich, want zij waren minnaars." R. Van den Broeck & G. Quispel, *Corpus Hermeticum*, Amsterdam 2003, 12-14.

[17] R. Van den Broek, *Gnosis in de Oudheid*, 425.

[18] Zie voor een uitleg over 'beeld-denken': J. Temmerman, *De onderstroom van religie en atheïsme. Vrijmetselarij, mystiek, gnostiek en hermetisme*, Tielt 2014, 10-29.

[19] De etymologie van Barbelo is onzeker. Volgens Van den Broek is de bekendste suggestie een afleiding uit het Hebreeuws: 'in vier is God', waarbij men de vier letters van de godsnaam JHWH in gedachten had. R. Van den Broek, *Gnosis in de Oudheid*, 426.

zij werd zwanger van het zuivere licht. De lichtvonk die daardoor ontstond wordt *monogenes* genoemd, de eniggeborene, die in gelukzaligheid gelijk is aan de Vader. Vervolgens verheugt de Vader zich over het licht uit Barbelo en zalft hem met goedheid. Van den Broek ziet hier een woordspel tussen *chrestos* (goed) en *christus* (gezalfde). Deze met goedheid gezalfde lichtvonk vraagt Geest (*nous*) of bewustzijn, wat hij krijgt. Dit alles voltrekt zich "in de stilte van het denken". Nu is het scheppen eigen aan het goddelijke bewustzijn. Dit scheppen is naar buiten treden door middel van het woord (*logos*):

> *Hij (de Gezalfde) wilde door het Woord van de onzichtbare Geest iets maken, en zijn wil verzelfstandigde zich en trad tevoorschijn en stond dienstbereid bij de Geest en het Licht en verheerlijkte hem. En het Woord volgde de wil, want door het Woord heeft de Gezalfde (Christus), de goddelijke zelfverwekte (autogenes), het Al geschapen.*[20]

Uiteindelijk voltooit de Geest de zelfverwekte en draagt hem alle macht en waarheid over, zodat hij een naam draagt die alle namen te boven gaat.[21]

4. De onmogelijke mogelijkheid

De traditie waaruit het *Apocryphon* ontstond geeft voorrang aan het geestelijk kader van mens en wereld. De schrijver denkt vanuit God, dit wil zeggen: hij beweegt zich naar het geestelijke en maakt van het geestelijke God, de Volmaakte Geest. Dit geldt evenzeer voor de visie op Jezus, die de Volmaakte Mens voorstelt, de vleesgeworden *logos*, die volledig Geest is gebleven, ook tijdens zijn aardse passage. Deze traditie is Derrida op het spoor gekomen – zonder de gnostische teksten te kennen, of hij gaf er althans geen blijk van – met zijn analyse van de negatieve theologie. Elke belijdenis heeft een biografische pre-text en is stricto senso postscriptum. De *via negativa* brengt de lezer voorbij het lezen en de belijdenis naar het schrift-worden. Het gaat daarbij niet om conclusies trekken, maar om het opschorten ervan.[22] Hij ziet daarin een verwantschap met het 'deconstructieve' denken, niet als methode die tot conclusies voert maar als "ervaring van de mogelijkheid van het onmogelijke,

[20] *Apocryphon Joh.*, 21.

[21] De inherente verwijzingen naar Johannes en Paulus zijn duidelijk: 'Alles is door het Woord geworden' (Joh 1:3) en 'de naam die alle te boven gaat' (Filp 2:9). Valentianen en mythologische gnostici zagen zich als erfgenamen van de apostolische traditie.

[22] Derrida spreekt in dit verband over "de pelgrimstocht van het schrift", evenwel niet als een filosofisch of theologisch traktaat (dus zonder conclusie of bestemming), waarbij elk woord onafhankelijk wordt. Een 'zwerftocht' lijkt mij dan ook in dit geval beter (zie volgende paragraaf). J. Derrida, *'God', anonymus*, 45.

van het alleronmogelijkste." God-worden dus, de onmogelijke mogelijkheid. Opnieuw met Silesius illustreert hij deze Godwording met niets-worden of zelf-worden:

> *Het niets-worden als zelf-worden of als God-worden, het worden (Werden) als voortbrengen van het andere, vanuit het andere: dát is nu net volgens Angelus Silesius mogelijk, maar dan als iets wat nog onmogelijker is dan het onmogelijke.* [23]

Het alleronmogelijkste dat toch mogelijk is heeft, volgens Derrida, een naam: de dood. Hij stelt dat alle apofatische mystieke teksten kunnen worden gelezen als machtige betogen over de dood. Hiermee toont Derrida zijn verworteling in de existentiële filosofie van Heidegger en de sterfelijkheid van het *Dasein*. Het zijn als zijn-ten-dode of het voor-de-dood-zijn. Wat na de dood komt als postscriptum of belijdenis van het zijn. Daaraan kan alleen een theologie waarin het woordje 'zijn' niet voorkomt voldoen.

In dezelfde zin interpreteer ik de visie op dwaling in de mythologische gnosis als *Dasein*, de gebondenheid aan het organische of materiële zijn dat ten diepste een zijn-ten-dode is. De alomvattende Geest – niet te beschrijven noch te benoemen, want onbegrensd en ondoorgrondelijk – duidt, door de oergedachte als baarmoeder van het Al, het afsterven of verdwijnen van het zijn als een noodzakelijke overgang of vernieuwing, omdat deze Geest de materie in de eerste plaats tot materie maakt. Dit beeldenken kwam aan bod in de scheppingsmythe, waarbij de Geest eerst aan zichzelf dacht en vervolgens met liefde naar deze gedachte (Barbelo) keek, waardoor de Zoon tevoorschijn trad. Dit is een beeld van zelfgenererende bewustwording, die de materie als bewustzijn ervan vorm geeft en door zich ervan af te wenden – ' zich rein en stil bewaren' – vernieuwt. Hegel noemde dit de substantie die slechts werkelijk is in de mate dat deze substantie de beweging van het zichzelf-poneren is, of de bemiddeling tussen zijn eigen anders-worden en zichzelf.[24] De zich vormende en sterk makende apostolische orthodoxie heeft deze primordialiteit van het bewustzijn als 'docetisme' verketterd.

---

[23] J. Derrida, *'God', anonymus*, 46.

[24] G.W.F. Hegel, *Het wetenschappelijke kennen. Voorwoord tot de Fenomenologie van de geest* (vertaling en verklarende voetnoten van Peter Jonkers, inleiding van Samuël Ijseling), Amsterdam, 1978, 57.

5. Woestijn

Het bleek voor velen tijdens de eerste eeuwen net zo te zijn als voor velen vandaag: iets wat 'bij wijze van spreken' wordt gezegd is niet waar. Daarbij gaat het niet alleen om metaforen en hun rationele verklaring, maar om de voorstelling van datgene wat onvoorstelbaar is, wat voorbij taal ligt. Gnostische mythen en negatieve theologie zijn 'een wijze van spreken' die, zich bewust van de talige beperkingen, de woorden richten op het onuitspreekbare. Deconstructie van het apofatische spreken in het spoor van Derrida herleidt de *via negativa* tot niets. Bij wijze van spreken niets zeggen. Dit 'niets' is tegelijk een bevestiging van een 'iets' voorbij de grens. Dit 'iets' komt tot uitdrukking in de metafoor 'woestijn'. Is dit niet een paradoxale figuur voor de aporie? Derrida bevestigt: de woestijn is een metafoor van de niet gebaande weg als voorwaarde om de aporie voorbij te trekken.[25]

De woestijn is naast de Tempel de meest voorkomende plek van profetische visioenen in de Thora. Johannes de Doper is het archetypisch beeld van de profeet, de roepende in de woestijn, maar ook de verlosser zelf zal uit de woestijn treden. In het *Apocryphon van Johannes* is de woestijn de plaats van openbaring. De woestijn als plek waar het wezen van het bestaan naar de uiterste grenzen wordt gedreven en ook omgekeerd, waar de grenzen het wezen onhandelbaar domineren. Het is op deze plek dat het visioen inbreekt als zijnde een ervaring dat alle spreken te boven gaat. Dan resteren twee mogelijkheden. Ofwel praat de profeet/dichter in grootse beelden (vorm) met een sterk allegorische inslag (inhoud), ofwel zwijgt hij/zij, zegt niets. De mythologische gnosis trekt het eerste spoor, de mystieken het tweede.

Al de eerste jaren na de gebeurtenissen rond Jezus in Jeruzalem stelde men zich de vraag wat dit nu allemaal te betekenen had. Het Nieuwe Testament is gefundeerd op de reflectie en het antwoord dat Paulus op deze vraag bood. Paulus legitimeerde zijn apostelschap door beroep te doen op een woestijnervaring.[26] Ongeveer twintig jaar later schrijft Marcus zijn Evangelie. Hij plaatst Paulus' woestijnervaring in het centrum van het apostelschap, alleen trekken de twaalf niet de woestijn in, maar kwam de woestijn naar hen toe in de figuur van Jezus. De evangelisten hebben geen woorden om deze apostelervaring door te geven en vallen terug op een allegorische dimensie, uitgedrukt in wonderen en genezingen. Deze methode werd in het vierde canonieke evangelie van Johannes consequent doorgetrokken.

In de bewoordingen van de postmoderne religiekritiek deconstrueren de canonieke evangeliën het talige wereldbeeld van hun tijd. In de taalfilosofie van

---

[25] J. Derrida, *'God', anonymus*, 57.

[26] Onderweg naar Damascus behaagde het God 'zijn Zoon in mij te openbaren', waarna Paulus naar Arabië vertrekt en via Damascus pas drie jaar later terug onder de mensen komt. Gal 1 : 15 – 18.

de late 20^e^ eeuw voorkomt men de pre-text – de woordeloze woestijnervaring – ernstig te moeten nemen, door de tekst (het Evangelie) te klieven in twee tegengestelden: ontologisch formalisme versus poëtica. Derrida wijst volgens mijn inzien op de onvruchtbaarheid van deze tegenstelling. Diegenen die beweren dat de tekst slechts vorm of schijn is, ontgaat de tendens dat de dorre fictionaliteit de beelden zelf aan de kaak stelt. Het 'wezen' van het spreken is een betoog waarin het spreken en de taal vanzelf spreken en er akte van nemen dat *Die Sprache spricht*:

> *Vandaar die poëtische of fictionele, soms ironische, maar steeds allegorische, dimensie, waarvan sommigen zouden zeggen dat het alleen maar een vorm is, een schijn of een schijnbeeld... Toegegeven, het is zo dat deze dorre fictionaliteit er tegelijk naar tendeert, om de beelden, de figuren, de idolen, de retoriek aan de kaak te stellen. We moeten denken aan een iconoclastische fictie.*[27]

Dit iconoclasme, dit 'breken van goden'[28], werd in de gnostische lezingen van Paulus en de Evangeliën bewaard, tegenover de orthodoxe visie die de vele goden herleidde tot de ene, zij het drieledige, nieuwe godheid (het 'traditionele' christelijke trinitarisch godsbegrip). De negatieve theologie die zich, getuige Pseudo-Dionysius, aan de orthodoxe triomf voedde, keerde terug naar de pre-text van de woestijnervaring door een absolute en vragende (apofase) vermindering door te voeren, tot er – in de woorden van Derrida – "niets overblijft behoudens de naam":

> *Behoudens zijn naam die niets noemt wat standhoudt, zelfs niet een godheid, niets waarvan niet de verhulling de volzin, elke volzin die poogt zich met hem te meten, meevoert. 'God' 'is' de naam van die grondeloze verzinking, van de eindeloze verwoestijning van de taal.*[29]

In alle varianten verbindt de *via negativa* de verwijzing naar God met de ervaring van de woestijn. De woestijn is de plek van het gebeuren bij uitstek;

---

[27] J. Derrida, *'God', anonymus*, 57-58.

[28] 'Goden breken' is volgens Marc De Kesel tegelijk het eigene en kritische potentieel van het monotheïsme, die de cultuur (geschiedenis, religie, kunst en wetenschap) wijst op haar 'dubbele bron', verwerkelijkt als een testimoniale en sacrificiële logica. Deze *double bind*-logica vertoont een onverzoenbare spanning en opent, volgens Derrida (en De Kesel), het perspectief van het 'gebeuren'. Het gaat in de religie, net als in de humaniteit, om een contingent 'gebeuren. M. De Kesel, *Goden breken. Essays over monotheïsme*, Amsterdam, 2010, 113-126.

[29] J. Derrida, *'God', anonymus*, 59.

In het beeldenken van Valentinus is de woestijn een symbool van 'de plaats van rust'. Daar is de volkomenheid (*pleroma* – Grieks woord dat 'volheid' betekent). De leegte van de woestijn is het teken van de volheid van 'de plek'. Valentinus interpreteert de plaats niet alleen als het samenvallen van de tegendelen (leeg/vol), maar tevens als het 'gebeuren' van Godwording:

> *Want de plaats, waar zij hun gedachten op richten, dat is hun wortel, die hen omhoog trekt, in alle hoogten tot de Vader. Zij bereiken zijn hoofd, dat hun rust geeft (...) Ze spannen zich niet in voor de waarheid en ze lopen niet in een kring rond de waarheid. Neen, ze zijn zelf de waarheid.* [30]

De lezer die schrift wordt, de odyssee van de waarheid, gebeurt dus op een plek zonder geografie, geometrie of geofysica. Derrida spoort volledig met Valentinus als hij stelt dat "de plek zich in ons bevindt". [31] Maar wat zich in ons bevindt – wij zijn het 'oord' van het 'woord' – is ook daarbuiten, namelijk de plek van het postscriptum, die op zijn beurt de pre-text is van de taal van de ander. Zo heeft het gebeuren steeds een voorafgaande en toekomstige werkelijkheid. Het gebeuren zelf is een spoor of litteken en markeert de plek waar het onmogelijke plaatsheeft. Deze plek is niet buiten de werkelijkheid, maar het spoor – Derrida spreekt van 'wonde' – maakt de werkelijkheid van het gebeuren leesbaar en spreekbaar. Maar dit lezen en spreken is, door het 'oord' van het 'woord' als postscriptum, steeds een dubbele beweging: verhulling en overstijging, omdat het spreekt over wat voorbij de grens ligt (overstijging) als iets dat reeds gebeurt is (verhulling). Selesius illustreet met een beeld: je kan de zon niet bereiken, maar wel je pijl erop richten. De pijl, als metafoor van taal, is alles behoudens waarop hij mikt. Dit 'mikken', het voortstuwen, is de passie van de negatieve theologie. Het spreken zelf, het afschieten van de pijl, heeft bijgevolg iets paradoxaal, want door over het onbereikbare te spreken ontwortelt de spraak zichzelf. Dit is de al eerder genoemde 'verwoestijning van de taal': waar de godsspraak zelf het gebeuren is.

6. Alles loslaten, ook God

De derridiaanse analyse van de negatieve theologie biedt een uitgelezen kader om de mythologische gnosis te interpreteren als aanzegging: tegelijk openbrekend en voortbrengend. Illustratief is de verklaring van lijden en kwaad in het *Apocryphon van Johannes*. De scheppergod of Demiurg (Jaldabaoth) is

[30] *Evangelie van de Waarheid*, 41,4-42,37.

[31] J. Derrida, *'God', anonymus*, 60.

een artefact van de gevallen Sophia. Deze mythe breekt de goede godheid die alles volmaakt tot stand bracht en weerspreekt het dogma dat de goede schepping door de verdorvenheid (ongehoorzaamheid) van de mens gecorrumpeerd werd (erfzonde). Groot was de ijver van de kerkvaders om de gnostici een negatief wereldbeeld te verwijten waardoor ze, tegen beter weten in, de schepping als volmaakt bevestigden – althans in haar door Christus herstelde vorm. We zagen echter dat Valentinus de lege volheid van de woestijn onderstreept als een symbool van 'de plek van rust', de geestelijke vol-ledige werkelijkheid. Om met Derrida te spreken: door zich aan alles voorbij te begeven, maakt Valentinus het zijn en het weten, bestaan en kennis, van elkaar los.[32] Door deze beweging zelf tot 'kennis' of 'weten' (*gnosis*) te verheffen, hult hij het 'zijn' in onwetendheid. Derrida merkt terecht op dat we eenzelfde beweging zien in het cartesiaanse *cogito*, dat niet alleen zegt *dat* ik ben, maar ook *wat* of *wie* ik ben.

Zelfkennis is Godskennis, opperden gnostici. Valentinus schrijft aan het einde van zijn *Evangelie van de Waarheid*, dat hij de plek of het *pleroma* heeft bezocht maar er verder niet kan over spreken: "Maar daar is het, dat ik zijn zal."[33] Net zoals in de Tweede Korinthebrief van Paulus, kan Valentinus over de plek niet spreken, maar bergt de ervaring een belofte. Deze belofte is het zich begeven naar het oneindige (de vlucht van de pijl) die, zoals ik met Derrida's dubbele binding (verhulling en overstijging) interpreteer, bereikbaar is eens de bereikbaarheid losgelaten is. Dan geschiedt het gebeuren, de kenose die leeg maakt en tegelijk opvult. Dit loslaten of 'gelatenheid' is een essentieel thema van de mystieke theologie (Eckhart) en komt ook in de filosofische traditie aan bod (Schopenhauer en Heidegger). Gelatenheid wordt dan de oergrond van alle werkzaamheid, juist door van alle werkzaamheid af te zien: uit liefde tot God alles loslaten, ook God zelf.[34] Hem achterlaten behoudens zijn naam, aldus Derrida.

Deze verkenning van het beeldenken van de mythologische gnosis en het apofatische verlangen van de negatieve theologie, brengt openheid in de strakke orthodoxe opvattingen van de christelijke theologie. Essentieel voor de dialoog en de samenleving, bijvoorbeeld betreffende gastvrijheid en ethiek, ontsluit de vroegchristelijke gnosis de ruimte van doorgang naar en van het andere: "God als andere naam voor het verlangen, handelt in de woestijn van het atheïsme."[35]

---

[32] J. Derrida, *'God', anonymus*, 68.

[33] "Dit is de plaats der zaligen, ditis hun plaats, dat het mij niet geoorloofd is, nadat ik op de plaats der rust ben geweest, nog meer te zeggen. Maar daar is het, dat ik zal zijn." *Evangelie van de Waarheid*, 42,37-43,24.

[34] G. Visser, *Gelatenheid. Gemoed en hart bij Meister Eckhart. Beschouwd in het licht van Aristoteles' leer van het affectieve*, Amsterdam, 2008, 208ev.

[35] J. Derrida, *'God', anonymus,* 82.

Johannes Taschner

Le bouc émissaire : responsable de toutes les fautes
De zondebok: verantwoordelijk voor alles wat er mis is[1]

Qu'est-ce que le mobbying ou l'harcèlement ?

C'est quoi, le « mobbying » ou harcàlement ? Dans les discussions scientifiques relatives à ce sujet, un consensus s'est formé une idée sur l'utilisation adéquate ou non du mot mobbing.

Le mobbing est la victimisation systématique, intentionnelle et répétée des faibles par une ou plusieurs personnes, par des moyens verbaux, corporels ou relationnels, sur une longue durée et dans le but d'une dégradation sociale (Peter/Sharp). Dans ce but, ce sont les » moyens relationnels » qui sont avant tout déployés. Les comportements de rejet en rapport se font toujours par derrière, jamais directement. Les actions hostiles sont toujours prises en l'absence de la victime. Il s'agit de tracasseries persistantes et systématiques pendant une longue durée à travers des mots et des gestes.

A un stade supérieur, peuvent apparaître des attaques, vols et des dégâts matériels . On se sert aussi volontiers du vecteur social : mensonges et rumeurs sont répandus délibérément, des coups de main sont passés à des complices, les supérieurs ou encore les éducateurs sont manipulés.

Ce phénomène apparaît au sein des écoles, de l'entreprise, des familles et du monde politique.

Pourquoi le mobbing ? D'abord dans un groupe, chacun a un besoin légitime de reconnaissance et de compétence, ce qui génère une mise en avant psychologique. Là-dessus, les membres prennent conscience du poids des idéaux de leur groupe (ou cela se fait la plupart du temps inconsciemment). Et chaque groupe a un paquet des idéaux. Là où il n'y a pas de mobbing, tous travaillent selon leurs capacités à la réalisation de ses idéaux. Les hiérarchies demeurent souples et plates, chaque membre a sa place et ne craint pas de la perdre. Pour les membres qui ont un besoin de valorisation élevé (parfois par manque de confiance en eux) s'offre alors la voie apparemment facile et agréable de la mise en avant aux détriment d' autres membres qui correspondent de prime abord le moins à l'idéal du groupe. Les « victimes » ont toujours besoin d'une « étiquette », c'est à-dire d' attributs par lesquels elles représentent le mieux les peurs et faiblesses du groupe entier. Les harceleurs choisissent des personnes avec le moins de soutien dans le groupe. Dans un 1er temps, on teste la force de ce soutien. S'il est faible, les harceleurs peuvent compter sur des

---

[1] De Nederlandse samenvatting vindt u aan het eind van deze bijdrage.

applaudissements sans gêne et sans obstacle. La recherche de mise en avant est maintenant tranquillisée par le fait de marquer ses distances vis-à-vis des faibles du groupe. Elle s'effectue par une mise à l'écart systématique d'une personne (la plupart du temps isolée). Dans ce contexte, on parle souvent dans les discussions grand public sur le mobbing de bouc émissaire.

Dans la littérature, on décrit les différentes phases par lesquelles le mobbing se manifeste. En dernière étape, cela peut aller si loin qu'on enlève aux personnes toute humanité, et ainsi les persécuteurs peuvent mettre leurs derniers scrupules de côté. Les victimes se voient attribuer un nom d'animal et se font exclure des valeurs éthiques du groupe. Chacun peut désormais porter la main sur lui sans avoir mauvaise conscience.

La victime est maintenant tout en bas. Les autres membres flairent exactement, quelles dures sanctions ils encourent s'ils soutiennent les victimes. C'est pourquoi une grande partie du groupe devient complice. Ce cercle infernal ne peut être rompu qu'à l'aide du groupe entier, car ça n'a qu'un sens limité de travailler avec les victimes seules. Cela peut certes aider comme 1e mesure d'urgence, mais cela ne peut dépasser le traitement des symptômes. Une véritable action de contre- mob bing travaille avec le groupe entier et vise 2 étapes de reconnaissance :

- Le changement de perspective des acolytes et suivistes: C'est seulement quand eux commence a comprendre comment se sent la victime que la voie est libre pour une nouvelle coopération, où la victime retrouve à nouveau une place dans le groupe.
- Le groupe reconnaît que les défauts attribués à la victime sont en réalité les peurs et faiblesses du groupe entier. La victime a été abusée en personnifiant leurs propres peurs et faiblesses. Celles-ci ne peuvent disparaître par projection sur une personne, mais doivent être perçues comme un challenge commun au group entier. Cette prise de conscience doit s'imposer à tous les membres.

Quand ce changement de perspective se réalise, une nouvelle et complète coopération se met en place ainsi qu'un fort sentiment de « nous ». Les hiérarchies sont nivelées, la peur disparaît, la détente est palpable, et une sorte de climat serein s'instaure.

Voici un cas-typique pour illustrer ce qui précède :

C'était pendant un voyage de classe de 6e. J'avais la chance de pouvoir faire ce voyage avec une collègue qui avait une vision très juste de ce qui se passait entre les élèves. Je ressentis déjà pendant le trajet vers les Ardennes une impression négative concernant les enfants ; c'était difficile d'accéder les enfants de cette classe ; beaucoup s'étaient retranchés en groupes de 2 ou 3 ; de plus, le trajet en bus fut bruyant ; une bande de garçons se mit à renchérir à celui qui ferait les meilleures boutades. Je fus frappé par le fait qu'on ria le plus à des sous-entendus les plus mordants contre des élèves. Non, on était loin d'une ambiance sereine et impassible.

La répartition des lits dans l'auberge se transforma en affaire d'état. Qui dormirait avec qui et dans quelle chambre fut âprement discuté. Bientôt apparut derrière tous ces débats la question fatale : Qui dormirait avec Peter G. ? Chacun s'y refusait des mains et des pieds. Je connaissais Peter G. en cours. Il était toujours assis seul. Ce n'était pas un garçon agréable. Il ne se comportait pas spécialement bien et se faisait remarquer de telle façon qu'il perturbait bruyamment le bon déroulement des cours dès les 1ères minutes, sans en avoir demandé l'autorisation ni sans qu'on l'en ait prié. Il s'était souvent fait remarquer par des voies de fait ; les autres avaient toujours réussi à le faire passer pour l'agresseur.

L'anecdote de la répartition des lits fut réglée par une intervention musclée de ma collègue et de moi-même. Puis le programme établi avec amour pour le quelques jours passés dans un château des Ardennes ne souleva pas d'enthousiasme dans la classe. Je me demandai comment les excursions en forêt ou en bateau pouvaient provoquer un tel désintérêt jusqu'à ce que je me rende compte que ceux qui se réjouissaient des propositions initialement, étaient aussitôt assaillis par des remarques méchantes de la part de la bande de garçons. Quelque chose n'allait pas dans cette classe.

Ma collègue réunit un conseil de classe. Après le dîner, les tables furent mises de côté et les chaises mises en cercle. C'est contre leur gré et en dernier que les mauvais garçons prirent place sur leurs chaises. Les élèves devaient exprimer ce qui ne leur plaisait pas dans la classe. La réponse : « rien, tout va bien. Si ce n'est Peter G. qui énerve tout le monde. Sinon, tout va bien, vraiment ! ».

La classe se releva aussi morose qu'elle s'était assise.

Les jours suivants n'apportèrent aucun changement.

Tout à coup Peter G. fut mêlé à une bagarre. Il avait à nouveau frappé et s'était enfui dans la forêt. Il me fallut du temps pour le rattraper. Nous nous assîmes côte à côte loin de l'auberge de jeunesse et du monde. Une bonne demi-heure. Sans un mot. Puis il dit brusquement : « Il n'y a rien qui change. » « Comment ça ? « demandai-je. « Ils me poussent à bout ».

Ce n'est qu'au bout d'une heure que je parvins à le ramener à l'auberge de jeunesse. Le même soir, on refit une réunion. Peter raconta sa version de l'incident. La riposte fut prompte. Peter était en faute - naturellement. Il avait frappé le 1er. L'affaire semblait claire. Il faut dire que Peter avait présenté sa version de façon maladroite. Il était tout bonnement antipathique. Mais il y eut une fille qui donna un nouveau tournant à la discussion : » Nous poussons tous Peter à bout. Il doit se sentir complètement mitraillé dans cette classe. » Il y eut une approbation timide de ses camarades filles. Peter fondit soudain en larmes sans complexes. Chez les autres : silence coupable. Un autre garçon émit : « Personne ne veut être comme Peter, mais dans le fond on est tous un peu comme lui. » Mais comme le meneur de la bande essayait de rabaisser ce garçon de la remarque : « Toi, peut-être ! » Il y eut un retournement brutal de situation, et c'est justement lui, le meneur, qui se mit à écouter à quel point la plupart de ses camarades de classe souffraient de ses remarques méchantes. Des élèves dont je connaissais à peine la voix prirent la parole. Quand nous nous levâmes, cette fois-ci, on avait l'impression que la Terre avait brusquement tourné. Nous étions tous épuisés, comme après avoir accompli un travail de force, mais très conscients de ce que nous avions fait et dit. Une nouvelle chance voyait le jour.

La matinée suivante fait partie pour moi des meilleures que j'ai pu vivre avec des élèves. On faisait un jeu de chevaliers sur la place du château. La répartition des groupes était absolument sans problème. Tous prenaient un plaisir fou à ce jeu. Il régnait une ambiance détendue et bon-enfant comme je l'ai rarement ressenti. Avec Peter G au milieu. J'eus presque l'impression même qu'on le recherchait.

Il n'y a que le meneur de la bande et son lieutenant qui se tinrent à l'écart. Ils ne parvenaient pas à tourner la page. La classe entière avait « changé son fusil d'épaule ».

Analyse d'Isaïe 52,13-53,12 :

Traduction

52,13. Voici, celui qui est à mon service s'imposera avec intelligence.
Il accèdera à la plus haute considération et occupera une place sublime.
14. Même si beaucoup frémirent devant toi parce que son apparence était la plus défigurée de tous les hommes
et sa forme la plus défigurée des descendants du genre humain,
il éclaboussera néanmoins de nombreux peuples.
De nombreux rois seront muets devant lui.
Ce qui ne leur a pas été raconté, ils le voient
et ce qu'ils n'ont pas entendu, ils le comprennent.
53,1. Qui a fait confiance à ce que nous avons donné à écouter.
Le bras de Yhwh – à qui a-t-il été révélé ?
2. Il grandit devant lui comme un germe,
comme une racine [sortant] d'une terre aride.
Il n'était pas un phénomène et il n'avait pas d'aura.
Nous le voyions, mais il n'avait pas d'apparence,
nous ne l'aimions pas.
3. Il était méprisé et abandonné par les hommes,
plein de douleurs et accoutumé à la souffrance
comme quelqu'un duquel on détourne les yeux.
Il était méprisé et il ne comptait pas pour nous.

4. Mais c'était notre maladie qu'il portait
et c'étaient nos tourments qu'il avait endossés.
Nous par contre, nous le prenions pour un condamné,
pour quelqu'un qui avait été battu et humilié par Dieu.
5. Cependant, il fut blessé suite à nos délits
et il fut brisé suite à notre échec.
Sur lui reposait la révélation qui menait à notre paix
et grâce à sa communauté, nous avons été guéris.
6. Nous errions sans but comme des moutons.
Chacun ne se préoccupait que de son propre chemin.
Mais Yhwh lui faisait endosser notre échec commun.
7. Il était mené et traité en proscrit.
Néanmoins, il n'ouvrait pas la bouche,
comme un agneau mené à l'abattoir
ou comme une brebis muette face à ceux qui la tondent.
Il n'ouvrit pas la bouche.
8. On l'a tiré du mutisme et de la condamnation.
Qui se souciera de sa descendance (de son destin) ?
Oui, il est coupé du pays des vivants.
Suite au délit de mon peuple il a été foudroyé.
9. À sa mort, on lui attribua une tombe à coté des criminels et des riches,
même s'il n'a jamais commis d'acte de violence et que nulle escroquerie ne sortit de sa bouche.
10. Mais Yhwh voulait qu'il soit abattu et qu'il devienne malade.
Si tu définis sa vie comme marque d'expiation, il verra sa descendance et prolongera ses jours.
Ce qui plaît à Yhwh réussira par sa main.
11. Il verra le rendement de sa vie, il sera rassasié par sa connaisance.
Le juste qui est à mon service rend juste la foule et il endosse leur échec.
12. C'est pourquoi je lui donne les foules.
Il partagera la proie avec les forts pour le fait qu'il a versé sa vie jusqu'à la mort
et qu'il s'est fait compter parmi les criminels.
Et pourtant, il porta la faute des foules et intercéda pour les criminels.

Le changement de perspective dans Isaïe 52,13 -53,12 :

Dans les faits, c'est la 1e fois que l'on parle à la 1e personne du pluriel « nous » par rapport au Serviteur de Dieu dans tout le livre d'Isaïe, ce qui nous conduit, maintenant , après-coup, à une nouvelle reconnaissance :

« Nous par contre, nous le prenions pour un condamné, pour quelqu'un qui avait été battu et humilié par Dieu. » (53,4).

Avant le changement de perspective, le Serviteur est perçu comme quelqu'un qui de toute façon s'est accomodé de ses souffrances et de ses peines et qui est négliable. Il l'a bien mérité. Mais cette perspective se révèle fausse juste après : « 6. Nous errions sans but comme des moutons. Chacun ne se préoccupait que de son propre chemin. »

L'égoïsme du groupe et le rabaissement de l'un d'eux en particulier ont manifestement un rapport direct entre eux. Pendant tout le chant, le Serviteur reste muet. La construction du texte le met particulièrement en évidence. Au verset 7, qui est rigoureusement symétrique comme tous les versets du chant, un morceau attire l'attention en faisant une exception:

« il n'ouvrait pas la bouche » mentionne ´déjà au début du verset.

Dans cet esprit, on peut comprendre qu'il s'agit d'une déclaration centrale du texte. L'absence de parole est de plus dépeinte par l'image du mouton, qui se tait devant le tondeur et qui n'émet pas plus de son qu'un mouton mené à l'abattoir. Ces images illustrent que le serviteur se trouve dans une situation où chaque mot est inutile. Mais c'est justement par son silence que le serviteur brise le cercle sans fin violence / contre-violence.

Au verset 5, on peut traduire:

« Cependant, il fut blessé suite à[2] nos délits et il fut brisé suite à[3] notre échec. »

La suite :

« Sur lui reposait la révélation qui menait à notre paix
et grâce à sa communauté, nous avons été guéris.»

Ce qui signifierait que le changement de perspective dont il s'agit dans ce « 4e chant du serviteur se trouve bien dans le serviteur lui-même. Le groupe « nous » prend cette nouvelle perspective à sa charge et guérit ainsi.

Que peut-on dire maintenant du terme אשם (souvent traduit par sacrifice expiatoire)? Il faut sans doute prendre comme point de depart la signification de base du concept אשם comme sacrifice, car elle demeure principalement au niveau culte. Le אשם est le bouc emmissaire en Lev 5 et 16, qui est abbatu pour les pêches d'Israel. Mais : Dans notre chant il manque avec cette exception toute terminologie de rituel de sacrifice. On se sert d'un concept cultuel pour décrire les processus entre hommes. C'est pour cela que ce concept est à

---

2 Dans le texte Hebreu on trouve ici la preposition מן.

3 Aussi ici on trouve dans le texte hébreu la preposition מן.

prendre dans son nouveau contexte. Il y a aussi des textes, ou אשם a une fonction de figure de rappel. (1 Sam 6). Si on rapporte cela à notre chant, cela pourrait signifier que le serviteur de Dieu serait une sorte de figure de rappel de ce que le groupe ou les auditeurs ont causé. (Esaïe,53, 4b).

Le changement de perspective est lié à l'aveu de la faute et permet un nouveau commencement qui repose sur le אשם du serviteur, et là dans le sens de « sacrifice ».

Avec ce changement de sens, le groupe renonce à utiliser le serviteur de Dieu pour ses besoins de projetions. On sent à ce moment un certain laisser-aller. C'est pourquoi on peut traduire אשם en V. 10 par « marque/signe d'expiation » : « si tu offres sa vie en marque / signe d'expiation, il vivra une postérité, il prolongera ses jours, et par lui la volonté de Dieu s'accomplira » (v.10).

Après l'abaissement vient la promesse de bénédiction. Elle ne concerne pas que le Serviteur : sa justice rend juste les « foules » (v.11). Et cela a été possible, parce qu'il a pris nos delits sur lui, sans ouvrir la bouche. A travers le silence qui supporte la faute des autres, et avec lequel il brise le cercle infernal violence et contre- violence, le Serviteur sauve les « multitudes ».

4. Aperçu du Nouveau Testament :

Le 4e chant du serviteur (Isaïe 52) n'est pas cité mot pour mot dans le récit de la Passion selon Marc, mais les récits de la Passion se comprennent comme la forme raconté du chant du serviteur.

Marc raconte deux fois que Jésus n'ouvre pas la bouche contre ses agresseurs. Il se tait devant le grand prêtre (14-61) et ne répond rien à Pilate (15-4). Pourtant il aurait pu sans peine se défendre contre les accusations contradictoires dont il était soupçonné (14-56,59).

La 1e personne de l'évangile de Marc qui ose cette 2e perspective est comme on le sait, le centurion romain : « Cet homme était vraiment le Fils de Dieu » (15,39).

En relation étroite avec la Bible, le terme « fils de Dieu » signifie avant tout et précisément que Jésus était un homme juste, qui a vécu suivant la volonté de Dieu. Même le chant d'Esaïïïïe se termine par la reconnaissance que le serviteur est un homme juste (Is 53,11). Marc ne dit pas où la « volte-face » du centurion romain trouve sa certitude. Même le chant de l'Ancien Testament ne dit rien sur ce changement d'état d'esprit pourtant si fondamental. Ça reste un secret – aussi chez Marc et les autres évangiles.

En relation à cela, Isaïe et les textes y étant reliés rendent remarquable la chance d'un changement de perspective. Ça se passe quand le groupe remarque qu'il se décharge de ses propres peurs, soucis et de ses propres défaillances sur la personne rejetée.

Ce change de perspective rend le champ libre pour une nouvelle communion du groupe avec la victime, où le groupe retrouve la voie d'une coopération nouvelle et apaisée. Ça peut être la raison d'un nouveau chant.

De zondebok: verantwoordelijk voor alles wat er mis is

Wat is 'mobbing'? In de wetenschappelijke discussie daarover is er een consensus gevormd over wanneer er sprake is van 'mobbing' en wanneer niet. 'Mobbing' is het geïntendeerde, herhaaldelijke en systematische victimiseren van zwakkeren door een of meerdere personen via verbale, lichamelijke of relationele middelen gedurende een langere periode met als doel sociale degradatie." (Peter / Sharp) Hiertoe worden vooral 'relationele middelen' ingezet. Het buitensluitende gedrag vindt altijd op een slinkse manier plaats, nooit direct. Altijd worden de wezenlijke handelingen in afwezigheid van het slachtoffer uitgevoerd. Daarbij gaat het om systematisch, zich over een langere periode uitstrekkend koeioneren door middel van woorden en signalen. In een later stadium kunnen daar lichamelijke aanvallen, diefstal en materiële beschadiging bij komen. Ook van 'sociale manipulatie' wordt graag gebruik gemaakt: leugens en geruchten worden bewust verbreid, opdrachten aan helpers gegeven, superieuren resp. opvoeders gemanipuleerd.

Dit fenomeen doet zich voor op scholen, op de werkplek, in families en in maatschappelijk beleidsverband. Randvoorwaarden hiervoor zijn individuen in gedwongen onderlinge relatie en labiele identiteiten. Aangezien we allemaal in mindere of meerdere mate tot zulke sociale verbanden behoren (familie, werkplek, school, maatschappij) betekent dit dat al onze levensgebieden daarvan betroffen kunnen zijn.

Waarom wordt er gepest en geïntimideerd? Om te beginnen heeft elk groepslid een legitieme behoefte van belang en competent te zijn, wat profileringsdruk opwekt. Daar komt een verzameling van de groep bewuste (of meestal juist onbewuste) idealen bovenop. Waar niet wordt gepest, werkt iedereen naargelang zijn talenten aan de realisering van de groepsidealen. Zo blijven de hiërarchieën vlak; elk lid heeft zijn positie en hoeft niet te bang te zijn deze te verliezen.

Voor de leden met een verhoogde geldingsdrang (evt. op grond van een zwak ontwikkeld gevoel van eigenwaarde) doet zich nu de schijnbaar makkelijkere en comfortabelere weg tot profilering voor op kosten van groepsleden, die op het eerste gezicht het minst aan het groepsideaal voldoen. De 'slachtoffers' moeten altijd een aanknopingspunt hebben, d.w.z. eigenschappen waarmee ze de angsten en zwakke punten van de gehele groep 'het best' vertegenwoordigen. De treiteraars zoeken personen uit met de minste ruggensteun binnen de groep. In een eerste fase wordt de sterkte van de ruggensteun op de proef gesteld. Is deze zwak, dan kunnen de geldingsbehoeftigen op ongestoorde en onverminderde instemming rekenen. De profileringszucht wordt nu door het markeren van de afstand tot de 'zwaksten' van de groep gestild. Dit gebeurt door systematisch degraderen van deze – meestal afzonderlijke – persoon. In dit verband is er ook in de 'profane' mobbingdiscussie sprake van 'slachtoffer' resp. 'zondebok'.[4]

In de literatuur wordt beschreven hoe mobbing zich in verschillenden fasen binnen een groep manifesteert. In de laatste fase kan het zelfs zover gaan dat de gedupeerden worden 'ontmenselijkt' om zodanig de laatste scrupules van de medestanders uit de weg te ruimen. De slachtoffers wordt dierennamen toebedeeld en ze worden buiten het kader der normen en waarden van de groep geplaatst. Aan hen mag vanaf nu elk groepslid zich vergrijpen zonder zich schuldig te voelen. Uiterlijk in dit laatste stadium wordt duidelijk dat mobbing een proces is waarbij het om leven of dood gaat. Opvallend is de geslachtsspecefieke reactie van de slachtoffers: meisjes neigen ertoe zelfmoord te plegen, jongens ertoe gewelddadig te worden.

De gebruikelijke crisisinterventie en conflicthanteringsstrategieën falen hier volledig. Het gaat niet om een conflict tussen gelijkgestelden maar om een groepsfenomeen, waarbij een steile hiërarchie ontstaan is. Helemaal bovenaan staan degenen die het gelukt is zich met hun verhoogde geldingsdrang op kosten van de kwetsbaarste of kwetsbaarsten te profileren. Het slachtoffer staat nu helemaal onderaan. De overige leden van de groep voelen precies aan welke harde sancties hun zouden treffen als ze het voor het slachtoffer op zouden nemen. Daarom wordt een groot deel van de groep tot meelopers. Dit 'systeem' kan alleen met medewerking van de gehele groep opengebroken worden. Het heeft daarom slechts in beperkte mate zin met de slachtoffers individueel te werken. Dit kan als eerste spoedmaatregel weliswaar nuttig zijn maar niet boven een remediëren van symptomen uitgaan. Werkelijke mobbinginterventie werkt met de hele groep en doelt daarbij op twee fases van inzicht:

Perspectiefwisseling van de treiteraar: pas als de treiteraars en hun meelopers zich kunnen inleven in hoe het slachtoffer zich voelt, is de weg voor een nieuw samenzijn gebaand waarbij het slachtoffer weer een plaats in de groep krijgt.

De groep herkent dat de negatieve eigenschappen die het slachtoffer toebedeeld worden in werkelijkheid angsten en zwakke punten van de gehele groep zijn. Het slachtoffer werd misbruikt om de eigen angsten en zwakke punten te vertegenwoordigen. Deze kunnen echter niet door projectie op één persoon uit de weg geruimd worden, maar moeten als gemeenschappelijke uitdaging voor de hele groep worden gezien. Dit inzicht moet zich bij alle leden doorzetten.

---

[4] F.D. Alsaker, Quälgeister und ihre Opfer. Mobbing unter Kindern – und wie man damit umgeht, Bern 2003, 15-37.

Als deze wisseling van perspectief zich voltrekt, manifesteert zich een volledig nieuwe vorm van samenzijn en een sterke saamhorigheid. De hiërarchieën worden afgebroken, de angst wordt opgelost, opluchting breidt zich uit en er ontstaat zoiets als blijmoedige kalmte.

Jes 52,13-53,12 gaat over de nieuwe interpretatie van een gebeurtenis, preciezer uitgedrukt: over de schrik die deze fundamentele omduiding met zich meebrengt. Er is een ervoor en een erna. Het lied begint met het erna, met het verhaal over de verbazingwekkende geestelijke vorming van de meest mismaakte aller mensen. Daadwerkelijk spreekt hier voor het eerst in verband met de lijdende dienaar van de Heer in Deuterojesaja doorgaans een 'wij' dat nu, achteraf gezien, tot een nieuw inzicht is doorgedrongen: "*Wij* zagen hem als bestraft, als iemand die door God geslagen en vernederd werd." (53,4) Voor de perspectiefwisseling wordt de lijdende dienaar als iemand waargenomen, die zich sowieso in zijn lijden en zijn pijn geschikt heeft wat gewoon niemand iets meer doet (V.3). Hij geldt als iemand die het niet beter verdient: "Wij zagen hem als bestraft, als iemand die door God geslagen en vernederd werd". (V.4). Dit inzichtsniveau gaat uit van het conventionele verband tussen doen en ondergaan. Uiteindelijk blijkt dit echter fout te zijn: "Als schapen dwaalden wij rond. Iedereen richtte zich alleen op zijn eigen weg."(V.6) Het egoïsme van de groep en het afwaarderen van een individu staat blijkbaar direct met elkaar in verband. Door het hele lied heen blijft de lijdende dienaar van de Heer stom. Dit wordt door de opbouw van de tekst zelf naar voren gebracht. Het lid is strikt volgens door parallelismen opgebouwd. Alleen maar: "Hij deed zijn mond niet open" fallt uit het schema. Dit werd aan het begin van het vers al een keer gezegd. Op die manier wordt aangeduid dat het om een centrale uitspraak van de tekst gaat. Juist door haar zwijgen doorbreekt de lijdende dienaar de eeuwige kringloop van geweld en tegengeweld.

De nieuwe invalshoek wordt in V.4a voor het eerst benoemd: "Maar het was *onze* ziekte die hij droeg, en het was *onze* pijn, dat hij op zich geladen had". Het gaat bij leed en ziektes dus niet om een straf, al helemaal niet de straf van God (V.4b). In V.5 wordt het falen en het vergrijp van de groep en het lijden van de lijdende dienaar wederom in direct verband gebracht. V.5b zou ook zo vertaald kunnen worden: "Het inzicht dat tot onze vrede leidde was op hem en door de gemeenschap met hem zijn wij genezen." Dat zou betekenen dat de wisseling van perspectief, waarvan in dit vierde lied van de lijdende dienaar sprake is, in de lijdende dienaar zelf zijn oorsprong vindt. Hun nieuwe perspectief is wat de 'wij-groep' zich tot eigen maakt en waardoor deze genezing beleeft.

De lijdende dienaar van de Heer heeft zijn leven als offer ingezet (V.10). Er ontbreekt echter verder in Jes 52,13-53,12 iedere offerritueelterminologie. De schuld van de 'wij'-groep wordt niet door een zondebok in een afgelegen gebied 'weggewerkt', maar deze wordt door de lijdende dienaar uitgehouden, hij wordt *ver-dragen*. Het is het op zich nemen van de gevolgen van andermans doen. Alleen in die zin is de lijdende dienaar ook het slachtoffer.

Op de vernedering volgt de grote zegenstoezegging in V.10+11. Deze betreft echter niet alleen de lijdende dienaar zelf: zijn rechtvaardigheid maakt 'de velen' rechtvaardig (V.11). Dit is een gebeurtenis die mogelijk gemaakt werd doordat hij het falen op zich genomen had, zonder daarbij zijn mond open te doen. Door zijn de schuld van de anderen *ver-dragende* zwijgen, waarmee hij de kringloop van geweld en tegengeweld doorbreekt, wint de lijdende dienaar van de Heer de 'velen' voor zich.

Het *zgn*. 'Lied van de Lijdende Dienaar van de Heer' (Jes 52,13-53,12) wordt in het passieverhaal volgens Marcus niet letterlijk geciteerd. De passieberichten kunnen schier als vertellende vormgeving van het zgn. 'Lied van de Lijdende Dienaar van de Heer' opgevat worden:

Gelijk twee keer vertelt Marcus dat Jezus tegenover zijn aanklagers zijn mond niet opendoet: hij zwijgt tegenover de Hoge Raad (14,61) en ook Pilatus antwoordt hij niet (15,4). Daarbij, zo laat zich veronderstellen, had hij zich toch ten aanzien van de erg klaarblijkelijk tegenstrijdige beschuldigingen (14,56-59) moeiteloos kunnen verdedigen.

Precies zoals in dit lied zijn bij Marcus de perspectieven ingericht: aan de ene kant de machteloze door de machthebbers veroordeelde, aan de andere kant echter de rechtvaardige die de koningen ertoe zal brengen te verstommen. De eerste persoon van het Marcusevangelie die deze tweede blik durft te werpen, is zoals bekend de Romeinse hoofdman: “Deze mens (!) was waarlijk Gods zoon” (15,39). Waarop de perspectiefwisseling van de Romeinse hoofdman gefundeerd is, vertelt Marcus nicht. Dat blijft geheim. Ook het oude lied zegt niks over de gemoedswisseling, waar het hem zo centraal om gaat. En toch vindt hier de alles bepalende wisseling van perspectief plaats, die de weg baant voor een nieuw samenzijn, dat best weleens de aanleiding voor een nieuw lied kan zijn.

Heye Heyen

Pestgedrag – pastorale begeleiding van de enkeling[1]

Pestgedrag is een groepsfenomeen. En daarom moet de nodige hulp, als het maar kan, zich richten tot de groep als geheel. Op dit punt ben ik het van harte eens met mijn collega Johannes Taschner.

Maar wat als dat niet kan? Denk aan de gemeentepredikant of ook aan de psychotherapeut die door het slachtoffer of door diens familieleden wordt geraadpleegd. Hij heeft meestal niet de kans om de groep te confronteren. Kan hij dus niets doen om het slachtoffer te helpen?

Ik zal een aantal punten noemen en telkens in het kort proberen te laten zien wat de pastor voor het slachtoffer kan betekenen. Het gaat dus om mogelijke stappen van een pastorale begeleiding van een enkeling.

1. 'Geef me wat jou pijn doet'. Dat klinkt weliswaar nog vrij onspecifiek. Maar we mogen niet vergeten dat één van de grootste problemen van iemand die gepest wordt, is: hij of zij voelt zich eenzaam en onbegrepen. Als hij dus in de pastor iemand tegenkomt die naar hem luistert en met wie hij zijn verdriet kan delen, kan dat een belangrijke en weldadige ervaring zijn.
2. Het slachtoffer doet steeds weer de ervaring op: 'Ze zijn allemaal tegen mij'. Daarom is het van groot belang dat hij ergens ook iemand heeft die zijn partij kiest, die het voor hem opneemt, bij wie hij solidariteit ervaart. Als de pastor hem dat kan geven, is dat niet te onderschatten.
3. In de gesprekken zal het vervolgens ook gaan om *strategische* overwegingen. Ik noem enkele steekwoorden:
   - In een dagboek bijhouden wanneer er wat gebeurd is.
   - De klassenleraar, de directeur, of zelfs justitie informeren?
   - van school veranderen?
4. Terug naar een meer therapeutisch perspectief: Wat zijn de intact gebleven gebieden in het leven van het slachtoffer? Is er iets waar het pestgedrag geen invloed op heeft? Wat is nog steeds goed in zijn leven, waar beleeft hij nog steeds vreugde aan? Is het mogelijk om die gebieden te vergroten en te versterken?
5. Bestaat er in de buurt een zelfhulpgroep? In Nederland bestaat er bijvoorbeeld het anti-pestproject "sta sterk". Daar wordt in een groepstraining van 10 lessen onder andere gewerkt aan de lichaamstaal ('sterk' staan), aan de sociale weerbaarheid (onder andere in rollenspelen: hoe reageer je?) en aan het omgaan met

[1] Un résumé se trouve à la fin de cet article.

emoties. Naast de vaardigheden die daar geleerd worden, is vooral de solidariteit en de herkenning binnen de groep van jongeren die min of meer hetzelfde hebben meegemaakt, zeker een belangrijke en behulpzame factor.

Als het te laat is

Het tweede deel van mijn overwegingen gaat over de vraag: wat blijft er voor de pastor te doen als het al te laat is? D.w.z. als het slachtoffer van pestgedrag zichzelf heeft gedood. Ik ga hierbij uit van een casus waarover u misschien in de pers hebt gelezen.

Ruim een jaar geleden heeft ergens in Nederland een jongeman, hij was 20 jaar oud, zelf aan zijn leven een einde gemaakt en een korte afscheidsbrief achtergelaten. De tekst daarvan heeft zijn vader mee in de overlijdensadvertentie opgenomen. Hij luidt als volgt:

> *Lieve pap en mam,*
> *ik ben mijn hele leven bespot, getreiterd, gepest en buitengesloten.*
> *Jullie zijn fantastisch.*
> *Ik hoop dat jullie niet boos zijn.*
> *Tot weerziens.*
> *Tim*

Stel dat ik de gemeentepredikant was en dat het dus mijn taak was om bij de familie een bezoek te brengen en ze desgewenst ook langer te begeleiden. En dat ik de uitvaartdienst voor Tim zou moeten houden. Wat zou ik doen – en hoe?

Allereerst dit:

Voorafgaand aan mijn bezoek bij de familie zou ik de tijd nemen om de tekst van de advertentie op mezelf te laten inwerken. Wat doet die met mij? Wat roept die in mij op? Welke – misschien best wel tegenstrijdige – gevoelens, welke gedachten, vragen, welke impulsen? Wat zou ik het liefst spontaan willen doen?

Het lijkt me goed om daar de tijd voor te nemen, me daar bewust van te worden en me daar rekenschap over te geven. Het zou namelijk kunnen dat dit met mij heel iets anders doet dan met de ouders.

Ik noem even een paar steekwoorden. Ik word ontzettend treurig van de nare ervaringen die hij bedekt aanduidt. Tegelijk zou ik hem – als dat nog kon – willen schudden en zeggen: ‘Kom, jongen, dat is niet “heel je leven”, er zijn nog zo veel kansen in je leven, op een andere plek, met andere mensen…’ Dan voel ik me opeens machteloos en word stil als ik besef dat hij dat kennelijk niet heeft kunnen zien noch geloven. Het ontroert me hoe hij tegen zijn ouders spreekt: *Lieve pap en mam, jullie zijn fantastisch, ik hoop dat jullie niet boos zijn*. Voor mijn gevoel meer de woorden van een kind dan van een 20jarige man.

En dan: '*Tot weerziens*'. Een naïef kindergeloof? Of een oppervlakkige formule uit het alledaagse leven die in deze situatie bijna cynisch klinkt? Ik weet het niet. En ik vraag me opeens af: Hoe zal het met de jongeren uit zijn klas gaan, die geschrokken zullen zijn van dit bericht, die zich misschien niet echt als 'daders' voelen en die dat ook niet echt hebben willen zijn, maar die toch op een of andere manier hebben meegedaan of het in ieder geval niet voor hem hebben opgenomen?

Hier laat ik het bij. Nadat ik aan mijn eigen gevoelens de nodige aandacht heb besteed, kan ik me nu openstellen voor wat in de ouders leeft. Wat zij voelen, zal zeker niet minder tegenstrijdig zijn dan wat ikzelf voel

Wat zal dat zijn?

Ik verwacht dat er in ieder geval de volgende vijf punten spelen.

1. Er is verdriet. Bij ieder sterfgeval doet het pijn dat een geliefde mens er niet meer is. Maar daar komt in dit geval nog heel wat bij. Wanneer iemand op hoge leeftijd is overleden en als zijn leven en het samenleven met hem enigszins goed is geweest, dan is er ook dankbaarheid. Die dankbaarheid helpt om het verdriet te dragen. Dat geldt niet in het geval van Tim. Daar is zijn eigen negatieve balans. En vooral: er is niet alleen de pijn over wat er nu niet meer is. Er is ook met name de pijn over wat er nooit is geweest, wat hij niet meer heeft kunnen doen of meemaken. Het verdriet over het niet-geleefde.
2. Mijn tweede punt: er zullen ook schuldgevoelens zijn. Die worden in het geval van een suïcide bijna altijd opgeroepen. Er zullen vragen zijn zoals: 'had ik het niet moeten merken hoe naar het voor hem was? Had ik dan niet kunnen voorkomen dat hij deze stap deed? En had ik hem niet kunnen beschermen…?' Het is belangrijk dat ik als pastor weet dat dit soort vragen en gevoelens na de suïcide van een familielid, zeker van een kind, min of meer altijd worden opgeroepen. En dat ze dus geen indicatie zijn dat deze ouders tegenover hun kind in hogere mate schuldig zijn dan alle andere ouders tegenover hun kinderen. Ik weet niet of de ouders van Tim dit soort schuldgevoelens tegenover mij zullen uitspreken. Het kan ook zijn dat de schaamte en de pijn om dat onder ogen te zien, te groot is. Misschien hebben ze – tenminste voorlopig – wat dit betreft bescherming nodig. Mocht ik die indruk hebben, zal ik dat respecteren. Maar ik zal er wel rekening mee houden dat dit soort schuldgevoelens als een verborgen drijfveer in wat ze zeggen of doen, mogelijk een rol speelt.
3. Mijn derde punt: voor een deel zullen zij bezig zijn om zich te verdiepen in de gevoelens die hij waarschijnlijk gehad heeft. Zijn pijn en zijn wanhoop te voelen. Dat kan een manier zijn om hem gevoelsmatig alsnog nabij te zijn. De grootste nabijheid met een

ander mens ervaar ik wanneer ik hetzelfde voel als hij of zij. Wie nog eens de nabijheid van een overledene wil voelen, zal daarom soms proberen hetzelfde te voelen wat de overledene gevoeld heeft. Tegelijk kan dat een manier zijn om met eigen schuldgevoelens – hoe onterecht die misschien ook mogen zijn – om te gaan.

4. Mijn vierde punt: Er zullen verwijten zijn, kwalijke verwijten. Tegen allen die er volgens hen aan hebben bijgedragen dat hij niet meer wilde leven. En tegen alles wat daaraan heeft bijgedragen. Mensen, omstandigheden, misschien ook het leven überhaupt of God als eindverantwoordelijke. Vaak zijn dit soort verwijten in zo'n situatie maar weinig gedifferentieerd en hebben soms de tendens om a.h.w. een zondebok te zoeken. Maar ik zal in deze situatie niet proberen om dingen recht te zetten door bijv. te zeggen dat de directeur van zijn school daar echt niets aan kon doen. Ik denk namelijk dat deze verwijten een belangrijke functie hebben: als duidelijk is dat de schuld bij anderen ligt, ligt die niet of in mindere mate bij henzelf. Ze voorkomen dus dat in de actuele situatie hun eigen (misschien onterechte) schuldgevoel te zwaar wordt. En het is een manier van protest en verzet die Tim zelf niet heeft aangedurfd.
5. Mijn vijfde en laatste punt: Tim zelf had geschreven: *Ik hoop dat jullie niet boos zijn*. Eigenlijk zou het toch een natuurlijke reactie zijn als de ouders tussendoor ook boosheid (of ethisch neutraler gesproken: agressie) tegenover hem voelden: Verdorie, jongen, wat doe je ons aan?! Het was en blijft toch zijn keuze, zijn verantwoordelijkheid. En uiteindelijk niet de verantwoordelijkheid van de ouders. Hij was immers geen marionet, maar een zelfverantwoordelijke persoon. Ik hoop dat de ouders dat in de loop van het verwerkingsproces ook zullen kunnen voelen. Maar voorlopig raakt dat waarschijnlijk aan een taboe: op een slachtoffer hoor je niet boos te zijn, zeker niet als het om je eigen kind gaat. Misschien is dat een reden meer om de schuld bij de daders of de vermeende daders te blijven zoeken.

De voornaamste taak van de pastor in het gesprek is luisteren naar alles wat de ouders op het hart ligt, er ruimte voor geven, hen misschien woorden lenen en – voor zover hij de indruk heeft dat de ouders dat willen – het in een gebed tegenover God uitspreken.

Maar wat is zijn taak en wat kan hij zeggen in de uitvaartdienst?

Ik ga ervan uit dat de uitvaart niet in besloten kring met drie of vier familieleden plaatsvindt, maar publiekelijk. Er zullen dus ook mensen komen die met Tim op school hebben gezeten, die geschrokken zijn van het bericht, die zich zelf misschien schuldig voelen – en tegenover wie vanuit de ouders het verwijt in de lucht hangt: 'Als jullie hem niet gepest hadden, zou Tim nog leven!'.

Ook de uitvaartdienst en in het bijzonder de preek moet – zij het op een discrete, soms alleen maar aanduidende manier – aan de belangrijkste gevoelens ruimte geven. Dat geldt met name ook voor de tegenstrijdigheid van de gevoelens, de impulsen en de ambivalenties. Een voorbeeld:

De laatste woorden die Tim tegen u, zijn ouders, heeft willen zeggen, luidden: 'Jullie zijn fantastisch.' Een groot compliment voor u. Ik denk enerzijds: dat doet goed. En tegelijk denk ik anderzijds: het doet pijn, juist omdat het zijn laatste woorden zijn..."

Op een vergelijkbare wijze zou ik bijvoorbeeld zeggen:

Hij werd gepest. Dat is de verantwoordelijkheid van anderen. Hij was wanhopig. Dat is tragisch. En toch was de laatste stap die hij gedaan heeft, ook zijn eigen keuze en verantwoordelijkheid.

In de beeldspraak van het christelijk geloof stel ik me voor dat God tegen hem zegt: Dat je die stap zou doen, was niet mijn bedoeling. Ik wilde dat je zou blijven leven en dat je iets van je leven zou maken. Ik had je nog zo veel goeds toebedacht. Maar ik geloof ook dat dit als het ware het voorlaatste woord van God is. En dat zijn laatste woord zal luiden: Ik begrijp deze stap en ik vergeef hem. Kom binnen in vrede.

En wat met hen die Tim gepest en getreiterd en buitengesloten hebben? En met hen die daaraan meegedaan hebben, ook al hebben ze zeker niet gewild dat het zó zou aflopen? Hoe kunnen zij hiermee verder leven? Is er voor hen zoiets als vergeving? Is er voor hen zoiets als een zegen voor hun verdere leven? Uit christelijk oogpunt: ja. Maar hier moet wel *bij* gezegd worden: degene die vergeving en zegen kan schenken, is een partijdige God. Het lied van de knecht des Heren laat het zien: Hij kiest partij voor het slachtoffer. De vergeving en de zegen voor het verdere leven kan alleen worden gevonden bij een God die naast het slachtoffer staat, naast Tim.

Wij vragen deze God om ons te willen begeleiden. Nu op de weg naar het graf. En in de tijd die vóór ons ligt. Amen.

Résumé

Le harcèlement est un phénomène de groupe. Et c'est pourquoi l'aide, si possible, devrait toujours se diriger vers le groupe dans sa totalité. Je suis en ce point tout à fait d'accord avec mon collègue Johannes Taschner.

Mais qu'en est-il quand cela n'est pas possible ? Par exemple, un pasteur de paroisse (ou bien un psychothérapeute) à qui une victime de harcèlement vient s'adresser, n'a en général pas la possibilité de travailler avec le coupable ou les complices. J'aimerais démontrer en suivant certains points que le pasteur peut cependant accompagner l'individu d'une manière constructive.

1. „Donne-moi ce qui te fait mal. » En règle générale, la victime se sent seule et incomprise. Le fait qu'en la personne du pasteur, quelqu'un soit là qui l'écoute et avec qui elle peut partager sa peine, peut déjà être une expérience importante et bienfaisante pour la victime.
2. La victime fait souvent l'expérience du : «Tout le monde est contre moi. » C'est pourquoi il peut lui être d'une grande aide de trouver en la personne du pasteur quelqu'un de solidaire qui est de son coté.
3. Le pasteur entamera des réflexions stratégiques, par exemple : faut-il prévenir le professeur, le directeur ou la justice ? La victime doit-elle changer d'école ?
4. Quelles sont les domaines de la vie de la victime restés intactes (domaines non affectés par le harcèlement) ? Est-il possible de les élargir et de les renforcer ?

Est-ce qu'il se trouve dans les environs un groupe d'entraide ? Il existe aux Pays-Bas l'initiative « sta sterk » (sois fort en étant debout). On y travaille par exemple le langage du corps et on s'exerce à des jeux de rôles, à comment mieux réagir en cas de harcèlement. La solidarité entre victimes est évidemment aussi un facteur important et thérapeutique.

Mais que peut faire le pasteur quand il est trop tard (quand la victime a mis fin à sa vie) ?

Aux Pays-Bas, un jeune homme de vingt ans laissa derrière lui la lettre d'adieu suivante :

> *Cher Papa, chère Maman, toute ma vie on m'a ridiculisé, humilié, harcelé et exclu. Vous êtes fantastiques. J'espère que vous n'êtes pas fâchés. Au revoir.*
>
> *Tim*

Si moi, j'étais le pasteur de la famille, qu'est-ce que je ferais ?

Avant ma première visite je prendrais tout d'abord le temps de laisser la lettre agir sur moi. Et je laisserais place aux sentiments (contradictoires) qu'elle évoquerait en moi.

Je ne serai libre pour les sentiments (non moins contradictoires) des parents que seulement après ça.

Lesquelles seraient-ils?

1. D'abord vient la douleur, car un être aimé n'est plus. Mais dans ce cas, il ne s'agit pas seulement du deuil de la vie qu'il a eue, mais surtout du deuil de la vie qu'il n'a pas eue.
2. Ensuite, assurément aussi des sentiments de culpabilité. « N'aurais-je pas pu empêcher ça ? » De tels sentiments de culpabilité apparaissent presque toujours après un suicide. Ils ne sont aucun signe qui indiquerait que ces parents soient devenus plus coupables concernant leur enfant que d'autres parents concernant leurs propres enfants.
3. Ils essaieront de ressentir eux-mêmes ce que Tim a supposément ressenti. Cela leur donne le sentiment d'être proche de lui. C'est peut-être aussi un moyen de gérer le sentiment de culpabilité.
4. Ils feront des reproches aux gens, à qui ils donnent la faute, aux circonstances ou à la vie elle-même ou à Dieu. Même si les reproches peuvent être injustes, ils ont pourtant deux fonctions importantes: ils compensent le sentiment de culpabilité et expriment la protestation, que Tim n'a pas osé exprimer lui-même.
5. Ils auront peut-être une tendance qu'ils ne peuvent pas encore admettre: celle de faire des reproches à Tim : « pourquoi tu nous as fait ça ? »

Dans la conversation pastorale, il est important de laisser une place suffisante à tous ces sentiments et, au cas où les parents le souhaitent, de les exprimer vers Dieu dans une prière.

L'enterrement, et en particulier le sermon, laissera aussi la place aux sentiments contradictoires. Aux ambivalences aussi, par exemple : « Les derniers mots que Tim a voulu dire à ses parents ont été « vous êtes fantastiques ». Un immense compliment pour vous. Je pense d'un côté que cela vous fait du bien. Mais je pense aussi que cela vous fait du mal, car ce sont là ses dernières paroles ».

Il est approprié de dire : il était harcelé. C'est la responsabilité des autres. Il était désespéré. C'est tragique. Mais en même temps, son suicide a été [aussi] sa propre décision et sa responsabilité.

J'aimerais le dire ainsi selon l'imagerie de la foi chrétienne :

Dieu lui dit : « Ce n'était pas ce que je voulais. Je voulais que tu continues de vivre et que tu fasses quelque chose de ta vie ». Mais je crois que c'est l'avant-dernier mot de Dieu. Son dernier mot sera: « Moi, je comprends ton geste et je le pardonne ».

Qu'en est-il de ceux qui ont pris part au harcèlement ? Même s'ils n'ont certainement pas voulu que cela se termine ainsi.

Comment peuvent-ils continuer à vivre avec cela ? Est-ce qu'il existe un quelconque pardon pour eux ?

Leur vie à venir peut-elle obtenir une bénédiction divine ?

D'un point de vue chrétien, oui. A vrai dire, celui qui accorde le pardon et la bénédiction est un Dieu partial.

Ce chant du serviteur le montre : il prend parti pour la victime. Le pardon et la bénédiction pour la vie future peuvent être accordés seulement par un Dieu qui se tient au côté de la victime, au côté de Tim.

Nous prions ce Dieu de nous accompagner tous, maintenant sur le chemin de la tombe et dans le temps à venir. Amen.

Summaries / Résumés en anglais / Samenvattingen in het Engels

Johannes Taschner, **« ... qui reporte le péché des ancêtres jusqu'à la troisième, voire la quatrième génération » (Exodus 20). Le péché et ses conséquences à travers les générations dans l'Ancien Testament.**

What do the Ten Commandements signify that God is 'thinking of' or 'pursuing' in terms of the sins of the ancestors? 2014 was the centenary of the beginning of the First World War initiated by Germany. In this context, the discussion in the Old Testament on the consequences of the sins of the ancestors gains new appropriateness. The saying "Our parents have eaten sour grapes, and the children's teeth are set on edge" occurs three times in the Tenak (Jeremiah 31:29, Ezekiel 18:2, Lamentations 5:7). If it is said that God is showing steadfast love to the many who love him and keep the commandments (Exodus 20:6), this does not obviously mean that the past is undone. What has happened has to be told to the next generation, so that the children do not become like their parents (Psalm 78:6-8).

Jeanine Mukaminega, **Une lecture littéraire du récit de la vision d'Esaïe 6.**

Isaiah 6 is a narrative of God's revelation. In spite of its autobiographical character, the story is told in a complex tissue of ambiguous symbols and images which make the narrative inscrutable. The content of Isaiah's vision as a part of the Book of Isaiah aims to serve the principal quest of the whole work. However, as the significance of the symbols and images remains obscure, this quest must be extracted from the text through literary techniques. These methods reveal suggestions for understanding human events. The history of Isaiah's people is decided in the context of a divine universe.

Françoise Nimal, **« Éloignez-vous de moi, malfaisants ! » Le psaume 6 dans une perspective pastorale féministe.**

Depression as a medical and social issue affecting more women than men, is often a challenge for pastoral care. The psalms of lament deal with feelings of culpability, sadness, sickness and other feelings that are experienced by women in depression. Using the interpretative method of intertextuality, and a stuctural and narrative approch, this article relates the Psalm 6 to the experience of depression. On the basis of this exegesis it becomes possible to hear Psalm 6 as the voice of depressed women and to read the *stimmungsumshwung* as a healing process for the consequences of patriarchy. The prayer of lament is a way of liberation and empowerment.

Eefje van der Linden, **Ezechiël 16: de bandeloze en de geweldenaar en een verbond in godverlaten tijden.**

In Ezekiel 16, physical violence and mental humiliation against women go hand in hand. If we don't want say that God legitimates that kind of violence, then theologians have to explain to the modern reader who God is. The question of whether we know who God is, is inherent in biblical scripture. Moreover, Ezekiel 16 is one of the chapters that gives us an inside view of the necessity for change in times of crisis. The topic of this article is that the image of the abuser in Ezekiel 16 and the legitimacy of violence should be questioned to make a revisioning possible.

Johan Temerman, **Het verschijnen van de Geist in het bewustzijn. Naar een moderne religie, in dialoog met G.W.F. Hegel**

This article gives a short exposure of the method Hegel uses in the *Phänomenologie des Geistes* and takes a closer look at the way he incorporates Christianity into his system of absolute knowing. In accordance with his dialectic method, the author divides his text into three parts: self-knowledge, alienation and revelation. The essence of self-knowledge is reason, which can be lifted up by the moral consiousness, through the experience of alienation (culture), onto the level of science. Just prior to absolute knowing, according to Hegel, appears the *Geist* in the consciousness.

Johan Temmerman, **Verbeelding van archè en eschaton: Een inleidende verkenning van beeld-denken in mythologie en Bijbel.**

The image of the *homo viator*, the travelling man, gives rise to the big questions: where do we come from and where are we going to? From the natural unity of the opposites, reason points, from the ancient Greeks onward, towards the *logos*, who declares that actuality is the only reality. Mythology reaches for the sky but ends in the tragic: we have to accept life as it is. The Bible makes the celestial claim of mythology come true. The truth – the end is a new beginning – is born.

Jack McDonald, **British and French philosophical approaches to the abolition of the death penalty: a comparison of Albert Camus'** ***Réflexions sur la guillotine*** **and Arthur Koestler's** ***Reflections on Hanging*** **(1957).**

The death penalty remains a popular form of judicial punishment in the world today, with 60% of the world's population living in countries where it is still practised. Yet only one small country in the entire continent of Europe (Belarus) still practises it, and the debate about it now seems completely won on all fronts to the extent that the issue is scarcely present in European media. The philosophical arguments informing the process of the abolition of the death penalty from the 1950s to the 1980s took several forms, roughly divisible along "Anglo-Saxon" and "Continental" lines. Anglo-Saxon thinkers (here represented by Koestler) typically opposed the death penalty on practical grounds, claiming that it was ineffective as a deterrent to murder. Continental thinkers (here represented by Camus) typically opposed the death penalty on metaphysical grounds, claiming that it injured fundamental and universal doctrines of human identity. Camus also appealed to a religious argument based on the miscarriage of justice suffered by Jesus.

Léonard Rwanyindo, **La présence historique et theologique de la Faculté Universitaire de Théologie Protestante de Bruxelles et son impact en Afrique Centrale.**

The historical and theological présence of the Faculty of Protestant Theology of Brussels in Africa may be understood by mastering the geographical context and mission context of Belgian Protestantism in central Africa. Despite its small size, the Brussels faculty worked bravely and played a remarkable role in the history of theology on African soil. This should not be forgotten or underestimated.

Heye Heyen, **Aanvaarden en getuigen: De postmoderne context als uitdaging en als kans voor pastoraal handelen**

For the pastoral counselling movement, 'acceptance' was a central item. It was an equivalent of the Biblical term 'justification'. The pastor tried to facilitate the experience: I am accepted as the one I actually am (with my lack of good deeds and also with my lack of faith) by the pastor and by God. That is why many of the pastoral counsellors of the first generation sometimes did not dare to talk explicitly about God. In a postmodern context, this has changed. This also means that the pastor's 'witness' (his 'personal story', which is not necessarily mine) is welcome. So, witness and acceptance are indicated as two essential elements of pastoral care in our contemporary context.

Johan Temmerman, **De aanspreking van de negatieve theologie. Over beeld-denken in mythologische gnosis en mystiek**

This text broadens the understanding of negative theology – speaking of God by telling what he's not – by analysing Christian gnosticism and the deconstructive method of Jacques Derrida in the light of mythology and mysticism. The crux of these reflections is the image of 'the desert'. Abandonment and barrenness offer the opportunity to grasp the essence of love: unconditionality. The ethics of the Kingdom of God make it possible to leave everything behind, except the Name.

Johannes Taschner, **Le bouc émissaire : responsable de toutes les fautes**

Contemporary discussion on "mobbying" is the starting point for an analysis of the so called "fourth song on the servant of God". Thereby not so much the identity of God's servant comes into focus but rather the change of perspective of the group which is singing this song. This change of mind is crucial in the reception of this song in Luke's Gospel.

Heye Heyen, **Pestgedrag – pastorale begeleiding van de enkeling.**

Harassment is a group phenomenon. That's why a counsellor – if possible – should work with the whole group. Nevertheless, in many cases a pastor will have to counsel a single victim. For this, a number of concrete steps are described. Some elements of a funeral sermon, where a victim has committed suicide, are outlined. "Will there be forgiveness and a new blessing for the future life of those who have mobbed the victim?" From a Christian point of view the answer must be Yes. However, that forgiveness and that blessing are only granted by a God who is standing on the side of the victim.

Contributors

DR JEANINE MUKAMINEGA holds a doctorate in protestant theology from FPG Brussels and teaches Old Testament in the French-speaking department of that university. She is also a teacher of philosophical and religious studies in Belgian secondary schools. Her scholarly interest is in the Bible as a religious text which has come down to us from the Ancient Near East.

Recent publications:
- « Fatherhood, brotherhood and covenant in Genesis 17 », in Jaap de Lange and Peter Tomson, *So Good, So Beautiful,* Studies in Psalms, Ethics, Aesthetics and Hermeneutics, 2015
- « Les crises au Moyen Orient Ancien et la conception biblique de l'être humain : apprendre du passé », in Kalambo Nsapo, *Partager la Crise* (forthcoming)

FRANÇOISE NIMAL est philosophe, écrivain et théologienne et pasteure à Verviers-Hodimont. Le présent article reprend des éléments de sa recherche de master. Ce travail a reçu en 2015 à Bruxelles le Prix de l'Université des femmes, fait exceptionnel pour un travail de théologie, et sera publié début 2016 dans la collection Cahiers féministes de l'Université des femmes.

EEFJE VAN DER LINDEN is Protestant chaplain in the prison of Ghent.

DR JOHAN TEMMERMAN, (1960) is dean and professor of systematic theology at FPG Brussels. His interests includes biblical traditions and (post)modern culture.

Books (since 2012):
- Profetie en Moderniteit, Gent 2012.
- De onderstroom van religie en atheïsme. Vrijmetselarij, mystiek, gnostiek, hermetisme, Leuven 2014.
- De filosoof sterft, Tielt 2015.

DR JACK MCDONALD is president of the Anglican Church in Belgium and professor of church history at FPG Brussels.

Recent books:
- De Anglicaanse Kerk (Averbode, 2016) and De Christelijke Verlichting (forthcoming).

DR LÉONARD RWANYINDO, Diplômé en Théologie protestante (Butare-Rwanda). Licencié, diplômé des Etudes Supérieures et Docteur en Théologie protestante de la Faculté universitaire de théologie protestante de Bruxelles. Pasteur de paroisse au sein de l'Eglise protestante unie de Belgique (EPUB). Collaborateur scientifique et responsable de la chaire de l'Histoire des Missions (Missiologie) à la Faculté universitaire de théologie protestante de Bruxelles.

DR HEYE HEYEN is professor of practical theology at FPG Brussels. In addition, he practises as an independent psychotherapist at Oldenburg (Germany). He was previously a Protestant minister in Germany and a university lecturer in the Netherlands.

Recent books:
- Biographie-Faktor Höllenglaube. Eine qualitativ-empirische Studie aus religionspädagogischer Perspektive, Münster (LIT) 2003
- Lebensbejahend predigen, Münster (LIT) 2008).

Homepages: www.heye-heyen.de and www.logotherapie-oldenburg.de.

DR JOHANNES TASCHNER is professor of Old Testament at FPG Brussels and chaplain of the Comenius-Gymnasium in Düsseldorf.

Recent publications:
- Georg Steins, Philip Sumpter, Johannes Taschner (eds.), Relationships Between the Two Parts of the Christian Bible. Historical, Literary and Theological Studies, "Osnabrücker Studien zur Jüdischen und Christlichen Bibel", Vandenhoek & Ruprecht (zal in 2016 verschijnen)
- Gottes mütterliche Seiten (Meditation zu Jes 66,13), GPM – Mediationen 2015, 71-76